义务教育阶段民办学校：
政策、改革实践与转型发展

周兴平 著

吉林大学出版社

长春

图书在版编目（CIP）数据

义务教育阶段民办学校：政策、改革实践与转型发展/周兴平著. —长春：吉林大学出版社，2022.12
ISBN 978-7-5768-1163-6

Ⅰ.①义… Ⅱ.①周… Ⅲ.①民办学校—中小学—教育发展—研究—中国 Ⅳ.①G639.21

中国版本图书馆 CIP 数据核字（2022）第 225253 号

书　　名：	义务教育阶段民办学校：政策、改革实践与转型发展
	YIWU JIAOYU JIEDUAN MINBAN XUEXIAO：ZHENGCE、GAIGE SHIJIAN YU ZHUANXING FAZHAN
作　　者：	周兴平
策划编辑：	李承章
责任编辑：	陶　冉
责任校对：	田　娜
装帧设计：	贝壳学术
出版发行：	吉林大学出版社
社　　址：	长春市人民大街 4059 号
邮政编码：	130021
发行电话：	0431-89580028/29/21
网　　址：	http：//www.jlup.com.cn
电子邮箱：	jdcbs@jlu.edu.cn
印　　刷：	天津雅泽印刷有限公司
开　　本：	710mm×1000mm　1/16
印　　张：	13.5
字　　数：	250 千字
版　　次：	2022 年 12 月　第 1 版
印　　次：	2022 年 12 月　第 1 次
书　　号：	ISBN 978-7-5768-1163-6
定　　价：	68.00 元

版权所有　翻印必究

前　言

民办教育到底应走向何处，尤其是义务教育阶段的民办学校到底应该如何定位与发展？这似乎是一个已经有明确答案的疑问，但似乎又是一个一直说不明白的问题。2002年《中华人民共和国民办教育促进法》的出台为民办教育夯实了发展的法律"基石"，而2010年《国务院办公厅关于开展国家教育体制机制改革试点的通知》将"民办教育综合改革"作为重点领域综合试点任务之一，则将民办教育推向了教育体制改革的前沿，也为民办教育发展注入了强劲动力，更是唤起了市场对投资民办教育的热情。

任何改革的结果都是不可预料的，也不可能满足所有利益相关者的需求，甚至有可能让部分参与主体感到失望，义务教育阶段民办学校的改革亦是如此。当部分投资者还在谋划或思考投资民办义务教育学校可以获得多少"合理回报"之时，国家着手实施民办学校"分类登记/管理"制度，规范了投资民办学校之路；当部分民办学校想着如何招收更多的"尖子生"之时，《教育部关于做好2019年普通中小学招生入学工作的通知》提出民办、公办中小学同步招生，民办中小学免试入学的要求，并一再强调各省要全面落实。彻底改变了以往义务教育民办学校的招生模式，规范了民办学校办学秩序。当《中华人民共和国民办教育促进法》几经修订，人们还在思考该做如何解读之时，修订版的《中华人民共和国民办教育促进法实施条例》于2021年4月正式颁布实施。这是对十年民办教育综合试点改革成果的全面总结和确认，与时俱进地明确了义务教育民办学校管理细则。当部分社会资本还在希望借助公办学校或知名学校的资源举办高收费民办学校营利之时，教育部等八部门《关于规范公办学校举办或者参与举办民办义务教育学校的通知》应时而出。政策直指义务教育阶段"民办公助""公办民营"等"非公非民"类型的民办学校，清理了民办教育市场不合格参与主体，净化了民办教育市场。

我国义务教育阶段民办学校的改革自实施义务教育以来，就一直在不断的探索改革过程中，时至今日，改革依旧未停脚步。尤其是近十年民办教育改革政策接踵而至，一方面彰显了教育管理部门对民办教育的积极关注，另一方面也意味民办教育在中国社会转型发展的过程中正面临历史未有之大变局。如此，笔者以为，任何对民办义务教育学校改革的研究都必须立足改革所处的"场域"，包括改革所处的历史阶段、政策环境、社会文化等。脱离这些背景信息，任何关于民办义务教育改革的论断都有可能是"谬论"，甚至是与当下政策不相匹配的"错误做法"。

本书不是一本预测义务教育民办学校未来改革发展的研究，更像是一部对过往改革或探索经验的总结。全书以管理政策改革为主线，从理论基础、政策的时代演变特征梳理义

1

务教育阶段民办学校改革大背景；以W地区为改革实践样本，从改革的政策框架、政策实施、影响因素、对策建议全方面、系统地总结了样本地区义务教育阶段民办学校改革的经验与不足；以转型发展为改革展望，结合新时期以来"公民同招""民转公"等政策背景，简要分析义务教育阶段民办学校转型发展的方向和困难。

因为本书的主体研究内容关注的是W地区民办教育从2011—2020年的十年改革情况，部分数据和资料历时较长。从当下的政策回头看过去的改革措施，部分做法、改革措施甚至是不合适、过时的，但本书目的在于梳理W地区改革过程和总结经验，为其他地区或后续改革提供参考，故使用了较多的过往数据和资料。

本书在出版过程中得到了吉林大学出版社工作人员的大力支持，在文稿的校对、刊定、编辑上付出了诸多时间和精力，在此致以谢意。

诚然，本书对义务教育阶段民办学校改革进行了较多研究，但由于相关资料的局限，加上本人写作水平还有待提高，研究内容难免挂一漏万，恳请广大读者提出批评和改进意见。

衢州学院教师教育学院
周兴平
2022年7月

目 录

绪 论 …………………………………………………………… 1
 第一节 研究缘起 ………………………………………… 1
 第二节 文献综述 ………………………………………… 6
 第三节 研究意义 ………………………………………… 31
 第四节 研究设计与方法 ………………………………… 32

第一章 理论基础：民办义务教育管理体制改革的理论依据 …… 38
 第一节 公共产品理论：民办教育属性的讨论 …………… 38
 第二节 教育市场化改革理论：民办教育体制改革的动因 …… 40
 第三节 博弈理论：民办教育体制改革的现实逻辑 ……… 41
 第四节 新制度主义：民办教育体制改革研究的新视角 …… 42
 第五节 教育生态理论：民办学校发展与改革的社会要求 …… 43

第二章 政策分析：民办义务教育管理体制改革的政策梳理 …… 45
 第一节 民办义务教育管理体制改革历史演变 …………… 45
 第二节 民办义务教育管理体制改革政策与文本分析 …… 52
 第三节 民办义务教育管理体制改革面临的主要制度矛盾 …… 64

第三章 改革框架：民办义务教育管理体制改革要素与内容 …… 69
 第一节 民办义务教育管理体制的构成要素及其相互关系 …… 69
 第二节 民办义务教育学校产权与法人体制改革内容 …… 72
 第三节 民办义务教育学校内部治理体制改革内容 ……… 80
 第四节 民办义务教育学校利益分配体制改革内容 ……… 87
 第五节 民办义务教育学校监管体制改革内容 …………… 93

第四章 改革实践：民办义务教育管理体制改革的地区经验 …… 99
第一节 调研概况 …… 99
第二节 W地区民办义务教育学校改革与发展状况 …… 102
第三节 W地区民办义务教育管理改革实施的效果 …… 107
第四节 W地区民办义务教育管理体制改革中存在的突出问题 …… 114
第五节 调查结论与反思 …… 127

第五章 因素分析：影响民办义务教育管理体制改革的因素 …… 131
第一节 影响民办义务教育管理体制改革的正式制度因素 …… 131
第二节 影响民办义务教育管理体制改革的非正式制度因素 …… 140

第六章 对策建议：民办义务教育学校有效改革的思考 …… 149
第一节 合理回报：一种"投资收益"测算标准和实施模式 …… 149
第二节 科学评测：构建区域民办学校改革综合评价指标体系 …… 156
第三节 制度保障：完善内部治理和外部监管的制度体系 …… 164

第七章 转型发展：新时期民办义务教育学校发展与转型 …… 171
第一节 新时期民办义务教育学校发展的政策背景 …… 171
第二节 新时期民办义务教育学校发展与转型 …… 174

参考文献 …… 179

附 录 …… 198
附录1 民办教育改革调查问卷（管理人员版） …… 198
附录2 W地区民办教育改革试点项目座谈会提纲（节选） …… 204
附录3 民办教育改革试点单位自评问卷 …… 205

| 图表目录 |

图 0-1　2001—2020 年民办中小学校数（所）、在校生数（万人）变化趋势 ………………………………………………………………… 3
图 0-2　研究路线图 ……………………………………………………… 34
图 0-3　研究分析逻辑框架 ……………………………………………… 35
图 2-1　2000—2021 年国家部门民办教育政策数量的分布 …………… 53
图 2-2　2000—2021 年关于民办教育相关的地方性法规等政策数量的分布 … 54
表 2-1　地方民办义务教育管理相关政策类型及其占比 ……………… 55
图 2-3　2000—2021 年地方民办教育法规等政策文件发布主体分布 … 56
图 2-4　2000—2021 年地方民办教育规范性文件类型分布 …………… 57
表 2-2　各地区《实施条例》"主题词"的相关性和重要性 …………… 58
图 2-5　政策关注主体的差异性和重要性 ……………………………… 60
图 2-6　各地区《实施条例》文本的语句结构分析 …………………… 61
图 2-7　行动语句词树状结构图（节选）……………………………… 63
图 3-1　管理体制构成要素间的相互关系 ……………………………… 71
图 3-2　国外法人（左）与中国法人（右）分类体系 ………………… 79
表 3-1　民办义务教育学校决策管理制度改革前后对比 ……………… 82
表 3-2　W 地区 2014 年民办义务教育学校教师最低工资标准（元/年）… 86
图 3-4　W 地区民办义务教育学校业务主管关系图 …………………… 97
表 4-1　2011—2020 年 W 地区民办义务教育学校数量变化（所）…… 102
表 4-2　2011—2020 年 W 地区民办义务教育学校招生数、在校生数及占比（万人）……………………………………………………… 103
表 4-3　2011—2020 年 W 地区民办义务教育学校经费投入额及占比变化情况（亿元）…………………………………………………… 104
表 4-4　2011—2020 年 W 地区义务教育学校生均教育经费收入与支出（千元）………………………………………………………… 104
表 4-5　各区县（市）民办小学教育经费"投入－支出"比值 ………… 105

表4-6	各区县（市）民办初中生均教育经费"投入—支出"比值 ……	106
表4-7	2020年W地区民办义务教育学校办学条件变化…………	107
表4-8	2020年W地区民办义务教育学校法人登记情况…………	108
表4-9	不同法人属性民办义务教育学校对比…………………………	108
图4-1	"您对民办学校实行分类管理持何态度"的调查结果………	109
表4-10	2011—2014年民办义务教育学校投资项目及金额统计情况……	112
图4-2	"个人—学校"借贷关系模式………………………………………	116
图4-3	"公司—学校"借贷或租赁关系模式………………………………	116
图4-4	"公司—学校"租赁关系模式一……………………………………	117
图4-5	"您认为所在地政府对民办学校改革的重视程度如何？"调研结果…………………………………………………………………	123
图4-6	"您是否了解市政府出台的民办教育发展系列政策？"调研结果……	124
图5-1	W地区民办义务教育管理组织结构图………………………	135
图5-2	有关民办义务教育学校存在必要性的调查结果………………	141
图5-3	"有效合作模式"下的博弈关系图……………………………	145
图5-4	"选择性参与模式一"下的博弈关系图………………………	146
图5-5	"选择性参与模式二"下的博弈关系图………………………	147
图5-6	"消极参与模式"下的博弈关系图……………………………	147
图6-1	合理回报指标体系的基本结构…………………………………	152
表6-1	不同规模和不同等级民办中学贴现率对照表…………………	154
表6-2	区域民办义务教育发展综合评价指标体系……………………	158
表6-3	W地区民办义务教育师资保障发展指数………………………	161
表6-4	W地区民办义务教育经费保障发展指数………………………	162
表6-5	W地区民办义务教育规模发展指数……………………………	163
表6-6	W地区民办义务教育发展综合指数评测情况…………………	164
图6-2	民办义务教育学校多元监督体系图……………………………	168
图6-3	决策信息数据库模块结构图……………………………………	170
表7-1	公参民类学校的改革制度要求（节选）………………………	174

绪 论

第一节 研究缘起

自2002年《中华人民共和国民办教育促进法》（以下简称《民促法》）和2004年《中华人民共和国民办教育促进法实施条例》颁布实施，民办教育进入了规范化快速发展时期。随着国家普及义务教育均衡发展，民办教育诸多制度问题愈发凸显，尤其是新时期我国基础教育正面临生源减少、优质教育资源需求与分配矛盾激化、教育生态关系重构等重大社会改革，为适应新时期的教育发展，民办教育需要系统性的制度改革。截至2018年，《民促法》历经三次修订，且相应配套政策先后颁布实施，如2018年国务院发布《关于鼓励社会力量兴办教育促进民办教育健康发展的若干意见》，2021年5月国务院正式发布新修订的《中华人民共和国民办教育促进法实施条例》（以下简称《实施条例》）。毫无疑问，进入新时期的民办教育整体实现了顶层制度的升级更新，并将步入更加法制化、规范化、可持续化发展的新阶段。

一、民办义务教育是我国教育事业的重要组成和改革的重要力量

一直以来，民办教育都被看作是公办教育的有益补充，甚至被认为是"穷国办大教育"时期的过渡性措施①。因此，民办教育在我国教育事业发展过程中没有得到应有的重视和社会认同。直到2002年《民促法》的颁布，民办教育第一次拥有了专门的法律，且正式将民办教育定性为社会主义教育事业的组成部分，标志着民办教育的地位得到了国家法律的认可和保障，并先后在多项重要文件或政策中被提及。例如，《国务院关于鼓励和引导民间投资健康发展的若干意见》（国发〔2010〕13号）指出"要鼓励民间资本参与发展教育和社会培训事业"，表明政府开始重视民间资本参与教育的重要性，此后多次提出要发挥市

---

① 方华.发展民办高等教育是"穷国办大教育"的重要举措［J］.教育探索，2001（4）：79—80.

场在教育资源配置中的主导作用，通过市场办学促进教育资源的增长成为主要途径。同年，《国家中长期教育改革和发展规划纲要（2010—2020年）》进一步提出"大力支持民办教育发展"。在2010年《国务院办公厅关于开展国家教育体制机制改革试点的通知》（以下简称《通知》）中更是将民办教育综合改革列为教育体制改革的重点任务之一。

日益发展的民办教育打破了我国多年来由政府主导的统一办学体制，出现了社会承办学校、公立转制学校、个人办学、企业单位办学、股份制办学、中外合作办学等多种办学模式。[①] 民办学校的蓬勃发展对公办学校改革发展产生巨大的外在动力和竞争活力，也促进了我国多元化办学体制改革的探索，为教育改革积累了宝贵经验。

对于公办学校而言，办学更为高效、灵活的民办学校是倒逼公办学校改革的重要因素。民办学校的出现为民众提供了更多的教育选择和教育机会，尤其是一批社会声誉好、办学质量高的民办学校吸引了大量的优秀生源。例如，广东中山市纪念中学三鑫双语学校，已经连续多年在中山市中考、竞赛中取得第一，促使同城公办学校不得不面对民办学校的竞争。有调查发现，在民办学校的强有力的竞争下，地区公办学校也能获得长足的进步[②]，说明民办学校的健康发展实际上有力地促进了公办教育的改革，成为教育发展的内在动力。

随着教育改革的逐步深入，我国民办教育发展进入了新的历史机遇期。当前，民办教育的社会地位已不再是公办教育的补充，而是整个社会主义教育事业的重要组成部分，也是我国教育事业发展的重要增长点，更是促进我国教育改革的重要力量。

二、民办义务教育的发展促进了"普九"目标的达成和择校问题的解决

自"普九"工程实施，我国九年义务教育取得了重大发展，基本实现了"人人有书读"的目标。然而，部分偏远农村地区大量学校还存在"一师一校""办学简陋"的状态。同时，部分农民工随迁子女涌入城市使得城市公办义务教育资源吃紧，大量的随迁子女只能就读办学条件较差的子弟学校，甚至无校可进。所以，从整体来看，我国公办义务教育资源依旧无法真正满足日益增长的就学需求。

民办学校为部分地区公办义务教育资源的短缺提供了重要补充是客观事

---

① 国家教委.关于社会力量办学的若干暂行规定［EB/OL］.［2022-07-27］.https：//zhidao.baidu.com/question/40033321799544605.html

② 胡卫.中国民办教育发展现状及策略框架［J］.教育研究，1999（5）：68—74.

实。根据教育部数据统计①，2001—2020 年，民办普通小学学校数由 2001 年的 4 846 所增加到 2020 年的 6 187 所，增幅 27.67%；同期，民办普通小学在校生数也由 181.84 万人增加到 966.03 万人，增幅 431.25%。民办普通初中（不含职业初中）学校数由 2001 年的 1 915 所增加到 2020 年的 6 039 所，增幅 215.35%；同期，民办初中在校生数由 158.35 万人增加到 718.96 万人，增幅 354.03%。在公办教育资源不断扩大，民办义务教育学校校数、在校生数依旧保持整体增长（如图 0-1 所示），表明民办义务教育客观上有存在的价值和市场需求。

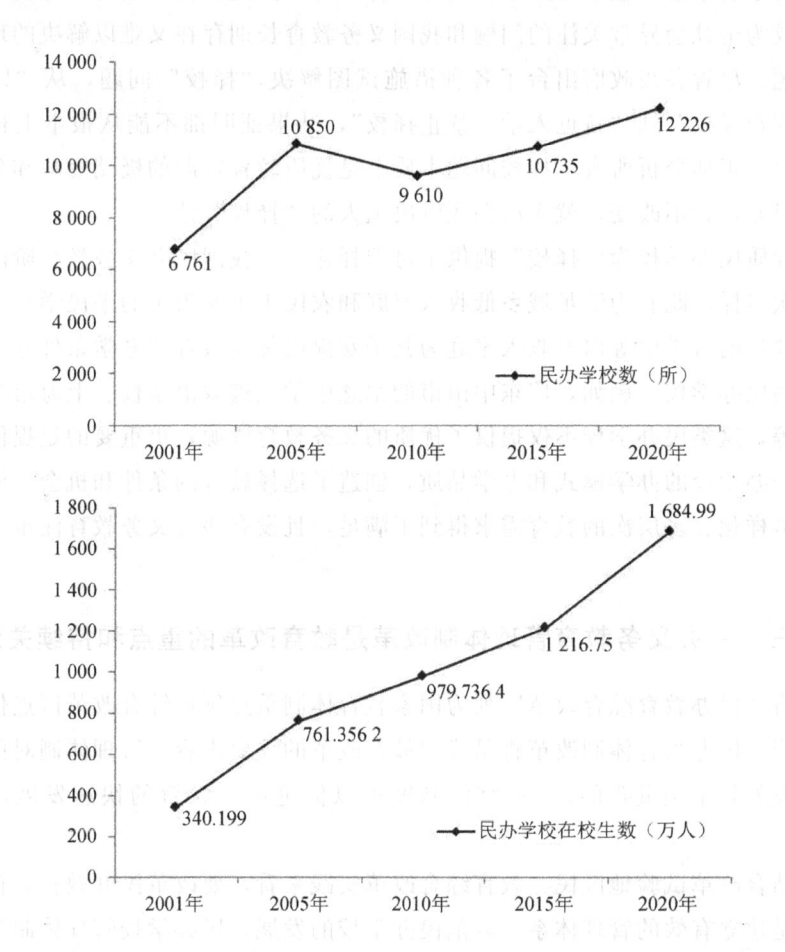

图 0-1　2001—2020 年民办中小学校数（所）、在校生数（万人）变化趋势

---

① 中华人民共和国教育部教育发展统计公报 [EB/OL]. [2022-07-27]. http://www.moe.gov.cn/jyb_sjzl/sjzl_fztjgb/.

数据表明，在一定程度上义务教育阶段如果没有民办学校强有力的补充，我国义务教育资源短缺的局面将更为严峻，普及九年义务教育就难以顺利实现。毫无疑问，民办教育已经成为社会主义教育事业的重要组成部分，其地位和作用应得到足够的重视和肯定。

随着我国经济的快速发展，民众对优质教育，尤其是差异化、个性化教育的需求增长迅速，而在实际中"社会教育需求的膨胀比预想的发展速度更快，单一的公立办学体制已经难以满足这种需求的增长"[①]，导致差异、优质教育的供需矛盾不断凸显，尤其是在义务教育阶段，由此演化而来的"择校"问题俨然成为全社会异常关注的问题和我国义务教育长期存在又难以解决的现实顽疾问题。尽管各级政府出台了各种措施试图解决"择校"问题，从"以分择校、收费择校"到"就近入学、禁止择校"，结果证明都不能从根本上杜绝择校现象。正如分析所言，择校问题本质上是优质教育资源的极端短缺和分布不均，只要现状不改变，就无法彻底解决国人的"择校"情结。

优质民办学校为"择校"提供了可选择途径。我国民办义务教育阶段的学校层次多样，既有为满足城乡低收入家庭和农民工子女为主的平民学校，也有一定数量的可供中等以上收入家庭为其子女提供优质教育的办学条件好、收费较高的民办学校。例如，广东中山市的纪念中学三鑫双语学校、上海市金苹果学校等，这类民办学校不仅提供了优质的义务教育资源，更重要的是提供了不同于公办学校的办学模式和办学品质，创造了选择教育的条件和机会，使人民群众多样化、多层次的教育需求得到了满足，且没有违背义务教育注重公平的原则。

三、民办义务教育管理体制改革是教育改革的重点和持续关注点

将"民办教育综合改革"列为国家教育体制重点领域综合改革试点任务之一表明，民办教育体制改革将是我国教育改革的重要内容。管理体制对民办学校的发展是至关重要的，[②] 适宜的制度可以促进民办教育的快速发展，反之亦然。

结合改革试验地区民办教育综合改革实践来看，要改革民办教育，首要任务便是建立有效的管理体系、规范民办学校的发展，民办学校管理体制改革是整个改革的重点，也是难点。根据国家改革任务安排，管理体制改革的前提是

---

① 袁振国. 教育评价的十大问题 [J]. 上海教育科研, 1986 (3): 66—68.
② 顾佳峰. 制度变迁与中国高等教育发展实证研究 [J]. 黑龙江高教研究, 2007 (11): 5—7.

建立民办学校分类管理制度，即明晰学校产权和法人属性问题，这是其他相关体制的基础。当前，我国各级政府对于民办学校的管理还存在歧视，[①] 突出表现在地方政府对民办学校还存有错误的认识，将公办学校视为政府职责和义务所在，而民办学校则是"外人"，甚至在多方面设置制度约束民办学校的发展。之所以出现上述问题，根本问题就是在学校产权和法人属性问题上没有清楚界定，导致民办学校内部治理结构不合理，利益分配面临诸多法律问题，监管制度也就难以落实。因此，从制度着手解决民办教育困境，乃是当务之急。[②] 而上述所有制度问题都可以归为管理体制不健全，所以本研究以民办义务教育为研究对象，着重探讨教育管理体制改革问题。

时代的变化和国情的变化，必将对具体时期的民办学校发展提出新的要求，改革必将是一种持续的、不间断的发展过程。2010年"民办教育综合改革"启动，2020年是改革收官之年。其间，国家层面制定并出台了较多的民办教育法律法规政策等，这些法律、政策针对民办义务教育学校的诸多制度问题进行了进一步规范。

因为义务教育的特殊性，民办学校需要解决好"义务"与"市场"两者关系，尤其是"公民同招"和"公参民"两项政策的出台，进一步加速促进了民办义务教育学校的改革转型。一是"公民同招"政策。所谓公民同招是指公办民办学校同步报名、同步开展录取、同步注册学籍。其政策初衷旨在解决少数民办学校为保障生源和教学质量而不断"掐尖招生"的行为。相比公办学校，民办学校具有更好的办学灵活性，大部分民办中小学都有相应的政策鼓励域内高分段学生就读，甚至是与生源学校达成优质生源定点关系。这无疑会严重影响地区教育公平发展，也不利于基础教育人才培养。二是"公参民"政策。此类学校在我国有一定的历史遗留问题，如部分知名公办学校、集体企业、国有企业等参与或单独创办民办学校，即常见的"公办民营""民办公助"等性质学校。此类学校一方面向市场收费办学，具有民办性质；一方面又接受各类国家财政性资助，如部分教师为编制内教师、学校校舍等固定资产投入为财政经费投入等。基于此，教育部等要求此类学校坚持公办属性，理顺管理机制。对于部分，尤其是品牌民办义务教育学校需要及时改革转型。

---

① 忻福良，陈洁. 对民办学校实行分类管理的调研与思考 [J]. 教育发展研究，2009 (18)：11—14.

② 王誉. 我国民办教育改革的合理路径探析——以温州市民办教育综合改革试点工作为例 [J]. 教育发展研究，2013，33 (3)：20—25.

第二节 文献综述

一、若干概念界定

（一）民办义务教育

民办教育在中国的历史源远流长，2 000多年前的春秋时期，以"儒、墨、道、法"为代表的孔墨私学开始兴盛，而私学可以看作是中国民办教育的开端。[①][②][③] 私学作为一种教育组织形式，诞生之后，随着社会经济的发展、朝代的更迭，它也在不断地发展着，但从整体上而言还不太具备正规教育机构的特征。[④] 在清朝以前，我国民办学校都以"私塾"的形式存在和发展，一直到1928年前后废书院，改制为学堂，允许教会、社团、氏族、私人兴办学校，才逐步真正形成现代意义上的民办教育。[⑤]

关于民办教育的概念，有学者通过民办教育与公办教育的比较，指出民办教育最大的不同之处是在运行方式上，民办教育具有明显的产业特征[⑥]；有学者认为民办教育就是除国家政府和国有企事业单位外的社会各种团体、组织及个人，资金自筹，按照国家法律创办学校和创办其他各种教育机构，并实施的教育活动[⑦]；也有学者认为民办教育是除国家、地方政府、社会基层等外的学术团体、社会团体及社会公民等集资创办的民间学校[⑧]；更有学者提出民办教育是社会团体组织和个人使用非政府财政资金创办的，管理权归投资者，受到国家教育行政部门的监督和检查的私营学校[⑨]。综上，学术界对民办教育的含义仍存在很大的争议。一类观点认为民办教育就是私人自筹资金兴办的学校，民办学校即私立学校；另一类观点则认为民办学校并非纯粹意义上的私立学校，私立学校是指完全由个人的资本即完全是由个人投资兴办的教育机构，而

---

① 李森，张家军.试论我国古代私学的发展 课程设置及其现实意义 [J].达县师范高等专科学校学报，2000（1）：102－106.
② 吴霓.从古代私学的发展看中国文化重心南移现象 [J].北京大学教育评论，2005（3）：27.
③ 康玉童.促进我国民办教育发展的对策研究 [D].长春：东北师范大学，2007：2.
④ 吴霓.从古代私学的发展看中国文化重心南移现象 [J].北京大学教育评论，2005（3）：28.
⑤ 张国生.我国历史上的"民办学校"[J].教育，2010（3）：48－50.
⑥ 夏正江.对民办教育的理性思考 [J].社会，1996（6）：8－10.
⑦ 邸鸿勋，张定.民办教育的概念性质与功能 [J].国家高级教育行政学院学报，2000（1）：67－69.
⑧ 袁桂林.基础教育改革与发展 [M].长春：东北师范大学出版社，2002：78.
⑨ 钱源伟.基础教育改革研究 [M].上海：上海科技教育出版社，2003：2.

民办学校是由非政府财政拨款投资创办的教育机构。根据我国《民促法》的界定，民办教育是指国家机构以外的社会组织或者个人，利用非国家财政性经费，面向社会依法举办的学校或其他教育机构，其内涵、外延都要更大，主要是相对公办学校而言。

本研究所探讨的"民办义务教育"是指利用非国家财政性经费，面向社会依法创办的义务教育阶段民办学历教育（学校），不包括教育培训机构，也不包括部分国有（集体）企业创办的内部职工福利性质的学校或转制学校。

（二）体制与教育体制

体制一词的广泛使用和流行是与经济体制改革联系在一起的，而非从西方经济学引进借鉴的"舶来品"。[①] 具体来讲，"体制"是有关组织或事务、事业的体系和相关的制度与规范，是国家机关、企事业单位在机构设置、领导隶属关系和管理权限划分方面的体系、制度、形式等总称。[②] "教育体制"则是"教育体系和制度的总称"。[③] 具体而言，教育体制包括各级各类教育机构和各种教育规范或教育制度，以及包括由各级各类教育机构与相应教育规范相结合而成的各级各类教育体制。[④] 其中，机构是体制的载体，规范是体制的核心。[⑤]

本研究根据《国务院办公厅关于开展国家教育体制机制改革试点的通知》的精神和民办教育综合改革试点经验，将民办教育体制界定为相应的民办义务教育机构，以及维持或保障各级各类教育机构正常运转的规范和制度。

（三）管理体制

管理体制是一个复合概念，由"管理"和"体制"两个词合成。管理学的先驱亨利·法约尔（Henri Fayol）在《工业管理和一般管理》中认为"管理"是指职能的活动过程，可表现为计划、组织、指挥、协调及控制等职能。"体制"则是指有关组织或事务、事业体系和相关的制度与规范的总称。"管理体制"作为体制的下位概念，是体制的一个类目。具体是指管理系统的结构和组成方式，即采用怎样的组织形式及如何将这些组织形式结合成为一个合理的有机系统，并以怎样的手段、方法来实现管理的任务和目的。然而，由于"管理体制"一词的外延很大，尤其是在教育领域，如办学体制、经费体制、招生体

[①] 周冰. 论体制概念及其与制度的区别 [J]. 中国经济问题，2013（1）：9.
[②] 夏征农，陈至立. 辞海（第六版彩图本）[M]. 上海：上海辞书出版社，2009：437，1356.
[③] 厉以贤，徐琦. 社会经济发展·人·教育 [J]. 中国教育学刊，1988（5）：1—6.
[④] 孙绵涛，康翠萍. 教育机制理论的新诠释 [J]. 教育研究，2006（12）：22—28.
[⑤] 孙绵涛. 关于体制改革与机制创新关系的探讨 [J]. 华中师范大学学报（人文社会科学版），2009（4）：121—127.

制、学费定价等都可以涵盖其中,管理几乎将教育的方方面面都包含其中,贯穿在各个环节,而非独立成章的内容。因此,民办义务教育任何一项体制改革都可以视为对管理体制的改革。

本研究主要依据 2010 年《国务院办公厅关于开展国家教育体制改革试点的通知》中针对民办教育所提出"完善民办学校法人治理结构,加强财务、会计和资产管理"的综合改革试点任务拓展开来,并根据当前 W 地区民办义务教育管理体制改革实践的具体情况,将"管理体制"细分为学校产权与法人制度、学校内部治理制度、利益分配制度和监督管理制度四个方面。所以,本研究所探讨的管理体制即是包含上述四项体制要素的概念。

二、国内相关文献综述

(一) 关于教育体制改革理论与实践的研究

1. 关于教育体制改革的理论研究

体制的改革与国家和社会的其他诸多方面,如政治、经济、科技、文化等发展有着复杂关系,需要持续不断地进行调整和改革。[1] 有学者从政府与市场教育分权的理论视角探讨教育体制的范式与现代教育制度改革[2][3][4];有学者借鉴制度经济学的视角,探讨新制度教育学的框架及教育体制的生成与变革,强调教育制度变革的内生性原理[5];还有学者基于社会哲学的视野,探索教育制度的本质及其转型和变革的理论范式[6];更有学者运用人力资本理论,形成教育产权理论,指引办学法人体制改革[7][8][9]。结合具体的学段体制改革来看,潘新民就我国基础教育改革分析了改革的"突变论"对于我国基础教育改革的利弊影响,并提出"渐变论"才是我国基础教育改革的合适模式。[10] 也有学者深入剖析我国基础教育改革新世纪十年的方法论演进,并认为我国基础教育改革

---

[1] 王欣.从系统的观点看我国高等教育体制改革 [J].高等教育研究,1994 (2):35-39.
[2] 许杰.教育分权:公共教育体制范式的转变 [J].教育研究,2004 (2):10-15.
[3] 蒲蕊.公共利益:公共教育体制改革的基本价值取向 [J].教育研究与实验,2007 (1):34-37.
[4] 魏杰,王韧."二元化"困境与中国的教育体制改革 [J].学术月刊,2006 (8):22-27.
[5] 康永久.教育制度的生成与变革——新制度教育学论纲 [D].武汉:华中师范大学,2001.
[6] 李江源.教育制度的现代转型及功能 [J].教育理论与实践,2004 (1):14-18.
[7] 钱津.论人力资本与教育体制改革 [J].理论参考,2003 (8):4-6.
[8] 靳希斌.教育产权与教育体制创新——从制度经济学角度分析教育体制改革问题 [J].广东社会科学,2003 (2):74-80.
[9] 梁润冰.我国教育体制改革的路径分析 [J].复旦教育论坛,2004 (2):72-74.
[10] 潘新民.基础教育改革渐变论 [D].北京:北京师范大学,2010.

有必要形成"方法论意识"和"方法论自觉"。[1]

上述相关理论研究均从某一视角出发结合教育体制建立与改革的现象与影响因素进行了形而上的认识论层面的理论阐释与提炼,为本研究提供了一定的理论基础和研究视角。同时,这些理论缺乏与实践的紧密互动,也缺乏与方法论的有机结合。

2. 关于教育体制改革实践的研究

1949年新中国成立以来,我国经历了数轮的教育体制改革,相关研究文献十分丰富。从实践的角度对教育体制改革进行针对性研究的文献亦是比比皆是。已有研究可以分为宏观研究和微观研究,前者是对"教育体制改革"整体进行研究,后者通常聚焦某一具体的教育体制进行详细探讨。

宏观层面上,通过对文献的整理与分析,可以发现国内关于教育体制改革实践研究的文献可归纳为如下主题:①改革的历史背景与动因研究,有学者从经济发展、政治发展等大社会背景研究的[2][3],也有针对某一具体年段进行研究的[4];②教育体制改革的内容与战略研究,孙绵涛教授以1978年以来我国教育政策为对象系统分析了我国教育体制改革的内容,[5] 也有学者详细探讨了具体教育改革政策的目标分解、路径,[6] 以及教育改革与国家战略间的关系[7];③教育体制改革的价值取向与伦理研究,相关研究针对我国教育体制改革正面临的两个关乎改革伦理的问题,即如何确保教育的公益性和教育的自主性进行了深入分析[8][9][10];④教育体制改革的问题与路径研究,有学者研究认为,我国目前的教育体制改革仍然停留在"单中心"体制下的公、私教育选择层面上,改革难以克服政府或市场的内在缺陷,制约了教育事业的进一步发展,并提出

---

[1] 李云星,李政涛. 新世纪十年中国基础教育改革方法论的演进 [J]. 杭州师范大学学报(社会科学版),2011(6):22-27.

[2] 徐纬光. 社会形态、政治权力和教育体制——当代中国教育体制改革的逻辑 [J]. 复旦教育论坛,2004(4):21-25.

[3] 叶澜. 21世纪社会发展与中国基础教育改革 [J]. 中国教育学刊,2005(1):6-11.

[4] 王香丽. 20世纪80年代至90年代中期中国高等教育体制改革——成绩、动因和特点 [J]. 广东工业大学学报(社会科学版),2011(4):6-10.

[5] 孙绵涛. 关于教育政策内容分析的探讨——以中国1978年后教育体制改革政策内容的分析为例 [J]. 教育研究与实验,2007(3):39-45.

[6] 张乐天. 城乡教育一体化:目标分解与路径选择 [J]. 复旦教育论坛,2011(6):63-67.

[7] 黄晓勇,张菀洺. "十二五"时期我国教育体制改革与科教兴国战略研究 [J]. 中国社会科学院研究生院学报,2010(2):13-20.

[8] 劳凯声. 公共教育体制改革中的伦理问题 [J]. 教育研究,2005(2):3-11.

[9] 劳凯声. 教育体制改革与改革伦理问题 [J]. 首都师范大学学报(社会科学版),2011(4):1-16.

[10] 蒲蕊. 公共利益:公共教育体制改革的基本价值取向 [J]. 教育研究与实验,2007(1):34-37.

构建教育体制应走"多中心"的道路[①];⑤教育体制改革的经验与模式研究,部分学者针对我国教育发展的实际情况,总结了我国教育体制改革的相关经验[②][③][④],也有学习者从国内国外比较的角度对我国教育体制改革模式做了分析[⑤]。

微观层面上,针对某一阶段或类型的教育单项或多项教育体制改革的研究同样很丰富。以学段简单划分:①学前教育的成本分担制度[⑥]、资源配置制度[⑦]、办学制度[⑧]等;②基础教育阶段办学制度[⑨]、课程教学与人才培养制度[⑩][⑪]、质量监测与评价制度[⑫]、人事制度[⑬][⑭][⑮]、经费投入制度[⑯]等;③高中阶段教育的考试评价改革[⑰][⑱]、多样化办学制度改革[⑲]等。

还有一些学者针对当前形势提出本国教育体制改革的具体策略和方向,如要重视经济改革与教育体制改革的相互关系和改革对策[⑳],要把社区发展与教育体制改革相结合[㉑],不能忽略如何实现教育资源和教育机会的公平分配[㉒],

---

[①] 梁润冰. 我国教育体制改革的路径分析 [J]. 复旦教育论坛, 2004 (2): 72-74.
[②] 杜育红, 梁文艳. 教育体制改革30年的辉煌与展望 [J]. 人民教育, 2008 (19): 2-5.
[③] 范文曜, 王烽. 体制机制创新推进教育跨越发展——改革开放30年教育体制改革 [J]. 复旦教育论坛, 2008 (6): 5-13.
[④] 袁振国. 建国后三十年教育改革的历史反思 [J]. 上海教育科研, 1988 (3): 15-18.
[⑤] 陈阳凤. 教育体制改革之模式论 [J]. 教育评论, 1990 (2): 6-10.
[⑥] 赵景辉, 刘云艳. 政府分担学前教育成本的合理性及其运行机制 [J]. 学前教育研究, 2012 (2): 15-19.
[⑦] 张辉蓉, 黄媛媛, 李玲. 我国城乡学前教育发展资源需求探析——基于学龄人口预测 [J]. 教育研究, 2013 (5): 60-66.
[⑧] 郭维平. 发达地区学前教育办学体制与管理模式的改革和发展——以浙江省嘉兴地区为例 [J]. 中国教育学刊, 2007 (5): 20-23.
[⑨] 曾天山. 义务教育体制改革的回顾与思考 [J]. 教育研究, 1998 (2): 22-27.
[⑩] 吕达, 张廷凯. 试论我国基础教育课程改革的趋势 [J]. 课程·教材·教法, 2000 (2): 1-5.
[⑪] 裴娣娜. 论我国基础教育课程研究的新视域 [J]. 课程·教材·教法, 2005 (1): 3-8.
[⑫] 李春艳. 基础教育考试评价制度改革的社会学分析 [J]. 现代教育科学, 2011 (8): 53-54.
[⑬] 朱旭东. 试论师范教育体制改革的国际趋势 [J]. 比较教育研究, 2000 (4): 42-46.
[⑭] 王凯. 关于现行人事制度转轨变型的基本思路 [J]. 理论与改革, 1994 (3): 3-4.
[⑮] 杨天平. 中国教师教育制度改革的战略审思 [J]. 中国教育学刊, 2009 (6): 1-4.
[⑯] 李有彬. 关于我国基础教育经费投入体制的研究 [J]. 教育探索, 2006 (4): 45-46.
[⑰] 刘海峰. 高考改革的回顾与展望 [J]. 教育研究, 2007 (11): 19-24.
[⑱] 范国睿, 黄欣. 制度创新: 高考制度的改革之维 [J]. 教育科学论坛, 2011 (7): 11-13.
[⑲] 刘福才. 我国普通高中办学体制改革: 现状、问题与发展路向 [J]. 华南师范大学学报(社科版), 2010 (6): 28-33.
[⑳] 王善迈. 社会主义市场经济下的中国教育体制改革 [J]. 北京师范大学学报(社会科学版), 1994 (6): 42-47.
[㉑] 厉以贤. 社区教育、社区发展、教育体制改革 [J]. 教育研究, 1994 (1): 13-16.
[㉒] 劳凯声. 公共教育体制改革中的伦理问题 [J]. 教育研究, 2005 (2): 3-11.

坚持公立学校机构的公共性质和办学的自主性质等伦理问题[1]，让政府创建和完善有利于公共利益维护与增进的制度，形成并发挥评估性职能，通过计划调节与市场调节相融合的体制实现教育资源的合理配置[2]，以及在教育体制改革中要建构和采用科学的、可操作的指标体系来对其进程与效果进行监控与观测等。

3. 关于教育体制改革评价指标体系的研究

教育评价是保障教育质量、提升教育决策科学化的制度性举措，也是可以监测和评价教育体制改革进程与效果的关键环节。[3][4] 国内有关教育评价的研究，尤其使用指标体系进行教育测评的文献汗牛充栋，通过文献梳理，本研究将上述研究初步归为两大类研究。一类是教育评价指标的理论研究，即关于指标的内涵[5][6]、特征、功能、分类，以及指标的选择原则、指标体系的建构方法、流程与模式[7]等。另一类则是教育评价指标的应用研究，即组织机构或研究者建构教育指标或指标体系用于评价和分析特定教育发展状况的实践研究。例如，建立指标体系衡量区域教育发展水平及其差异[8][9][10]，建立指标体系测量教育公平[11][12]，建立教育现代化指标体系对教育现代化水平进行监测[13][14]，建立指标体系对县区城乡教育一体化发展水平进行监测[15]。然而，综合来看，国内对教育体制改革与教育评价指标关系的理论研究，以及采用教育指标体系对整个教育体制改革与发展进程进行综合、持续监测，并对其效果进行测量与评价的实践和研究非常鲜见。

---

[1] 劳凯声. 教育体制改革与改革伦理问题 [J]. 首都师范大学学报（社会科学版），2011（4）：1－16.

[2] 范先佐. 论教育资源的合理配置与教育体制改革的关系 [J]. 教育与经济，1997（3）：7－15.

[3] 袁振国. 教育评价的十大问题 [J]. 上海教育科研，1986（3）：66－68.

[4] 李玲，宋乃庆，龚春燕，等. 城乡教育一体化：理论、指标与测算 [J]. 教育研究，2012（2）：41－48.

[5] 刘建银，安宝生. 教育指标理论研究的几个基本问题 [J]. 中国教育学刊，2007（9）：21－25.

[6] 邬志辉. 教育指标：概念的争议 [J]. 东北师大学报（哲学社会科学版），2007（4）：119－125.

[7] 秦玉友. 教育指标领域基本问题反思与探究 [J]. 当代教育科学，2005（8）：13－16.

[8] 李琳，徐烈辉. 区域教育可持续发展评价指标体系的构建 [J]. 湖南经济管理干部学院学报，2006（1）：99－104.

[9] 张春宏. 县域义务教育评价指标体系研究 [D]. 长春：东北师范大学，2007.

[10] 王善迈，袁连生，田志磊，等. 我国各省份教育发展水平比较分析 [J]. 教育研究，2013（6）：29－41.

[11] 杨东平，周金燕. 我国教育公平评价指标初探 [J]. 教育研究，2003，11：30－33.

[12] 安晓敏. 教育公平指标体系研究 [D]. 长春：东北师范大学，2008.

[13] 谈松华，袁本涛. 教育现代化衡量指标问题的探讨 [J]. 清华大学教育研究，2001（1）：14－21.

[14] 刘晖，熊明. 城市教育现代化指标体系的构建 [J]. 教育发展研究，2007（17）：33－36.

[15] 于月萍，徐文娜. 论城乡教育一体化制度体系的构建 [J]. 教育科学，2011（5）：1－6.

从上述研究来看，相对于国外较为成熟的教育测量与评价的理论、方法与应用经验而言，我国在教育测评领域，尤其对教育制度的长期、大规模历时性测评领域还处在发展阶段。但许多学者以不同的问题与目标导向所进行的教育测评指标体系的理论建构和不同程度的应用已经为本研究奠定了非常有益的基础，也证明了以指标体系测评民办义务教育体制改革效果的可行性和途径。

（二）关于义务教育体制改革的研究

自新中国成立以来，我国义务教育体制改革经历了初步探索与曲折发展时期、全面恢复与探索时期、全面推进时期，以及进一步完善时期四个阶段[1]，而在深化教育改革的进程中，体制性因素已日益成为关键[2]。

1. 关于义务教育办学体制改革内容的研究

不同的历史阶段，教育体制改革的价值取向不同，改革的内容也会不同。20世纪80年代中期我国义务教育体制改革以来，一直有两条基本的主线，一是中央与地方关系的改革，二是政府与社会关系、政府与市场关系的改革[3]。"两大关系"的改革亦是我国义务教育体制改革的主要内容。

第一，义务教育办学体制由"高度的中央集权"体制逐步向"适度的地方分权"转变。1985年《中共中央关于教育体制改革的决定》（以下简称《决定》）明确提出办学要坚持"地方负责，分级管理"的原则，此后的义务教育办学责任开始集中在地方政府的头上[4]，改变了过去国家包揽办学、过度集权的体制，地方政府办学的权责不断加大，也促进了地方办学积极性和办学责任感[5]。然而，这一改革也带来了其他管理上的问题，如我国行政管理体制的"垂直管理"体系导致义务教育办学的"分级管理"制度无法落到实处[6][7]、地方办教育受地区经济差异的影响，区域差异扩大[8]、地区教育发展因地区领导认识不到位停滞不前[9]等。诸多学者对如何深化上述办学体制改革提出了改进建议，如提出重新定位国家在改革中的角色与作用[10]、优化教育体制改革的权

---

[1] 陈立鹏，罗娟. 我国基础教育行政管理体制改革60年评析[J]. 中国教育学刊，2009 (7)：1.
[2] 曾天山. 义务教育体制改革的回顾与思考[J]. 教育研究，1998 (2)：22.
[3] 刘复兴. 改革开放以来我国基础教育体制改革的问题与路向[J]. 理论视野，2008 (9)：20—22.
[4] 李敏，于月芳. 义务教育体制改革历程的回顾、反思与展望[J]. 基础教育参考，2009 (4)：62.
[5] 陈立鹏，罗娟. 我国基础教育行政管理体制改革60年评析[J]. 中国教育学刊，2009 (7)：1.
[6] 卢羡文. 试论我国基础教育行政管理体制改革[J]. 中小学管理，1996 (12)：10—11.
[7] 褚宏启. 我国基础教育行政管理体制改革30年简评[J]. 中小学管理，2008 (11)：4—8.
[8] 吴志宏. 探讨新世纪教育管理学研究的走向[J]. 华东师范大学学报（教育科学版），2002 (2)：2.
[9] 李宜萍. 改革教育行政体制与抑制基础教育偏差[J]. 宜春学院学报，2007 (5)：99—101.
[10] 陈登福. 新中国基础教育行政管理体制改革的历程[J]. 学习月刊，2010 (5)：98—100.

力分配制度①等。

第二，义务教育办学由"单一办学"向"多元办学"转变，社会力量参与办学逐步兴起。我国义务教育阶段一个重要的国情就是教育资源供需矛盾突出②，尤其是在部分贫困区县教育经费投入长期严重不足，这与长期单一办学体制有必然联系，事实也表明单一的政府投资办学模式不能满足民众对教育的需求③④。如果从教育经费角度计算，2010年我国民办教育（不含学前）为国家公共教育经费贡献超过1 000亿元⑤。因此，从现实角度而言，改变单一办学体制，实行多元办学具有重要的现实基础和需要。同时，有学者指出在中国，历史经验表明任何一项大规模的教育体制改革必须是"官方"与"民间"充分合作才能顺利实施，并获得成功⑥。

2. 关于义务教育办学模式改革的研究

如何在实践中开展义务教育办学体制改革，需要正视我国教育发展的现实国情⑦。自《中共中央关于教育体制改革的决定》出台，我国义务教育领域进行了有益的探索，实践中先后出现转制学校、股份制学校等多种办学模式。

第一，"转制学校"的探索实践。转制学校全称是公办学校办学体制改革试验学校⑧，本质上是原公办学校，在不改变所有权的条件下，转制后政府或提供校产和设备，或仍维持一定数额的拨款，但采用了民办学校的运作方式的学校⑨，是介于完全的政府办学和完全的民间办学之间的一种办学形式⑩。这种办学体制的基本模式可以概括为"学校国有，社团公民承办，经费自筹，办学自主"。⑪它的兴起不是一个偶然的现象，有社会、经济和教育的成因，是

---

① 王慧. 建国以来我国基础教育行政体制分权化演进轨迹与现状研究 [D]. 西安：陕西师范大学，2013.
② 孟兆敏，吴瑞君. 上海市基础教育资源供需的现状、问题及对策研究 [J]. 上海教育科研，2013(2)：5.
③ 周彬. 论"学校办学权"的公正问题——兼论义务教育的均衡化发展 [J]. 教育发展研究，2005(4)：34—38.
④ 刘鹏照. 民办义务投资财政贡献研究 [M]. 北京：经济科学出版社，2007：27.
⑤ 吴华，胡威. 公共财政为什么要资助民办教育？[J]. 北京大学教育评论，2012 (2)：44.
⑥ 吴康宁. 中国教育改革为什么会这么难 [J]. 华东师范大学学报（教育科学版），2010 (4)：15.
⑦ 柳海民，孙阳春. 中国基础教育改革的理性诉求 [J]. 教育学报，2005 (3)：27.
⑧ 胡卫，方建锋. 民办学校分类管理框架下上海公立转制学校深化改革政策评估 [J]. 上海教育评估研究，2012，1 (1)：8.
⑨ 魏志春. 公共管理视野下转制学校的困境与选择 [J]. 教育科学研究，2006 (1)：19.
⑩ 王凤秋. 关于我国公立学校转制问题的思考 [J]. 中小学管理，2005 (10)：17—19.
⑪ 李金初，臧国军. 公有转制学校建设现代产权制度的实践与探索 [J]. 教育发展研究，2005(22)：47—52.

为迎合社会和个体的需求所做出的在办学体制上的改革,这体现了一种历史的必然。① 实践表明公立学校"转制"改革满足了民众教育选择需求,整体教育质量得到提高,促进了公办中小学校管理体制的改革,②③ 扩大了优质学校教育资源,满足了社会对优质教育学校的"择校需求"。然而,随着社会经济的发展变化,"转制学校"问题不断凸显,如转制资格界定不明、管理不规范、收费争议,④ 性质不清楚引起的竞争不平等问题、自主办学受限,投入不明确带来的土地使用不合理、固定资产不明确、收益分配难、转让难,等等⑤。

第二,"股份型混合所有制学校"的探索实践。有学者指出自 1993 年浙江省台州地区出现中国第一所股份制学校⑥,股份制学校就如雨后春笋般地出现,2002 年浙江省民办学校协会统计数据显示股份制办学的民办学校数量占民办学校总数已达 65%。

股份制办学之所以能够得到如此快速的发展,与其所具有的内在办学优势密不可分。股份制办学可以极大地保障民办学校办学经费的来源,也是创新投资办学的理念,促进多元化教育投资的重要措施。⑦ 同时,实施股份制办学能够极大地调动社会办学积极性,更是学校人力资源开发的有效途径,⑧ 股份制办学能够促进学校管办分离的有效实现⑨。此外,也有学者对股份制办学的特点进行了分析⑩⑪。然而,作为一种市场特征明显的办学模式还并不成熟。有学者就质疑将"股份制"改革借鉴到教育领域是否合适,对企业股份制改革的经验能否适用学校提出了不同意见⑫;也有学者从我国现有社会条件分析实施股份制办学的可行性⑬和需要解决的体制机制问题,如政府角色、法律完善等

---

① 黄知荣. 转制学校的利弊分析 [J]. 科学大众, 2006 (9): 22—24.
② 魏志春. 公共管理视野下转制学校的困境与选择 [J]. 教育科学研究, 2006 (1): 19.
③ 周国华, 毛祖桓. 我国中小学转制学校研究述评 [J]. 上海教育科研, 2007 (9): 25—28.
④ 王凤秋. 关于我国公立学校转制问题的思考 [J]. 中小学管理, 2005 (10): 12.
⑤ 傅禄建. 创新机制 推动发展——深化转制学校改革的问题与对策 [J]. 上海教育科研, 2005 (7): 20.
⑥ 陈及人, 李哉平. 从台州实践看教育股份制的运行机制 [J]. 上海教育科研, 1998 (8): 7—10.
⑦ 靳希斌, 楚红丽. 关于我国教育股份制的思考 [J]. 教育与经济, 2004 (2): 40—42.
⑧ 徐朝晖. 激励——股份制学校人力资源开发的有效手段 [J]. 中国电子教育, 2004 (3): 9—12.
⑨ 孟繁超, 胡慧萍. 教育股份制的特质研究 [J]. 行政与法 (吉林省行政学院学报), 2005 (4): 96—99.
⑩ 金文斌, 王璋. 股份制合作办学探索——一种发展教育的有效形式 [J]. 教育发展研究, 1999 (4): 37—39.
⑪ 沈有禄. 我国部分公立高校"教育股份制"创新研究 [D]. 沈阳: 沈阳师范大学, 2005.
⑫ 庞守兴. 警惕股份制学校改革的"陷阱" [J]. 教育研究与实验, 1999 (3): 36—38.
⑬ 王雪琴. 公立高校股份制办学的可行性研究 [J]. 经济与社会发展, 2006 (9): 89—92.

都亟待解决。

3. 关于国外中小学办学体制改革经验的研究

国际化是全球教育发展的重要特征与基本趋势，也是我国义务教育改革的显著特点。[①] 我国义务教育改革也是世界教育改革的组成部分，国外成功的教育改革经验可以服务于中国基础教育体制改革的实践。

俄罗斯中小学教育改革的背景与当前我国义务教育体制改革面临的情况有相似之处，且其改革也基本围绕"中央与地方""政府与市场"问题展开，具体而言，一是市场机制的引入和投资体制的多元化改革，二是中央集权向地方分权转变。[②] 有学者通过分析美国"特许学校"（Charter School）的办学体制，并归纳其特点如下：第一，依旧属于公立学校，经费由政府负担；第二，享有办学自主权；第三，构成上，60%新建，30%公办转制，10%私立学校转制。[③] 通过对比中国"转制学校"和美国"特许学校"的异同，发现美国特许学校出现主要因为：第一，公立学校办学效率低下，民众不满意，需要新的办学形式出现；第二，政府和民众对特许学校的大力支持；第三，特许学校创办的初衷是解决特殊儿童的教育问题。[④] 也有学者通过研究墨西哥基础教育体制改革，认为墨西哥"分权制"的教育体制，不仅在国家法律上保障体制改革的实施，而且还组建了专门机构总领改革事宜。[⑤]

（三）关于民办教育体制改革的研究

1. 关于民办中小学分类管理制度的研究

根据发达国家的经验，对民办教育进行分类管理是促进民办教育的规范化发展的重要举措，我国学者也对民办教育分类管理的可行性、必要性及存在的问题进行了大量的科学研究。

现阶段对我国民办学校进行分类管理是否可行，学界对此一直存有争论。方建锋通过对上海、浙江、广东民办学校管理者进行问卷调查，结果显示三地民办学校55.22%的管理者认为我国现阶段实施民办学校分类管理制度时机不

---

① 何颖. 教育体制改革促进与规约下的中国基础教育国际化[J]. 教学与管理，2012（19）：3.
② 谷静. 转型期俄罗斯农村基础教育体制变革研究[D]. 长春：东北师范大学，2007：7.
③ 刘志华，关翩翩. 美国特许学校与中国公办转制学校：对比与借鉴[J]. 华南师范大学学报（社会科学版），2008（5）：92.
④ 王彦才. 美国的特许学校及其对我国公立转制学校的启示[J]. 江西教育科研，1999（4）：63—66.
⑤ 王加强. 墨西哥基础教育体制分权改革：背景、过程、内容和成效[J]. 外国中小学教育，2009（1）：15.

成熟，不赞成者还是占据大多数，如上海地区反对者比例高达72.31%。[①] 这与忻福良、陈洁于2009年调查得出的"20%同意进行分类管理，80%不同意分类管理"的结果是一致的[②]；分类管理改革不仅缺乏民意基础，同时还存在法理上的矛盾[③]，与其他国家相比，我国将民办教育定位于公益性事业，民办学校统一归类为非营利性学校。如果放开民办学校分类管理，在引导营利性和非营利性的学校方面都会出现方向性困难。

许多学者研究和调查结果均认为，对我国民办学校进行分类管理确有必要。当前，我国将民办学校统一归类为非营利性学校，剥夺了出资人的选择权[④]；缺乏分类管理导致民办学校的各类优惠政策无法得到落实[⑤][⑥]；有研究认为，民办学校分类管理是解决民办教育宏观管理与微观运行冲突、推进民办学校良善治理的有效路径[⑦]，实施分类管理后，有助于破解我国民办教育发展的困局[⑧]，有助于保护民办学校的公益性，[⑨] 是当前我国政策的理性选择。

有学者提出，民办学校的管理应逐步由政府管理过渡到行业、协会管理，如此可以赋予民办学校更多的办学自主权[⑩][⑪]；也有学者通过分析国外民办教育管理经验论证我国民办教育实施协会管理的可能性及其潜在的问题[⑫][⑬][⑭][⑮]，

[①] 方建锋. 民办学校营利性和非营利性分类管理的实证分析 [J]. 教育发展研究, 2011 (24): 19-22.

[②] 忻福良, 陈洁. 对民办学校实行分类管理的调研与思考 [J]. 教育发展研究, 2009 (18): 11-14.

[③] 徐志勇. 试析我国民办教育投资回报的相关政策 [J]. 教育研究, 2005 (9): 64-69.

[④] 沈剑光, 钟海. 民办学校法人财产权与民办教育分类管理 [J]. 教育研究, 2011 (12): 37-40.

[⑤] 高卫东. 改革开放30年北京社区教育发展历程 [J]. 北京广播电视大学学报, 2010 (5): 3-10.

[⑥] 王善迈. 民办教育分类管理探讨 [J]. 教育研究, 2011 (12): 32-36.

[⑦] 董圣足. 民办学校分类管理的制度构架：国际比较的视角 [J]. 教育发展研究, 2013 (9): 14-20.

[⑧] 王建. 民办学校分类管理——从"四分法"到"二分法" [J]. 北京大学教育评论, 2012 (2): 21-42.

[⑨] 何金辉. 民办学校要不要交所得税——关于民办学校税收问题座谈会纪实 [J]. 教育发展研究, 2005 (12): 46-49.

[⑩] 刘元成. 建立适合民办教育发展的外部管理机制 [J]. 教育与职业, 1999 (8): 28-31.

[⑪] 平晓丽. 公共治理视野下的民办教育行业管理 [D]. 宁波：宁波大学, 2012.

[⑫] 郭朝红. 影响教师政策的中介组织研究 [D]. 上海：华东师范大学, 2004.

[⑬] 龚兵. 从专业协会到教师工会 [D]. 上海：华东师范大学, 2005.

[⑭] 周小虎. 利益集团视角下的美国教师组织对教育政策影响的研究 [D]. 长春：东北师范大学, 2006.

[⑮] 孙杰夫. 浅谈成立民办教育协会的必要性 [J]. 辽宁教育研究, 2003 (11): 67-68.

并对协会管理的相应功能、体系等进行了深入研究[①②]；更有学者提出了多种可实施的行业管理模式，包括部门管理模式、公司管理模式、协会管理模式，行业或协会参与管理区别于政府、市场管理主体，职责定位既非政府行为，也非市场行为，而是监督的第三方[③]。

综上所述，已有研究表明民办学校的分类管理改革是大势所趋，也是必走之路，但是改革必须以完善相关法治建设为前提，以中国民办学校发展的实际国情为基础，逐步推行改革。

2. 关于民办学校师资管理体制的研究

"不论何时谈论教育进步的话题，学校成员在这一进步中的作用都是无与伦比的，教育领导者一贯重视人力资源在提供优质教育中的重要性"（Norton and Kelly，1997），高质量的教育依赖高素质的教师队伍，民办中小学校亦是如此。针对民办学校师资队伍建设，已有文献研究颇多。

民办学校教师补充主要依靠公办退休教师、公办挂编、社会人员、高校毕业生[④⑤⑥]，多数民办学校缺乏稳定的教师来源，导致民办学校教师队伍稳定性不高[⑦⑧]，部分地区流失率高达 20%；有学者调查分析认为民办学校教师流失原因主要有生源质量差、专业发展机会少、民办教师地位差、工作压力大、待遇低等[⑨⑩⑪]。

民办学校教师待遇主要由工资和学校代缴的社会福利（五险一金）组成，但并不是所有民办学校教师都可以获得这样的待遇，由于民办学校质量的参差不齐，部分民办学校教师每月仅数百元工资，仅相当于公办教师的四分之一。[⑫] 公办学校教师在职称、福利、医疗及住房等都能享受政府的优惠政策，而民办

---

① 吴蔚. 民办教育：成立行业协会时机成熟 [J]. 教育与职业，2006（10）：33.
② 李贤沛，张冀湘. 行业利益与行业管理 [J]. 管理世界，1988（5）：110－118；217－218.
③ 贾西津. 国外非营利组织管理体制及其对中国的启示 [J]. 社会科学，2004（4）：45－50.
④ 马川. 民办中小学教师来源的问题分析 [J]. 教学与管理，2002（4）：33－34.
⑤ 韩业伦. 民办中小学教师队伍现状研究 [D]. 济南：山东师范大学，2006.
⑥ 刘闺立，遇昕洋. 辽宁省民办中小学教师流动情况调查分析 [J]. 辽宁教育，2012（22）：21－23.
⑦ 刘琦艳. 社会学视角下民办中小学教师无序流动的原因分析 [J]. 教育发展研究，2007（2）：15－18.
⑧ 邵晓强. 义务教育民办学校教师流失现状分析及对策 [D]. 上海：华东师范大学，2008.
⑨ 赵伟. 青岛市民办学校教师流动现状及对策研究 [D]. 济南：山东师范大学，2007：19.
⑩ 刘琦艳. 民办中小学教师专业发展的学校保障问题研究 [D]. 广州：广州大学，2008：19.
⑪ 江文，刘健，杨海珍，等. 小学公办教师和民办教师职业压力源比较研究 [J]. 教育导刊，2012（12）：25－28.
⑫ 刘晨元. 妥善解决民办教师问题 [J]. 基础教育参考，2008（4）：47－50.

学校教师并未纳入国家优惠政策的保障范围，公办与民办学校教师待遇不平等已成普遍现象。[①][②] 针对民办教师待遇偏低的问题，有学者提出将民办教师纳入事业单位体系予以保障[③]，同时建立科学的民办教师"转正制度"。

民办学校教师与公办学校教师尽管都是服务义务教育的职业，但是由于公众的偏见，民办学校社会声誉不高及缺乏法律制度的保障，民办教师的社会地位普遍不高。[④]

3.关于民办学校经费保障管理体制改革的研究

依据法律法规的界定"民办学校指国家机构以外的社会组织或者个人，利用非国家财政性经费，面向社会依法举办的学校或其他教育机构。"民办学校经费主要由个人投资、收取学费、学费收入、场地出租、社会捐助、政府资助、股份制经营、贷款融资等构成，[⑤][⑥] 形式确实多元化，但是实际情况是我国民办学校绝大多数属于投资办学，真正意义上的捐资办学极少[⑦]。因此，在经费来源上，学费占主要部分，平均占到65%以上，[⑧] 社会捐助、政府资助比例很小。据在山东省教育厅2005年的调查数据显示，全省241所民办学校获得社会捐助的仅有11所，仅占5%；获得财政资助的仅有8所，占3.3%[⑨]。教育经费保障不稳定已经成为制约我国民办学校发展的重要因素。

首先，关于公共财政资助民办学校的合理性问题。《民促法》和《国家中长期教育改革和发展规划纲要（2010—2020年）》中均提出"要健全公共财政对民办教育的扶持政策"。由此可知，建立民办学校公共财政支持体系是我国民办教育改革的一个趋势。然而，部分地区教育管理人员和学者对公共财政资助民办学校的必要性、合理性的争论还很多，支持与反对之声均有。有学者从社会学、经济学角度分析认为，政府有责任和义务为民办学校提供财政支

---

① 肖利宏.论我国民办教育、公办教育发展的非公平[J].教育与经济，2000（4）：21—24.
② 王波，程福蒙.民办学校教师同等法律地位问题分析[J].教育发展研究，2006（12）：21—24.
③ 李友玉.基本解决民办教师问题面临的经济困境与对策[J].教育与经济，2000（1）：47—50.
④ 陈黎明.我国中小学教师的法律地位——兼论民办中小学教师的社会地位[J].中国教师，2006（5）：44—45.
⑤ 黄藤，王冠.中国民办学校经营运作方式初探[J].陕西师范大学学报（哲学社会科学版），2005（S1）：112—117.
⑥ 王传瑜.民办中小学财务管理的问题与对策研究[D].上海：华东师范大学，2010：16—23.
⑦ 阎凤桥.民办教育政策的经济学分析[J].教育研究，2005（9）：59—63.
⑧ 黄藤，王冠.中国民办学校经营运作方式初探[J].陕西师范大学学报（哲学社会科学版），2005（S1）：112—117.
⑨ 贾东荣.民办教育的资金问题与对策思考[J].教育发展研究，2005（20）：40—45.

持①；有学者从教育财政贡献度分析，认为按 2010 年度数据计算，我国民办学校对国家的财政性教育经费贡献高达 1 600 亿元。其中，民办义务教育学校达 446 亿元②，很大程度上民办学校弥补了国家教育财政的不足。因此，认为国家应当负担民办学校部分办学成本。此外，还有学者从民办教育发展的自身特点分析，认为民办教育既有教育的公益性，又为学生提供了多样化的教育选择③，不仅没有损害教育的公益性，相反为我国义务教育做出了较大贡献④，也支持给予公共财政补助；有学者从法律角度分析指出义务教育阶段的学生，无论是就读哪一类学校，都具有享受公共教育资源的平等权利。虽然学校有公办民办之分，但义务教育阶段的学生不应有公私之分，国家应针对民办学校的学生进行资助⑤；结合实践经验来看，国家公共财政资助民办学校并不会增加地区教育财政的负担，相反会鼓励更多的民间资本投资教育，如周口、洛阳、宁波、温州等地的实践就是很好的证明。

认为公共财政教育经费不应支持民办学校的学者的主要依据是"权利自动放弃论""财政资源不足论""非营利原则论"。⑥ 核心观点就是：①公办和民办学校对所有学生开放，也是公平的，选择其一就以为自动放弃享受另一方的权利；②我国现有的财政教育经费解决公办学校尚有不足，无能力负担民办学校财政资助；③民办学校应当区分营利与非营利学校，在缺乏有效分类管理的条件下，不易提供财政资助。

其次，关于民办学校税费政策的研究。民办学校区别于公办学校的一大特点就是"经费自筹、自负盈亏"，而无论是营利性民办学校还是非营利性民办学校，都要考虑学校的运营成本问题。其中，税费对于任何一所民办学校都是不可避免的问题，也是发展中至为关键的问题。⑦ 尽管《民促法》针对民办学校制定了税费优惠政策，并规定非营利性学校可以享受公办学校同等的税费待遇。然而，全国人大教科文卫委员会教育室针对 2004 年出台的《关于教育税收政策的通知》里规定的 13 项教育减免政策（如企业所得税、个人所得税、房产税、城镇土地使用税等），调查发现其中 11 项在实际执行对民办学校都不

---

① 曹文，陈建成. 财政资助民办教育的政策研究 [J]. 东岳论丛，2007 (02)：86—89.
② 吴华，胡威. 公共财政为什么要资助民办教育？[J]. 北京大学教育评论，2012 (2)：43—55.
③ 于晓旭. 政府扶持与奖励民办教育的机制研究 [D]. 大连：大连理工大学，2005：6.
④ 文东茅. 论民办教育公益性与可营利性的非矛盾性 [J]. 北京大学教育评论，2004 (1)：43—48.
⑤ 吴华. 义务教育阶段民办学校学生应享受财政资助 [J]. 教育发展研究，2007 (Z2)：139.
⑥ 吴华，胡威. 公共财政为什么要资助民办教育？[J]. 北京大学教育评论，2012 (2)：43—55.
⑦ 张铁明，何志均. 论民办学校平等法律地位的三个支撑点 [J]. 民办教育研究，2007 (1)：48—52.

适用。同时，有学者调查发现由于社会认识不到位和国家地方政策执行的偏差，民办学校与公办学校之间的竞争是不公平。①

综上所述，我国民办学校近年来得到快速的发展，但是依旧面临体制机制上的制约。一是国家鼓励政策无法得到各地区的贯彻落实，支持政策效力减弱；二是针对民办学校的分级管理问题在认识和出台政策上困难重重，导致民办学校优惠政策缺乏可操作标准。

4.关于民办学校教育收益分配体制的研究

首先，关于实施合理回报机制的前提条件。"合理回报"是《民促法》和《实施条例》相关规定允许民办学校投资人通过创办学校获得一定资金回报的制度，但不是每个民办学校投资人都具有获得合理回报的资格。关于合理回报机制的实施前提条件，《民促法》和《实施条例》要求在"不以教育为营利目的"的基础下，将民办学校分为"要求取得合理回报"和"不要求取得合理回报"两类，二者根本区别在于前者是投资办学，而后者是捐资办学②。实际情况是登记为"要求取得合理回报"学校的投资人也不一定能够获得合理回报，只有当民办学校年终办学经费有结余才能获得合理回报③；对于民办学校的此种制度安排，其合理性、合法性一直备受质疑，以致对立双方的观点非常尖锐且一直无法调和④，但这一矛盾已经到了非解决不可的时候⑤。

其次，关于实施合理回报机制的合法性、合理性争论。实施合理回报机制的论争一直持续到现在，质疑"合理回报机制"的学者主要认为：第一，根据《中华人民共和国教育法》（以下简称《教育法》）、《中华人民共和国义务教育法》（以下简称《义务教育法》）等法律规章认为"合理回报机制"的存在与办学规定相冲突、与"营利性"定义相矛盾，无法自圆其说⑥⑦⑧，认为奖励本身可行，但不应从办学经费结余中获得，而是应当由政府出资奖励⑨；第二，导

---

① 杨龙军.我国民办教育税收问题[J].教育与经济，2005（1）：64.
② 姜彦君.不同类型的民办学校"合理回报"政策的选择[J].浙江万里学院学报，2004（1）：4—8.
③ 赵永辉.民办教育合理回报政策分析[J].牡丹江教育学院学报，2009（2）：69—70.
④ 刘松山.对民办教育立法过程中几个重要问题的反思[J].河南省政法管理干部学院学报，2005（4）：123—131.
⑤ 徐志勇.试析我国民办教育投资回报的相关政策[J].教育研究，2005（9）：64—69.
⑥ 樊本富.解读《民办教育促进法实施条例》——以"合理回报"问题为切入点[J].青岛职业技术学院学报，2005（3）：38—40.
⑦ 吴开华.民办学校"合理回报"的立法困境与出路[J].教育科学，2008（1）：21—25.
⑧ 杜咪达.民办教育中的合理回报与教育公益性关系研究[D].上海：华东政法大学，2012.
⑨ 王文源.民办学校的合理回报与财产权制度构建[J].教育发展研究，2005（14）：26—29.

致"营利性"与"非营利性"学校的界定混乱,地方政府的优惠政策无法落实[①][②];第三,合理回报机制缺乏可操作的配套政策,导致存在大量的"假公济私"的民办学校[③][④]。支持实施"合理回报机制"的学者则认为:首先,在法理上民办学校的"公益性"和"营利性"并不矛盾,民办教育具有扩大教育机会、增加教育选择、减轻财政负担等社会公益性,而政府有责任保护社会公益[⑤],政府要做的就是正确引导民办学校的"营利性"[⑥];其次,国家在《民促法》和《条例》中均指出"合理回报"只是针对办学者的一种扶持和奖励措施[⑦];最后,参照发达国家的政策经验,允许民办学校营利,并不会损害教育的公益性,相反是可以促进国家教育发展的[⑧]。因此,实施"合理回报机制"于理于法均无矛盾,关键在于规范实施和落实监督机制。

再次,关于实施合理回报"度"的讨论。针对"合理回报"机制的争论,其中一个关键问题就是合理回报"度"的问题。当前"合理回报"的基本计算方法主要有以下三种:第一种,以学校举办者的实际投资额为基数,以比银行存(贷)款利率或略高规定每年的回报率;第二种,以学校毛收入作为基数,规定投资人每年获得的回报总额不超过办学毛收入的 5%~10%;第三种,以办学结余为基数,抽取一定比例作为对投资者的合理回报,办学结余是学校收入在扣除办学成本、预留发展基金等费用后的余额。《实施条例》规定出资人取得合理回报的比例,由民办学校依据三个因素自主确定,分别是收取费用的项目和标准、用于教育教学活动、改善办学条件的支出占收费的比例;也有学者以民办高等教育为例[⑨],认为确定"合理回报"的测度方法必须从社会整体出发,综合考虑教育的社会收益和个人收益,教育投资的社会平均收益率应该构

---

① 刘建银.民办学校分类管理的动因、目标与实现路径[J].国家教育行政学院学报,2011(4):49-52.

② 刘晓明,王金明.分类管理:我国民办教育综合改革的突破口——论民办教育分类管理的内容与途径[J].浙江师范大学学报(社会科学版),2012(5):111-115.

③ 何雪莲.中国民办教育:捐资与投资之辨[J].教育发展研究,2006(2):19-22.

④ 何金辉.民办学校要不要交所得税——关于民办学校税收问题座谈会纪实[J].教育发展研究,2005(12):46-49.

⑤ 文东茅.论民办教育公益性与可营利性的非矛盾性[J].北京大学教育评论,2004(1):43-48.

⑥ 明航.关于民办学校投资回报的讨论与发展建议[J].江苏高教,2006(3):75-77.

⑦ 胡四能.对《民办教育促进法》及其实施条例"合理回报"解读与思考[J].高教探索,2006(1):14-16;31.

⑧ 柯佑祥.民办高等教育投资的合理回报[J].江苏高教,2003(5):14-17.

⑨ 陈国定,吴重涵.我国民办教育"合理回报"政策变迁及其研究综述[J].教育学术月刊,2012(6):3-8.

成"合理回报"水平提取的依据。薛奕立则根据经济学理论①，就如何计算"合理回报"，提出如下回报率公式：$\mu=\gamma+\Phi$。其中，μ 为回报率，γ 为无风险利率，即国库券收益率，Φ 为风险补偿利率。也有学者提出不同意见，认为民办高等学校内部收益率应为高等教育 4 年间的成本现值与大学生毕业后 38 年的社会收益现值相等时的贴现率。运用精确法计算如下②：$\sum_{t=1}^{4}\frac{C_t}{(1+r)^t}=\sum_{T=5}^{42}\frac{B_T}{(1+r)^T}$。综上所述，已有研究对如何计算合理回报存有不同的意见和方法，但对于合理回报的"度"的基本观点是一致的，就是民办学校投资人的回报必须是受控制的。

最后，关于"合理回报"实施效果的调查。合理回报机制实施至今，人们对其所产生的效果的评价也是褒贬不一。第一，认为"合理回报"的出现间接引导民办学校"以营利为目的"从而产生负面效应，影响很恶劣，代价很沉重。③ 部分学校注册为"要求获得合理回报"学校，通过各种形式压缩办学成本，希望获得更高的办学结余④。第二，认为挫伤民办教育投资者的办学积极性。依据《中国经济周刊》的调查结果显示，多数民办学校投资者均对当前实施的合理回报机制不满意。认为"合理回报标准偏低""政府出台的这项政策属于'过河拆桥'""提高了社会力量办学的门槛"等观点的大有人在。第三，认为合理回报机制实施与政策相偏离⑤，政策目标是鼓励民办教育按"捐资＋合理回报"发展，而实际操作中民办学校偏向"投资＋办学收益"运行。但实施合理回报也有其积极的一面，就是肯定了民办学校获得回报的合理性，为民办教育投资人获得回报提供了法律依据⑥。

5. 关于民办学校办学监督管理体制的研究

民办学校的监督管理问题历来都是国家民办教育政策关注的重点。早在 1988 年在《关于社会力量办学管理工作的通知》中就明确提到民办学校的监

---

① 薛奕立. 民办高校合理回报的经济学视角 [J]. 教育发展研究，2005（12）：50－53.

② 赵彦志. 高等教育投资的社会平均收益率与民办高等教育合理回报 [J]. 教育研究，2010（5）：56－62.

③ 吴华. 民办教育在中国的前景 [J]. 民办教育研究，2008（1）：1－9.

④ 杜咪达. 民办教育中的合理回报与教育公益性关系研究 [D]. 上海：华东政法大学，2012：45.

⑤ 李妍妍. 独立学院"合理回报"政策目标与执行偏离问题研究 [D]. 成都：四川师范大学，2011：37.

⑥ 石峰. 在目的与事实之间——对《民办教育促进法》关于"合理回报"的再探析 [J]. 当代教育论坛，2006（1）：120－121.

管问题，但并没有具体阐述。而国务院1993年出台的《中国教育改革和发展纲要》则提出针对社会团体和公民个人依法办学，要采取"积极鼓励、大力支持、正确引导、加强管理"的方针，为整个民办教育的发展制定了基本管理方向，此方针在《社会力量办学条例》《民促法》和《实施条例》等法律法规中一直得到保留并遵照执行。2010年教育部颁布的《关于进一步促进民办教育发展的若干意见》延续并细化上述管理方针，提出要依法管理，同时强调要监督民办学校完善内部管理机制。

对于民办学校的管理，有学者提出[①]：一是构建宏观管理体制，即民办学校的外部管理体制；二是微观管理，即民办学校内部管理体制。从民办学校外部管理体制来看，外部管理主要就是政府对民办学校的行政管理，主要有税费监管、学费监管、招生监管等。有关学校招生管理，按照国家法律法规规定民办学校在招生管理上具有"三个自主"，即自主确定招生方式、自主确定招生范围、自主确定招生标准。然而，在实际过程中，"招生范围"和"招生方式"都受到地方保护主义的影响，并没有得到贯彻落实。[②] 政府的行政管理关键是要依法管理，注重宏观管理。而从民办学校内部管理体制来看，当前我国民办学校的内部管理体制也很不完善，而民办学校内部管理体制的发展与政府关系十分密切。有研究就指出，民办学校内部管理问题体现的是政府与民办学校之间规制权的变化与反复[③]。目前，民办学校内部管理体制模式存在六种类型[④]，分别是董事会校长负责制、主办单位校长负责制、校长负责制、民主大会校长负责制、校务委员会校长负责制和党委领导下的校长负责制。

三、国外相关文献综述

（一）关于教育体制改革理论的研究

"教育体制"的产生与改革不是一个孤立的事件，而是与社会其他方面有着复杂的关系。国外已有文献从理论层面做了许多有益的探讨，主要包括结构功能理论、冲突理论和社会控制理论。

结构功能主义认为[⑤]，现代社会是一个在水平方向（劳动分工）和垂直方向（阶级结构）都高度分化的社会，而正是这种高度分化直接或间接地推动了

---

① 虞晓贞.民办学校的管理体制[D].上海：华东师范大学，2001：6.
② 胡卫，谢锡美.中国民办教育发展面临的困境及其对策[J].教育发展研究，2005（12）：5.
③ 屈潇潇.我国民办学校内部治理的政策与制度分析[J].高等教育研究，2011（9）：70—75.
④ 屈潇潇.我国民办学校内部治理的政策与制度分析[J].高等教育研究，2011（9）：70—75.
⑤ 郑崧.20世纪国外有关公共教育制度起源问题的研究述评[J].比较教育研究，2003（8）：10.

公共教育的发展。Halsey 等[1]指出，当前我们所处的工业社会对于科学研究成果的依赖性是空前的，依赖于大量的熟练而又有责任心的劳动力的供给，而这些都受教育制度的效率的影响。换句话说，社会经济的发展变化势必将引起教育制度的调整与改革。

冲突理论则认为教育改革的变化本质上是各种社会利益集团的相互角逐的结果，而教育作为重要的利益点一直以来都是利益集团角逐的场所。正如 Archer[2] 所认为的那样，不同集团带有自身鲜明的利益特征，当某一集团掌握教育控制权时，教育的目标就会体现集团目标特征，而当另一个集团取而代之时，教育目标也会产生变化。在利益集团相互作用的过程中，力量的转变有两种模式：限制和替换。所有的教育制度都具有四个特征：单一化、制度化、特殊化和专业化。前两个特征反映了教育与国家之间的关系，后两个特征反映了教育与社会之间的关系。以限制的方式实现教育权转换的教育制度往往具有明显的单一化和制度化的特征（国家介入早且有力），以替换的方式实现教育权转换的教育制度则带有更强烈的分化和专业化特征（更突出地反映了社会的需求）。

社会控制理论认为不断发展的城市化和劳动者的无产阶级化通过各种渠道影响了教育。一方面，雇佣劳动的新形式及其所带来的家庭经济的变迁影响了传统的家庭和社区教育形式的效力，使旧有的教育形式陷入混乱或受到削弱，需要新的力量去创建新的教育形式和机构。另一方面，工业化和城市化带来了一系列新的社会控制问题，公共教育被视为一种解决问题的重要手段[3]。由于当今世界教育体制的变化发展极具复杂性，纵然社会控制理论在一定程度上可以解释教育体制的调整与变化，但并不能解释所有国家教育体制的改革变化，这里还需要考虑其他的社会因素。

此外，一些国家还从教育理念的角度进行教育改革。第二次世界大战后，瑞典为推进学习化社会的建设，政府以终身教育为指导思想大力改革传统教育体制，具体从学前教育和高等教育两个领域进行[4]。20 世纪 90 年代以来，美国则以民主主义教育、全民教育和终身教育等几种思想贯穿教育改革的整个过程。

---

[1] Halsey, A. H. Education, economy, and society: A reader in the sociology of education [M]. Michigan, MI: Free Press of Glencoe, 1961.

[2] Archer, Margaret S. Social Origins of Educational Systems [M]. London: Sage, 1979: 66.

[3] Michael B. Katz. "The Origins of Public Education: A Reassessment" [J]. History of Education Quarterly, 1976, 16 (4): 381—407.

[4] Leif Pagrotsky (Ministry of Education, Research and Culture) (2005). A changing world [R/OL]. (2013-5-3) [2022-7-27]. Ministry of Education, Research and Culture, http://www.sweden.gov.se.

(二) 关于教育体制改革动因的研究

任何一场改革都有一定的内在动机，或出于教育内部的改善，或由于外部环境的使然。国外文献关于教育体制改革动因的论述主要从以下几个方面进行分析：

一是国家政治体制的变革，对教育体制进行整体或局部的改革。随着社会主义阵营的解体，许多原来是社会主义制度的国家纷纷倒向资本主义阵营，进而对国家教育体制进行了系统的改革，如俄罗斯、保加利亚、罗马尼亚。

二是受经济发展变化的影响，对教育经费的投入方式做出相应改革。例如，2009年的美国，为了缓解经济危机对教育的冲击，以及增加联邦政府对各州教育事务的话语权，美国出台了《2009美国复苏与再投资法案》(American Recovery and Reinvestment Act of 2009)。从学校重建、早期教育、特殊教育、K-11到高等教育的经费投入均进行了改革。[1]

三是某国（地区）在参与大型的国际性学生学习成绩测试后，其教育体制中所存在的一些问题被揭露了出来，决策者不得不针对这些问题进行改革。德国学生在参加第三次国际数学与科学研究 (Third International Math and Science Study) (TIMSS) 和国际学生评价 (Programmer for International Student Assessment) (PISA) 等国际学生学习成绩测评后的平庸表现，以及公共舆论界对教育问题的关注给德国的教育决策者带来了前所未有的压力，于是德国对基础教育实施了一系列的教育改革。法国也有类似的经历，针对近年来的一些国际排名显示，法国教育的质量较之前有明显下降。法国对基础教育的教学内容、教师准入资格（提高到 Bac+5）、教师培训方式、教师培训机构组成形式及权力由中央向地方放权等进行了一系列的改革。

四是为了应对来自利益集团 (Interest Groups) 的诉求而进行教育体制改革。David[2]认为利益集团是一个持有共同态度，并向社会其他集团或组织提出某种要求的团体，如职业协会、种族利益集团、企业集团及基金会、宗教团体，以及全国家长教师大会 (The National Congress of Parents and Teachers)、全国校务委员会协会 (The National School Boards Association)、家长与教师协会 (Association of Parents and Teachers) 等。他们影响教育改革的方式通常包括：制定教育行业标准、游说、示威或暴力抗议、政治捐款等。

五是应社会发展的要求而做出的教育改革。例如，在就近入学制度下，美

---

[1] Sam Dillon. Stimulus PlanWould Provide Flood of Aid to Education [EB/OL]. (2009-01-28) [2013-05-02]. http://www.nytimes.com/2009/01/28/education/28educ.html?_r=1, 2013-5-2.

[2] David B. Truman. . The Governmental Process: Political Interests and Public Opinion [M]. N. Y, Knopf Press, 1971.

国中小学以社区学校为主,但此类学校随着社会的发展,其管理不善,教育质量低下,教育资源浪费现象严重的问题越发突出。美国政府因此试图将市场竞争机制引入公立学校体系以解决上述问题。又如,英国高等教育投资体制的改革是由于高等教育的大众化发展,所以高校生均投资急剧下降,公共投资远远跟不上教育需求的迅速增长,原有的经费助学制度已经不能适应社会发展的要求。2010年10月11日,英国出台了《确保英国高等教育可持续发展的未来》(Securing a Sustainable Future for Higher Education in England) 报告,以指导新一届政府的高等教育经费与资助制度改革。[1]

(三)关于教育体制改革实践的研究

关于教育体制改革的实践,国外具有相对丰富的实践经验。下文将分别介绍国外在各学段上的改革实践。

学前教育改革重点放在学前教育的基础性和促进教育公平上。例如,20世纪50年代后,瑞典制定了《学前教育法》,以法律的形式规定每个市政府都有义务为儿童提供学前学校教育,并将学前教育纳入正规教育体系。[2] 英国布莱尔政府为了促进教育公平,出台了一系列学前教育政策,包括"确保开端"计划(Sure Start)、"每个孩子都重要"规划(Every Child Matters)、"儿童保育十年战略"(A Ten-year Strategy for Childcare)和"早期奠基阶段"规划(Early Years Foundation Stage)。

基础教育改革重点放在政府责任的强化、教育结构的调整、管理权限的下移和教育质量的监控等几个方面。例如:德国为了提高基础教育质量,开始资助全日制中小学的设立;将教育调控由输入管理转为产出监控,引入教育质量保证体系;制定和实施"国家教育标准";引入全州统一的中学毕业考试。[3] 又如,英国卡梅伦政府赋予地方当局更大的教育自主权,从而使它们能够更加灵活有效地处理教育事务[4]。

高等教育,20世纪90年代以来,高等教育改革的基本主题可归纳为两条主线。一是中央集权的国家通过转变政府管理职能、权力重心下移的方法扩大

---

[1] Jhon Browne, etal. Securing a Sustainable Future for Higher Education in England. [EB/OL]. (2010-10-12) [2013-5-6]. http://www.independent.gov.uk/brown report.

[2] Staffan Lundh. Pre-school in transition-A national evaluation of the Swedish pre-school [M]. Stockholm: Elanders Gotab Stockholm Printed, 2004.

[3] Kalantaridis, C. In-migration, entrepreneurship and rural-urban interdependencies: The case of East Cleveland, North East England [J]. Journal of Rural Studies, 2010, 3: 1—10.

[4] U.K. Department for Education. The Importance of Teaching: The Schools White Paper 2010 [R]. The Stationery Office Limited Printed, 2010.

高校的办学自主权。例如，罗马尼亚和保加利亚在政治体制发生巨变后，对高等教育均进行了一系列的改革：①在高校管理权限上，赋予学校更多的自主权，使政府与高校之间保持"宽松的距离"；②在高校拨款机制上，提高高校有限经费的使用效率，实现经费来源的多样化及奖励多种学生资助计划等；③在人事制度上，采用"双轨制"晋升职称（研究型教师和教学型教师任选其一），推行绩效工资制度等[①]。总结其改革本质就是教育由集权向分权转变，即教育已从过去的政府包办教育转变到允许私人办学，高校在组织上、方法上、教学上、管理上和教职工的选聘上有了很大的自主权。二是地方分权的国家以教育质量保障运动为契机，加强政府对高校的管理权限。例如，美国、英国等实行教育分权制的高等教育强国，近年来为了提高教育质量，政府纷纷从质量保障的角度来加强对高等教育的管控，并就教育体制（如经费投入体制）进行局部的调整和改革。

综上可知，国外教育体制改革实践多聚焦在具体学段上的改革，整体的教育改革较少。从其具体的改革内容可以看出，国内外教育体制改革重点都在于完善或建立某一方面的教育体制，与我国当前的教育体制改革情况基本相同。

（四）关于私立学校改革与发展的研究

在国外，尤其是英美国家，私立教育一直是优质教育的代表。国外学者对私立学校和公办学校的诸多方面进行了广泛的研究。

1. 关于私立学校发展状况的研究

私立学校在绝大多数国家存在，仅就学校发展规模、办学质量而言，西方发达国家的私立学校一直是教育的主导力量，但在发展中国家或次发达国家，私立学校还处于不断发展的阶段，规模和质量都不能与发达国家相比。Aslam[②③]的研究显示巴基斯坦的私立学校的发展受到学费的影响，与公办学校的教育差距正不断地扩大；James等[④]通过对加纳的"Ga 地区"调查发现，该地区四分之三的学校都是私立的，包括许多没有合法注册的私立学校，但是与当地公办学校相比，无论是师资、硬件等条件上相比，私立学校都处于明显

---

① Thomas Eisemon, Ioan Mihailescu. Higher Education Reform in Romania [J]. Higher Education, 1995, 30: 135—152.

② Aslam, M. The determinants of student achievement in government and private schools in Pakistan [J]. Pakistan Development Review, 2003, 42 (4): 841—876.

③ Aslam, M. The relative effectiveness of government and private schools in Pakistan: Are girls worse off? [J]. Education Economics, 2009, 17 (3): 329—353.

④ James Tooley, Pauline Dixon, Isaac Amuah. Private and Public Schooling in Ghana: A Census and Comparative Survey [J]. International Review of Education, 2007, 53: 389—415.

的弱势；有学者[1]研究指出，2000年以来在发展中国家的贫民窟和农村地区出现大量的低成本私立学校，并对其作用和困境进行研究；此外，还有许多学者就各个国家各级各类私立教育进行了广泛的调查和研究，如东南亚国家私立教育研究[2]、西班牙私立高等教育研究[3]、印度尼西亚的私立高等教育研究[4]、伊朗私立高中的研究[5]等。

2. 关于私立学校经费保障制度的研究

不仅在我国，在国外也同样如此，私立学校的运营与教育市场密切联系。私立学校的发展必须考虑如何获得经费投资、如何吸引学生入学、如何制定学费标准等。国外对于公共财政是否应当资助私立学校也存在较多争论，尤其是教师工会和NEA（National Education Asso iotion，全国教育协会）强烈反对公共财政资助私立学校[6]，但实际情况是许多私立学校急需国家公共财政的扶持[7][8][9]；关于私立学校的运营，有研究指出，作为与市场密切相关的私立学校要保障学校的发展，必须处理好学校与市场[10][11]、学费标准[12]及学校与学生（顾

---

[1] Dixon, Pauline. Why the Denial? Low-Cost Private Schools in Developing Countries and Their Contributions to Education [J]. Econ Journal Watch, 2012, 21: 85—104.

[2] A. Raffick Foondun. The Issue of Private Tuition: An Analysis of the Practice in Mauritius and Selected South-east Asian Countries [J]. International Review of Education, 2002, 48 (6): 485—515.

[3] Cecilia Albert, Carlos García-Serrano. Cleaning the slate? School choice and educational outcomes in Spain [J]. Higher Education, 2010, 60: 559—582.

[4] A. R. Weclh. Blurred Vision?: Public and Private Higher Education in Indonesia [J]. Higher Education, 2007: 26.

[5] Mehrak Rahimi, Zahra Nabilou. Iranian EFL teachers' effectiveness of instructional behavior in public and private high schools [J]. Asia Pacific Education Review, 2011, 10: 37.

[6] Lieberman, Myron. The Teacher Unions: How the NEA and AFT Sabotage Reform and Hold Students, Parents, Teachers, and Taxpayers Hostage to Bureaucracy [M]. New York: Free Press, 1997: 281.

[7] Axelrod, Paul. Public money for private schools? Revisiting an old debate [J]. Education Canada, 2005, 45 (1): 17—19.

[8] Cavanagh, Sean. Most Private Schools Forgo Federal Services [J]. Education Week, 2007, 27 (4): 9.

[9] Diss. Ficaj, Margaret Y. Michigan Private School Decision-Makers'Federal Funding Participation Decision and External Environmental Influences in Education [D]. Phoenix: University of Phoenix, 2011: 35.

[10] Rotfeld, H. J. Misplaced marketing, when marketing misplaces the benefits of education [J]. Journal of Education Marketing, 1999, 16 (5): 415—417.

[11] Diss. Seftor, Neil Sebastien. Private schools and the market for education: An analysis of objectives, equilibria, and responses to government policy [D]. Virginia : University of Virginia, 2001: 30.

[12] Uribe, Claudia; Murnane, Richard; Willett, JHOn B; Somers, Marie-AndrÃ©e. Expanding School Enrollment by Subsidizing Private Schools: Lessons from Bogotá [J]. Comparative Education Review, 2006, 5: 241—277, 309—310.

主)的关系[①]。

3. 关于私立学校师资保障制度的研究

首先,关于教师的工资待遇问题。据美国国家数据统计中心统计(National Center for Educational Statistics(NCES),1997),私立学校教师与公办学校教师在工资待遇上存在较大差距,私立学校教师工资比公办学校教师少近40%。对于是否该给私立学校教师涨工资,支持与反对之声共存。有学者从公办学校与私立学校教师同等条件下的贡献度进行分析[②],认为公办学校教师同等条件下的社会贡献度要高于私立学校教师,应该获得更高的报酬;也有学者从政府财政负担考虑,认为私立学校教师工资应由学校自行负担;更有学者从私立学校和公立学校教师工资的竞争关系分析[③],认为教育市场竞争性越强,公办教师薪酬越高。

其次,关于私立学校教师流动性研究。据美国国家数据统计中心教师流动项目调查结果显示,私立学校教师相比公办学校教师流动性更大。Rahaman分析认为,与公办学校相比,私立学校教师的工作满意度要低很多是私立学校教师流动性大的关键原因;Mauseth 等[④]通过对私立学校的组织行为、学校文化进行分析并指出,私立学校教师无法获得组织支持是导致工作满意度不高,从而离职的主要原因。此外,部分地区私立学校教师遭遇政策歧视也是教师流失的影响因素,如纳税和获得政府资助[⑤]。

4. 关于私立学校与公办学校关系的研究

在美国,多数学生还是选择进入公办学校就读,但是公办学校的办学质量一直未能获得提高。据美国 ACT(American College Test,美国高考)测验结果显示,1996至2006年美国公办学校的考试成绩由20.8分变为21.0分,仅仅提高了0.2分。基于公办学校办学质量饱受质疑的现实,美国教育管理部门开始酝酿学校改革,其中一条就是增加学生对学校的选择机会,即促进私立

---

① Woods, P. Responding to the consumer: Parental choice and school effectiveness. School Effectiveness and School Improvement,1993,4(3),205—229.

② Chambers, Jay and Sharon A. Bobbitt. The Patterns of Teacher Compensation: Statistical Analysis Report [R]. Washington, D. C.: U. S. Government Printing Office,1996:75.

③ Richard Vedder, Joshua Hall. Private school competition and public school teacher salaries [J]. Journal of Labor Research,2000,23(10):102.

④ Diss. Mauseth, Kira B. The influence of perceived organizational support and school culture on positive workplace outcomes for teachers in private schools [D]. Seattle Pacific: University of Seattle,2008:133.

⑤ Towler, Jenna. Taxpayers liable for private school teachers [J]. Professional Pensions,2011,9:10.

学校招生的优势[1]，某种程度上，美国私立学校的存在与发展可增强教育的竞争性。然而，私立学校是否真的促进了公办学校的发展与提高，学者有不同的观点。有些学者[2]研究认为私立学校促进了公办学校的质量提高；但Newmark[3]和Sander的研究结果则不支持此结论，他们研究指出并没有显著证据表明私立学校强化了公办学校的办学质量，因为缺乏有效的测量指标。

私立学校与公办学校不仅在办学性质上存在区别，在学校管理、办学质量、招生等方面都存在差异。有学者对私立学校、特许学校、普通学校等不同性质学校的功能[4][5]、不同类型的学校的管理[6]进行了比较研究，结果表明上述类型学校间差异是明显的；Geller等和Wongsurawat[7]分别对私立学校与公办学校的办学质量进行对比分析，认为二类学校办学质量存在差异，私立学校要优于公办学校。

如前文所述，私立学校的存在必然与公办学校产生竞争。但是这种"竞争"关系如何、怎么去量化，一直是学者研究的内容。Newmark[8]和Sander均认为没有一套科学的指标体系能够准确测量和反映私立学校和公办学校间的这种关系。目前，最常用的测量指标有"赫芬达哈-海里希曼指数（Herfindahl-Hirschman Index）"[9]、私立学校在校生比例[10]、私立学校年级和专业竞争

---

[1] C. R. Belfield, H. M. Levin. The Effcets of Competition Between Schools on Educational Outcomes: A Review for the United States [J]. Review of Educational Research, 2002, 72 (2): 279—341.

[2] J. F. Couch, W. F. Shughartand A. Williams. Private School Enrollment and Public School Performance [J]. Public Choice, 1993, 76 (4): 301—312.

[3] C. M. Newmark. Another Look at Whether Private Schools Influence Public School Quality: Comment [J]. Public Choice, 1995, 82 (3): 365—73.

[4] Fairlie, Robert W. Private schools and "Latino flight" from black school children [J]. Demography, 2002, 39 (4): 655—740.

[5] Taylor, Shanon S. Special Education and Private Schools: Principals' Points of View [J]. Remedial and Special Education, 2005, 26 (5): 281—296.

[6] Lisa M. Dorner, James P. Spillane, James Pustejovsky. Organizing for instruction: A comparative study of public, charter, and Catholic schools [J]. Journal of Educational Change, 2011 (12): 71—98.

[7] Winai Wongsurawat. Education reform and the academic performance of public and private secondary school students in Thailand [J]. Educational Research for Policy and Practice, 2011 (10): 17—28.

[8] C. M. Newmark. Another Look at Whether Private Schools Influence Public School Quality: Comment [J]. Public Choice, 1995, 82 (3—4): 365—373.

[9] M. V. Borland and R. M. Howsen. Students' Academic Achievement and the Degreeof Market Concentration in Education [J]. Economics of Education Review, 1992, 11 (1): 31—39.

[10] C. Jepsen. The Role of Aggregation in Estimating the Effects of Private School Competition on Student Achievement [J]. Journal of Urban Economics, 2002, 52 (3): 477—500.

力[①]。有研究则指出，上述测量指标虽有一定的差异，但是都过于依赖私立学校的"数量"和学生"数量"，测量存在缺陷。[②]

第三节 研究意义

一、理论价值

在选题和构思中，尤其是在访谈过程中，一直被一个问题所困扰，即在义务教育阶段"民办学校有无存在的价值和必要性"。部分学者和教育行政管理人员认为民办学校只是"穷国办大教育"时期的应急之策，在公办教育资源能够满足民众教育需求后，应逐步清退民办学校，且认为"教育市场化"将会破坏教育内在的公益性和社会主义核心价值观。正是受此种错误认识观念的影响，部分地区基层教育行政管理人员长期将民办学校排除在政府责任之外。根据"理论来源于实践，并指导实践"的唯物主义认识论，本研究通过民办义务教育改革各环节中要素的内外部关系研究，为地区消除民办教育歧视性政策提供理论支撑。

本研究将公共产品理论、教育市场化改革理论、博弈理论、新制度主义理论、教育生态理论及整体改革理论等运用于民办义务教育管理体制的分析中，拓展了已有民办义务教育研究范畴；通过对民办义务教育体制与所处地区政治、经济、社会等体制相互关系与作用模式的研究，创新了民办义务教育研究范式；以跨学科视角深入探究民办义务教育管理体制的产权与法人属性、学校内部治理、利益分配、监督管理等教育体制机制要素间的作用机理和模式，为分析民办义务教育管理体制改革提供了理论分析框架。

二、应用价值

民办教育综合改革实施以来，部分歧视性体制、政策正逐步被打破，民办教育发展的政策环境有所改善。然而，多数地区依旧未出台实质性、可操作性的扶持政策，尤其在民办学校分类管理、投资管理、收益分配等关键制度上未

---

① R. Mcmillan. Competition, Parental Involvment, and Public School Performmance [J]. National Tax Association, Washington, DC, 2001 (8): 150—155.

② Misra, Kaustav; Chi, Guangqing. Measuring Public School Competition from Private Schools: A Gravity-Based Index [J]. Journal of Geographic Information System, 2011, 3 (4): 306—311.

能取得突破。部分地区基层管理者对于民办教育改革的认识、具体措施等缺乏理论指导。

第一，党的十八届三中全会提出要进一步发挥市场在资源配置中的主导作用，建立以市场为导向的教育资源分配体系成为我国教育改革与发展的重大战略决策。本研究即是对教育市场化改革的积极回应，符合国家教育体制改革的战略需求。

第二，根据国家教育体制改革试点任务的安排，W地区是全国唯一承担民办教育综合改革试点任务的地区。本研究即是受教育部发展规划司民办教育管理处的委托对W地区民办教育改革状况进行综合评估。在深入、广泛调研的基础上，本研究的相关结论和对策建议可以为W地区相关教育行政部门制定和完善改革措施提供翔实的决策依据，为基层教育管理者理解改革，参与改革提供理论指导。同时，为教育部评估地区改革效果、总结经验提供可操作建议。

第三，2020年是民办教育综合改革试验的收官之年，有必要对过去十年的民办教育体制改革成效进行一定范围的系统总结，尤其是当一系列新的民办教育管理政策出台，如何更好地认识政策，借鉴既有改革实践经验，以谋求新时期民办义务教育学校的转型发展是十分必要的。

第四节　研究设计与方法

一、研究问题

本研究以管理体制为视角，以政策分析为背景，以改革实践为案例全面、深入地研究了民办义务教育学校体制改革，着重突出如下具体问题：

（1）民办义务教育学校管理体制改革作为一项综合性改革，剖析"管理体制"的构成要素和要素间的相互关系，并研究其在改革实践中的作用模式；

（2）管理体制综合改革对地区民办义务教育学校的改革与发展起到什么作用，具体实现路径如何；

（3）民办义务教育学校管理体制改革中"体制障碍"与"体制措施"如何匹配？改革中存在何种问题；

（4）民办义务教育学校管理体制改革如何与教育外部支持系统进行衔接，外部要素又是如何影响改革效果的；

(5) 如何因地制宜设计民办义务教育学校发展模式和相应管理制度，以及保障和推进民办义务教育学校管理体制改革实施需要怎样的制度创新和建议。

二、研究内容

围绕"管理体制各构成要素相互关系和作用机制如何在改革实践的各个环节中得以体现和实现"的主题，本研究展开了如下几方面的研究：

(1) 民办义务教育学校改革所处的政策环境和面临的制度矛盾分析；

(2) 民办义务教育学校管理体制各要素，即学校产权与法人属性、学校内部治理、利益分配和监督管理制度的改革内容，及其相互关系分析；

(3) 在当前的政策环境下，W地区民办义务教育学校管理体制改革实施状况、存在效果和问题分析；

(4) 民办义务教育学校管理体制改革有效实施的影响因素及其作用机制，以及如何优化民办义务教育学校管理体制改革，促进改革的有效实施；

(5) 新时期民办义务教育学校如何通过转型谋求发展。

三、研究思路

首先，回答"管理体制改革的可行性"。通过历史分析从纵向上把握中华人民共和国成立以来我国民办义务教育管理体制变迁脉络，分析改革内在的价值和特征的变化，凝练体制改革的内在逻辑和主线；通过具体政策的文本分析和话语分析从横向上研究当前我国民办义务教育管理体制改革所处的政策环境，及其改革所要面临的主要制度矛盾（如图0-2所示）。

其次，回答"已有改革的问题在哪里"。具体而言，就是需要正面回答民办义务教育学校在产权与法人属性制度、内部治理制度、利益分配制度、监督评价制度四方面还存在哪些不足。本质上就是实证分析明确已有管理体制改革的"应然"与"实然"之间的差距。

再次，回答"产生问题的原因在哪里"，即对发现的问题进行影响因素分析，解决"为什么是这样"的问题。研究将根据大量的第一手访谈和调查资料，深度解剖影响民办义务教育管理体制改革实施及其成效的因素。

最后，回答"深化管理体制改革该怎么做"。在实地调查和深度分析的基础上，本研究针对管理体制四个方面在实践中存在的问题提出了具体、细致的优化方案或对策。同时，借助两则民办学校转型发展案例进行分析。

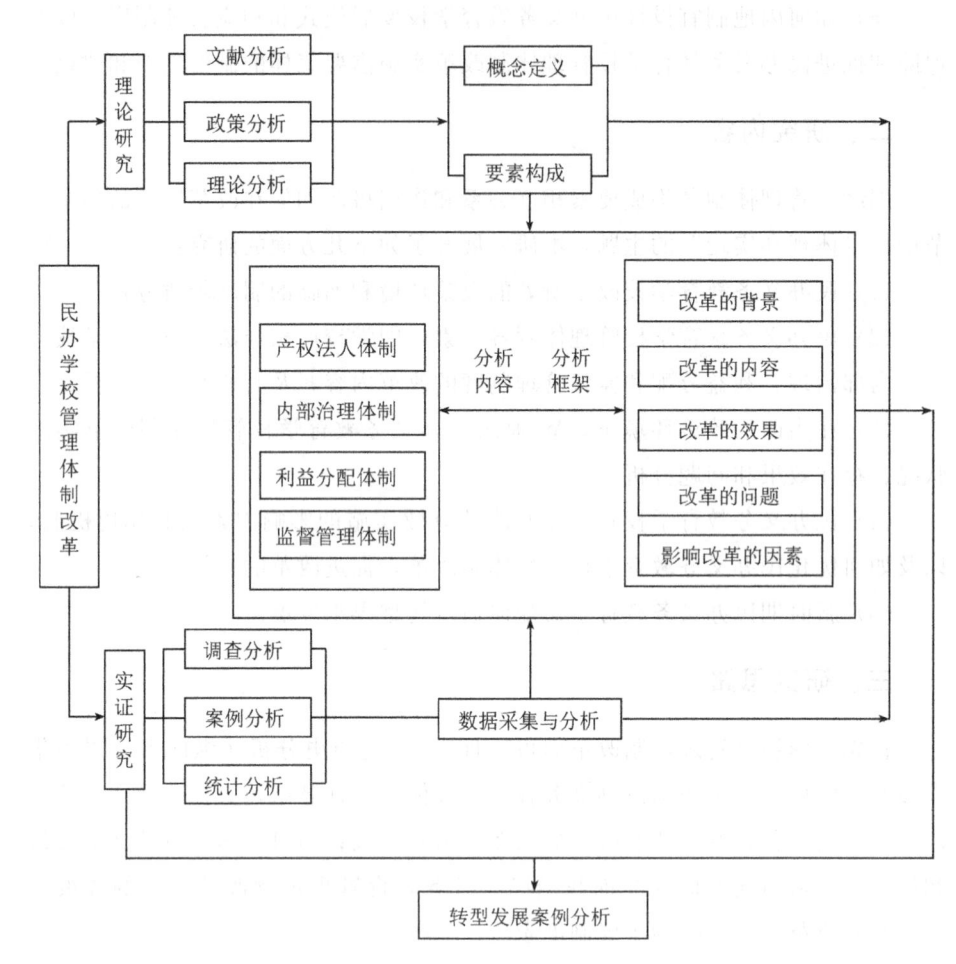

图 0-2 研究路线图

依据全书章节内容结构安排，其研究分析逻辑框架如图 0-3 所示。本书以"管理体制"四个构成要素作为研究核心，即以民办义务教育学校产权与法人属性、学校内部治理体制、利益分配体制、监督管理体制四要素及其相互间的关系和作用机制作为研究分析的核心。同时，以管理体制改革实施的推进过程作为行文逻辑，将管理体制四个要素的研究融入改革实施的全过程进行研究，即按照改革"实施的动因—内容—现状与问题—影响因素—对策"的逻辑分析管理体制四要素间相互关系和作用机制是如何在改革各环节中体现和实现的。

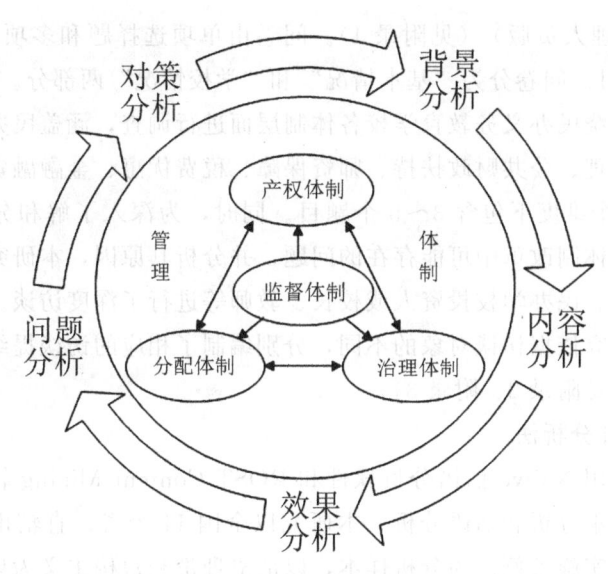

图 0-3 研究分析逻辑框架

四、研究方法

（一）文献研究法

首先，通过 CNKI 数据库、人大复印资料、维普期刊、万方数据、各级政府及教育机构官方网站等渠道，以"民办教育""民办学校""管理体制""民办义务教育"等关键词在上述各大数据库进行检索，收集了大量的中文相关文献资料。其次，通过 ERIC 等数据库及各国政府和教育机构官方网站来搜索，以 private school，compulsory educational，management system 等关键词系统收集了相应的国外文献。最后，对文献资料进行梳理和分析：①通过对不同"研究主题"的文献数量变化趋势进行分析，明确学界对民办义务教育学校研究的热点和重点问题是什么，为本研究在实地调查中提供视角，并结合年代发展趋势分析民办学校政策的变化；②通过对文献"研究主体"的结构分布进行分析，包括研究主体的学历结构、职业结构及研究主体的机构特征进行分析，以此发现研究混合所有制民办学校的主要力量是什么；③通过对文献中"研究方法"的分析，总结当前研究民办教育问题的主要方法，为本研究提供方法上的参考。总而言之，就是通过对已有文献资料进行各维度的全面分析，从既有的研究成果中借鉴，为本研究的内容选择、方法选择等提供帮助。

（二）调查研究法

通过查阅文献和小规模的实地前期调查，本研究编制了《民办教育改革调查问卷》（管理人员版）（见附录1）。问卷由单项选择题和多项选择题构成，共计45个题目。问卷分为"基本情况"和"学校情况"两部分。其中，"学校情况"主要围绕民办义务教育学校各体制层面进行调查，涵盖民办学校的政策环境、分类管理、公共财政扶持、师资保障、税费优惠、金融融资、办学收入7个维度，每个维度下包含3～5个题目。同时，为深入了解和分析民办义务教育学校管理体制改革中可能存在的问题，并分析其原因，本研究针对教育行政部门管理者、民办学校投资人或校长、教师等进行了深度访谈。为保障访谈的质量，本研究依据访谈对象的不同，分别编制了相应的访谈提纲和学校管理者自评问卷（见附录2、附录3）。

（三）统计分析法

首先，采用 NVivo 话语分析软件和 ROST Content Mining 软件对民办教育政策进行文本分析和话语分析。本研究以全国11个省、直辖市出台的《民办教育促进法实施条例》为分析样本，以话语理论和建构主义为理论基础，充分运用质化研究软件对政策文本进行词云图、相关性、重要程度等分析。通过把政策中的文本信息转化成有价值的定量数据，或者可视化图表，展示文本内容之间的相互关系、特征等，依靠这些有价值的信息揭示政策文本的"内在属性"，有助于弄清楚或测验政策内在事实或趋势，揭示文本特有的隐性信息、潜在内容价值，对政策发展与实施做出客观的价值判断。

其次，依据"成本收益理论"中的收益法以成本预期收益和贴现率为基础测算民办义务教育学校利益分配标准。对于民办学校而言，学校的收益具有持续性，且在收益期内贴现率能够获得可靠的估计。因此，根据收益法对民办学校进行收益评估具有可行性。按照成本收益理论中短期成本的计算公式：$STC(Q)=FC+VC=VC(Q)+b$（式中 FC 表示平均固定成本，VC 表示可变成本）。同时，利用银行贴现利息公式：贴现利息=票据面额×贴现率×票据到期期限计算"合理回报"额。通过上述可操作的计算方法制定民办义务教育学校合理回报的标准，为民办学校利益分配提供参考。

（四）案例研究法

选择民办义务教育学校的转型发展作为分析案例，分别从学校背景、办学状况、转型背景和路径等方面进行探讨。

（1）学校背景：分析案例学校建立的历史原因和时代背景，尤其是政策制度环境，用以对比选择转型发展时的政策制度环境。从历史发展的角度展现民办义务教育学校改革发展。

（2）办学状况：分析案例学校迄今办学基本状况，包括办学规模、教学质量、社会效益、举办者经费投入等。借助基本办学数据分析民办学校在域内义务教育阶段存在的价值。

（3）转型背景和路径：分析案例学校之所以转型的政策背景，尤其是地区政府对于转型的政策要求和安排。

第一章　理论基础：民办义务教育管理体制改革的理论依据

第一节　公共产品理论：民办教育属性的讨论

"公共产品"是公共产品理论最为核心的概念，其最早出现在林达尔（Lindahl）所著的《公平税收》一书中。然而，亚当·斯密（Adam Smith）关于政府是"守夜人"和大卫·休谟（David Hume）"搭便车"的理论则可以视为"公共产品"思想的先导理论。[1] 那么，何为"公共产品"，结合近代经济学观点，所谓"公共产品"是指"每一个个人对这种产品的消费都不会导致其他人对该产品消费减少的"，其显著特征是非竞争性和非排他性。[2]

教育属不属于"公共产品"的范畴，尤其是国家责任所在的"义务教育"属不属于"公共产品"？教育是培养人的一种社会活动，是传承社会文化、传播人类文明和传递生产生活经验的基本途径。[3] 因此，本研究同意顾笑然教授的观点，认为教育本身并不具有任何属性，只是社会发展到一定阶段的必然现象。我们所言及的教育，是指某一个社会中所提供的"教育产品"，就是教育服务，其本质上是某一社会的制度安排。[4] 因此，关于"教育是不是公共产品"的讨论实质是关于"教育服务算不算公共产品"的讨论。目前，学界对此的争论没有统一结论，既有学者认为"教育服务是公共产品"[5][6]，也有学者认

---

[1] 王爱学，赵定涛. 西方公共产品理论回顾与前瞻 [J]. 江淮论坛，2007（4）：38—43.

[2] Samuelson P. A. The pure Theory of Public Expenditure [J]. The Review of Economics and Statistics，1954（36）：21—26.

[3] 顾笑然. 教育产品属性发凡——基于公共产品理论的批判与思考 [J]. 中国成人教育，2007（24）：11—12.

[4] 顾笑然. 教育产品属性发凡——基于公共产品理论的批判与思考 [J]. 中国成人教育，2007（24）：11—12.

[5] 劳凯声. 社会转型与教育的重新定位 [J]. 中国民办教育研究，2002（Z1）：164—170.

[6] 尹伯成. 西方经济学简明教程 [M]. 上海：上海人民出版社，2003：27

为"教育服务是私人产品"①，更有学者认为"教育服务是准公共产品"②。很明显，教育服务的产品属性受其所处的具体社会影响，具有明显的时代性、制度性。同样的，教育在发达国家可以是纯公共产品，而在经济落后的地方，尤其是教育资源极度短缺的地方，则具有明显的付费产品属性。因此，有学者针对西方传统"公共产品理论"提出尖锐批评，指出公共产品的前提假设具有局限性、欺骗性、虚伪性。③

义务教育是不是公共产品呢？民办义务教育如何可以存在与发展？我国《义务教育法》明确规定"义务教育是国家统一实施的所有适龄儿童、少年必须接受的教育，是国家必须予以保障的公益性事业。实行义务教育，不收学费、杂费。国家建立义务教育经费保障机制，保障义务教育制度实施"。如此看来，义务教育具有明显的公共产品属性。但现实情况是，我国目前存在大量的民办义务教育学校，而此类民办学校虽然属于义务教育学段，但其具有相对的办学自主权、自由招生、收取学费等特点，这与公共产品的属性不符。因此，有学者就指出"义务教育"本质是具有非排他性，但非竞争性不充分的准公共产品，也就是具有较强的非排他性，同时又在消费上具有一定的竞争性，这种竞争性弱于私人产品。

在现实生活中，纯粹的公共产品并不存在，大量存在的是介于"公共产品"和"私人产品"之间的"准公共产品"，尤其是一些"拥挤的公共产品"。④ 比如，义务教育学校就是典型的准公共产品，政府主导出资保证其公益性，但优质资源的稀缺为市场办学供给提供了现实基础，大量"择校"现象存在就是最好的证明。

综上所述，民办义务教育准确来讲属于准公共产品，但依旧是公共产品范畴。所以，民办义务教育既然具有公共产品属性，那么政府对民办义务教育学校进行管理和规范化就具有合法性、合理性，而民办义务教育的准公共产品属性则保障了民办学校自主办学的合理性。

---

① 臧旭恒，徐向艺，杨蕙馨. 产业经济学（第四版）[M]. 北京：经济科学出版社，2007.
② 袁连生. 论教育的产品属性、学校的市场化运作及教育市场化 [J]. 教育与经济，2003（1）：11—15.
③ 胡钧，贾凯君. 马克思公共产品理论与西方公共产品理论比较研究 [J]. 教学与研究，2008（2）：9—15.
④ 杨天化. 民办义务教育的功能性研究 [D]. 北京：财政部财政科学研究所，2011：28.

第二节 教育市场化改革理论：民办教育体制改革的动因

20世纪80年代以前，推动教育发展一直被视为政府不可推卸的责任，教育事业本身也被视为公共事业。① 随着以米尔顿·弗里德曼（Milton Friedman）和冯·哈耶克（F. Hayek）为代表的"新自由主义思想学派"的崛起，提出"如果国家干预少一点，竞争就会进一步发展，垄断就大大减少。"② 要求国家减少对公共事务的干预，对教育领域政府干预过多的批评也日益高涨。弗里德曼更明确提出"教育不应该是政府提供的一项服务，而应该是自由市场的一部分"。③ 在此背景下，80年代以来，以英国和美国为代表的西方国家开始了影响深远的"教育市场化改革运动"，将教育由公共服务产品向可市场购买品转变是其突出特征，尤其是英国的撒切尔夫人力主将学校私有化，更是将教育市场化改革推向了极致。

市场化能够提高教育资源的配置效率，促进教育公平是教育市场化改革支持者的重要依据。古典经济学就认为，市场法则可以促进教育资源配置的最优化，从而使学校提供最优的服务。④ 约翰·乔布（Jhon Chubb）和泰利·莫（Terry Moe）也认为，市场通过他们自身的特性，能够培养高效的学校所必需的自治，那些低效的学校服务是无法被消费者承认的，最终会被市场淘汰。⑤ 弗里德曼和赫伯特·金蒂斯（Herbert Gintis）研究认为，美国的公共教育制度不是缩小而是加剧了教育机会和教育资源分配的不平等。⑥ 另外，1996年世界经合组织出版《以知识为基础的经济》报告，宣告"知识经济"时代的到来。其相生的一个概念便是"以市场为基础的教育"。美国经济学家罗默（Romer）和卢卡斯（Lucas）的新经济增长理论，把知识积累看作经济增长的一个内生的独立因素，认为知识可以提高投资效益，知识积累是现代经济增长的源泉。这也是近年来，教育市场化改革的一个重要的社会思想背景。

市场是义务教育管理体制改革的根本和创新的基础。国际教育市场化改革实践一再证明，引入市场机能能够促进教育内部的自由公平竞争，鼓励在竞争

---

① 陈冬梅，邓俐伽，李国强. 西方学者对教育市场化的批评［J］. 广州大学学报（综合版），2001（9）：63.
② 亨利·热怕热. 我们的弊病在于国家干预太多［C］. 国际经济评论. 1980（3）：14.
③ 朱科蓉. 英美教育市场化改革的价值基础及其悖论［J］. 比较教育研究，2003（11）：58—62.
④ 张会兰，张春生. 西方国家教育市场化理论及形式述评［J］. 交通高教研究，2004（4）：31.
⑤ 欧文斯. 教育组织行为学［M］. 窦卫霖，译. 上海：华东师范大学出版社，2001：489.
⑥ 张会兰，张春生. 西方国家教育市场化理论及形式述评［J］. 交通高教研究，2004（4）：31

中不断优化资源，实施新的教育结构组合，全面改革办学体制，建立以效能推进的相互合作和共同发展机制。①

西方教育市场化改革在一定程度上得益于西方国家成熟和完善的教育市场的存在。与之相比，中国的教育市场并不成熟。尽管我国教育市场化改革也在逐步推进，发挥"市场作用"的观点也不断为我们所强调。可以认为，"教育市场化改革真正问题不在于公私之辩，而在于教育的垄断还是竞争。"② 因此，重新认识和建立教育市场管理机制是民办义务教育管理体制改革的应有之义。

教育市场失灵与政府干预。现实中，有学者认为，教育市场无法达到完全竞争条件下的帕累托最优。③ 也有学者认为，教育市场之所以无法实现完全竞争，关键在于我国教育更多体现的是"公共产品"属性，④ 如果政府干预过度，市场机制便无法完全发挥作用。

教育市场化改革理论对我国民办义务教育管理体制改革具有如下几点启示：第一，民办义务教育的存在与发展是教育发展的客观现象；第二，建立和完善民办义务教育的竞争机制，尤其是与公办学校的竞争关系是构建教育和谐生态关系的重点方面；第三，教育市场的不成熟，是现阶段我国政府采取行政干预和市场干预相结合管理制度的根本原因。

第三节 博弈理论：民办教育体制改革的现实逻辑

博弈论（Game Theory），也称"对策论""赛局理论"，属应用数学的一个分支，博弈论已经成为经济学的标准分析工具之一。博弈论旨在分析博弈关系中个体的预测行为和实际行为，并研究它们的优化策略。所谓"博弈"就是指博弈各方为实现某种目的而进行相互间的对决的过程。⑤

"博弈关系"是民办义务教育管理体制改革过程中主体关系的真实写照。首先，政府、民办学校举办者、民办教育的消费者、公办学校是民办教育管理体制改革的核心主体。其次，政府对民办教育管理体制进行改革的政策目标在

---

① 康奈尔. 二十世纪世界教育史 [M]. 张法琨, 译. 北京：人民教育出版社, 1990：43.
② 蒋国华. 西方教育市场化：理论、政策与实践 [J]. 全球教育展望, 2001（9）：58.
③ 周继良. 我国教育市场失灵的若干理论分析——一个经济学的视野 [J]. 教育理论与实践, 2009（28）：16—20.
④ 周继良. 我国教育市场失灵的若干理论分析——一个经济学的视野 [J]. 教育理论与实践, 2009（28）：16—20.
⑤ 林荣日. 制度变迁中的权力博弈——以转型时期中国高等教育制度为对象 [D]. 上海：复旦大学, 2006：53.

于"将民办学校纳入公权力的管辖之下",民办教育力量逐渐壮大,对国家意识形态和教育体制都具有重要影响。最后,当前的民办义务教育管理体制改革政策绝非"最理想"的,但一定是各方"最可接受"的改革。民办学校举办者希望政府最大可能放开教育市场的管制,给予民办学校最大的办学自主权;政府和公办学校则不可能无限制地满足民办学校的要求,因为政府和公办教育的利益需要维护。如此,民办义务教育管理体制改革已经成为各利益主体相互博弈的平台。

民办义务教育管理体制改革实施过程本质就是各主体的博弈过程,关注和研究其中的博弈关系和机制是完善和深化民办义务教育改革的重要内容,也为本研究分析 W 地区民办义务教育管理体制改革实施问题提供理论基础。

第四节 新制度主义:民办教育体制改革研究的新视角

迪尔凯姆(Durkheim)借鉴自然科学关于物质基本构成的思想,提出社会的基本构成就是"制度",而研究社会的方法就是"制度分析"。[①]"制度主义"认为各种社会行为模式和特征不能完全归结于个体的行为,而是倾向于分析个体行为背后的"制度"因素。[②③] 当前,新制度主义理论经过近几十年的发展,已成为当下各领域研究的显学,而理性选择制度主义、组织制度主义和历史制度主义都自称为新制度主义。那么新制度主义的核心观点"新"在何处,其作为一种主义的共同点是什么?第一,新制度主义相比旧制度主义而言,其融合了行为主义的"个体视角"和旧制度主义的"制度视角",并在此基础上增加了对组织、规则等制度内部细节的关注;[④] 第二,新制度主义分析范式从旧制度主义的"规范—体系"分析体系转变为"规范—组织—制度"分析体系;[⑤] 那么,新制度主义理论如何为研究民办义务教育管理体制改革提供

---

① Paul J. DiMaggio & Walter W. Powell, Introduction Chaper of The New Institutionalism in Organization Analysis [M]. Chicago:The University of Chicago press,1991.11.
② 埃伦·M. 伊梅古特,汤涛. 新制度主义的基本理论问题 [J]. 马克思主义与现实,2003(6):22-27.
③ Clemens E. S, Cook J. M. Politics and institutionalism:explaining durability and change [J]. Annual Reviewof Sciology,1999(25):441-446.
④ 柯政. 理解困境:课程改革实施行为的新制度主义分析 [M]. 北京:教育科学出版社,2011:73-74.
⑤ 罗燕. 教育的新制度主义分析——一种教育社会学理论和实践 [J]. 清华大学教育研究,2003(6):30.

| 第一章 | 理论基础：民办义务教育管理体制改革的理论依据

理论与视角支持？

　　制度能够对个体和组织的行为产生重要影响。民办义务教育作为一个嵌套于一系列社会关系中的组织，必然存在自身规制的、规范的和文化认知的要素，形成自有的"组织域"或"制度逻辑"①。民办义务教育改革本质上也是组织的改革，也是对民办义务教育原有的"制度逻辑"进行重构。新制度主义认为，制度可以在不同的层次上以不同的抽象程度存在，而且不同层次领域的制度对特定对象的影响性质和力度都是不一样的。② 因此，民办义务教育管理体制改革既要关注学校内部体制（内部治理体制、产权体制、收益分配体制），也要关注外部体制的改革（监督与评价）。

　　"制度变迁决定了人类历史中的社会演化方式，因而也是理解历史变迁的关键"③④ 而任何一次制度变迁都必然要付出一定的制度成本。我国民办教育改革之所以举步维艰，一个关键的原因就是基层政府在改革中不愿意承担改革所需的"制度成本"，总是期望改革在不涉及或不改动当前已有教育管理体制的前提下展开。诺斯（North）的人类行为理论和交易费用理论为分析民办义务教育举办者投资民办学校的动机、政府管理和改革民办教育体制的出发点和基础提供了很好解释理论。同时，新制度主义"规范—组织—制度"的分析体系正好切合民办义务教育管理体制改革的发展曲径，为本研究创新民办义务教育管理体制提供了理论支撑。

第五节　教育生态理论：民办学校发展与改革的社会要求

　　教育生态概念最早由哥伦比亚师范学院的院长克雷明（Cremin）提出，其从生态学的角度强调教育及其子系统与所处环境之间的相互关系⑤，尤其突出和谐、共存、联系和动态的平衡⑥。本研究将"教育生态"界定为教育与所

---

① Scott，W. R. etal. Institutional Change and Healthcare Organizations [M]. Chicago：University of Chicago Press，2000：26.
② Scott，W. R. Institutions and Organizations [M]. 2rd ed. London ：Sage Publications，Inc.，2001：47—70，83，139.
③ 道格拉斯·C. 诺思. 制度、制度变迁与经济绩效 [M]. 杭行，译. 上海：格致出版社. 上海人民出版社，2014：4.
④ 王亚妮. 法律变通的理论维度 [J]. 法制与经济（中旬刊），2009（3）：58—59.
⑤ Cremin L A. Public Education [M]. New York：BasicBooks，1976：27.
⑥ 刘运芳. 教育生态学视野下的中学课程的生态主义取向 [J]. 现代教育科学，2008（10）：78—79.

处社会环境之间动态平衡的相互关系，如公办与民办的协调发展关系、教育均衡与多元发展之间的关系等。

各地区民办学校发展过程中感受到诸如地区经济、人口、教育消费水平等因素制约，都必然对域内民办学校发展产生不一样的影响，各因素相互调试由此形成适合本地区教育发展的公办民办"教育生态关系"。任何新的政策要改变现状，理论上都要符合地区教育生态的特征，无论是当下的"公民同招"政策，还是义务教育阶段的"民转公"等都不例外。以"公民同招"政策为例，在经济发达地区，民办学校发展相对成熟，规模也更大，那么"公民同招"政策的实施将面临更为复杂的教育环境。相反在民办教育并不发达的地区，"公民同招"政策的影响相对较小，牵扯的关系反而比较单一。本研究认为所有教育生态与政策之间的关系均可概括为三种：①促进型，二者内在目标一致，相互促进；②冲突型，二者内在目标不一致，相互抵触；③解构型，二者内在目标契合度不高，但受政策"强制性"制约，冲突转为隐性。

作为一项教育改革政策，其牵涉众多的利益主体，相反，诸多主体会出于各自利益诉求而寻求政策利益的最大化。那么，教育生态的和谐构建就必将面临一定程度的政策解构风险，

一是政策实施刚性不足的风险：政策实施的刚性是指政策适应情况的多变性、复杂性所体现出来的稳定程度，如受区域民办学校在教育系统的地位和作用不同，品牌民办学校和一般民办学校适应政策的能力是有差异的。政策实施会不会因差异而不同有待实践检验。

二是政策实施主体利益冲突的风险：公民同招政策实施涉及多主体，包括教管部门、民办学校、公办学校、家长等。在教育市场中，家长会追求最优教育资源，民办学校会争夺最优生源，公民同招政策正是在这两个"最优"之间进行干预。如何保障这种"干预"不被利益主体所干扰，得到完整的实施也会面临潜在风险。

三是政策实施配套不足的风险：没有一项政策可以解决所有问题，政府需要在实施过程中不断对政策进行"打补丁"，这就是政策的配套完善过程，如政策实施的监管政策、政策实施的处罚政策等。配套不足必然会削弱政策实施的效果。

第二章 政策分析：民办义务教育管理体制改革的政策梳理

任何教育改革都不会是"空穴来风"，更不可能"独善其身"，而是与其所处的"场域"有密切关系，[①] 如所处时代的经济、政治、文化等。本章将对我国民办义务教育管理体制改革政策的历史演变、内在价值特征等进行深度分析，力求通过政策的历史分析和话语分析剖析民办义务教育改革所处的"场域"。同时，也为本书第四章解析 W 地区的改革提供背景解读和原因分析。

第一节 民办义务教育管理体制改革历史演变

"以史为鉴，可以知兴替"。分析民办义务教育管理体制改革的历史脉络能够明晰政策改革的来龙去脉及其变化趋势，为解释当前民办义务教育管理体制改革状况与问题提供重要依据。

一、民办义务教育管理体制改革的演变与发展

本研究"义务教育"是指九年义务教育，包括普通小学和普通初中，是自 1986 年《中华人民共和国义务教育法》实施以来的概念。在此之前，我国还没有九年义务教育的规定。为兼顾各历史时期的切实情况，本节内容中义务教育泛指中小学教育。同时，通过政策梳理，本书将新中国成立以来的民办义务教育管理体制改革划分为"全面改造时期""全面接管时期""逐步恢复时期""规范与发展时期"和"深化改革时期"五个阶段。

（一）"全面改造"时期民办义务教育的管理体制改革（1949—1952 年）

中华人民共和国成立初期，全国民办教育相关数据缺乏确切统计。依据已有零散文献分析发现，在 1949 年以前，高等学校和中学阶段的民办教育力量

[①] 吴康宁. 制约中国教育改革的特殊场域 [J]. 教育研究，2008 (12): 16—20.

是很大的①。例如：在高等教育阶段，全国私立学校占到总数的38.2%；中等教育阶段，私立学校比例更是高达48%②。仅就北京而言，截至1949年6月全市共有各级各类民办教育学校242所（不含62所非学历教育机构）。其中，高等学校7所、中学61所、小学159所、幼儿园15所，③可见，民办义务教育学校占比是主要部分。如何处理民办教育与社会主义教育的关系，以及民办学校意识形态的统一性是此时期民办教育事业发展的当务之急。

1949年11月，第一次全国教育工作会议确定了我国民办义务教育的管理政策，即"保护维持，加强领导，逐步改造"方针。此方针与当时整个中国社会正处于由"资本主义"向"社会主义"转变的历史时期是密切相关的。1950年11月政务院（国务院）颁布了《关于处理接受美国津贴的文化教育救济机关及宗教团体的方针的决定》则要求对所有新中国成立前留下来的旧教育、接受外国津贴或有教会背景的学校进行全面接管和改造。此时，民办学校的存在仍然是合法的，但所有民办学校必须接受社会主义改造。

此一时期民办义务教育管理体制改革的重点是"改造"，但从历史角度审视，此阶段的改革只是一个短暂的"过渡政策"。

（二）"全面接管"时期民办义务教育的管理体制改革（1952—1978年）

此时期，教育领域改造与社会经济领域改造步调基本一致，"三大改造"运动要求接管所有领域的"资姓"机构并予以积极改造，民办教育亦不例外。1952年6月，毛泽东同志在对北京市教委的批示中指出"如有可能，应全部接管私立中小学"；紧接着在同年8月召开的全国中小学教育行政会议和9月教育部的指示中均提出对全国民办学校实施"全面接管"；截至1956年，全国共接管民办中小学10337所，基本实现全面接管目标。在1978年《中华人民共和国宪法》（以下简称《宪法》）中则得到进一步明确和体现，其中第五十一条规定指出"中华人民共和国公民有受教育的权利，国家设立并且逐步扩大各种学校和其他各种文化教育机关，以保证公民享有这种权利"。有学者指出，1952年以来政府"全面接管"教育开创了计划教育的先河，一定程度上导致我国义务教育管理体制逐渐僵化。④

总而言之，此阶段的民办义务教育管理体制改革服务于当时国家社会主义

---

① 金铁宽.50年来民办教育政策回眸[J].北京观察，1999（6）：8—10.
② 陈桂生.我国发展民办教育事业的策略问题[J].河北师范大学学报（教育科学版），2001（2）：5—10.
③ 金铁宽.50年来民办教育政策回眸[J].北京观察，1999（6）：8—10.
④ 安杨.我国民办教育政策法制建设60年[J].北京教育学院学报，2009（6）：63—66.

事业建设的需要。1958年中共中央、国务院提出的"两个必须"教育方针，即"教育必须为无产阶级服务，必须与劳动生产相结合"。此时，无论是民办义务教育改革政策，还是其他社会事业改革政策都带有鲜明的意识形态特征。

（三）"逐步恢复"时期的民办义务教育的管理体制改革（1978—2000年）

1978—2000年这段时期，我国民办义务教育管理体制改革基本主题就是"恢复"，解放被限制的民办教育市场。依据民办教育恢复和解放程度，具体可分为观望、认可和鼓励发展三个阶段。[1]

观望阶段：党的十一届三中全会（1978年）确立了改革开放的基本方针，我国各个领域逐渐出现打破国家包办、国家垄断的改革趋向。然而，由于人们对"改革开放"政策稳定性还存有顾忌，以及长期思想压制所带来的"静观其变"的心态，加上国家此时并未对民办学校社会地位予以定性。因此，民办中小学教育虽有所恢复，但发展缓慢，其中民办高等教育恢复情况稍好，在北京、长沙等地出现了若干所民办大学。[2]

认可阶段：1982年11月，彭真委员长在《关于中华人民共和国宪法修改草案的报告》中提出"两条腿"办教育的方针，首提市场办学概念。同年11月审议通过的《中华人民共和国宪法》第十九条则明确提出"国家鼓励集体经济组织、国家企业组织和其他社会力量依照法律规定举办各种教育事业"，肯定了市场办学的思想，并给予其合理的法律地位，为社会各部门发展民办义务教育提供了法律依据和动力。正是在国家政策的促进下，各部门和各地方政府出台了诸多具体的民办义务教育配套管理政策，如《关于厂矿企业办学和厂矿企业集资办中小学应注意的几个问题的通知》（1984年）、《关于教育体制改革的决定》（1985年）、《关于民办教师工龄计算问题的复函》（1986年）、《关于实施义务教育法若干问题的意见》（1986年）等。上述政策对民办义务教育相关问题做了进一步规定和说明，完善了管理体系。1986年4月颁布的《中华人民共和国义务教育法》第九条规定"国家鼓励企业、事业单位和其他社会力量在当地人民政府统一管理下，按照国家规定的基本要求，举办本法规定的各类学校。"为民办义务教育学校举办提供了更为直接、有力的法理依据。毫无疑问，此阶段的民办义务教育学校社会地位基本得到认可，但此时期出现的民办中小学教育多是非学历文化补习性质的培训机构。

鼓励发展阶段：首先，在政策方针层面上进一步明确了民办义务教育的法

---

[1] 杨全印.关于我国20年民办教育政策的思考[J].黑龙江高教研究，2002（2）：18—21.
[2] 夏立宪.长沙市早期民办大学研究[J].高等教育研究，2001（1）：82—87.

律地位，先后在多项政策、报告中强调"鼓励多渠道、多形式社会集资办学和民间办学"和"国家对社会团体和公民个人依法办学，采取积极鼓励、大力支持、正确引导、加强管理的方针"，如《关于社会力量办学的若干暂行规定（1987年）》《十四大报告（1992年）》《中国教育改革和发展纲要（1993年）》和《中华人民共和国教育法》（1995年）等；其次，对不同学段的民办教育发展出台若干法律规章，鼓励各学段的民办教育发展，如《关于规范当前义务教育阶段办学行为的若干原则意见》（1997年）指出"有计划地办好一批民办中小学；大力鼓励在广大农村、边远地区、民族地区、城镇流动人口较为集中的地区举办中小学，以补充国家办学之不足"，《教育法》（1998年）规定"国家鼓励企业事业组织、社会团体及其他社会组织和公民个人等社会力量依法举办高等学校，参与和支持高等教育事业的改革和发展"；再次，制定民办教育管理的专项法律法规，建立专门管理机构，1997年国务院颁布《社会力量办学条例》，这是中华人民共和国第一个规范民办教育的行政法规，标志着中国民办教育进入依法办学、依法管理、依法行政的新阶段，1994年教育委员会设置教育委员会社会力量办学管理办公室，挂靠成人教育司，民办教育有了专门的管理机构；最后，将民办教育纳入国家教育发展规划，1999年全国教育工作会议提出要大力发展民办教育，并将民办教育的发展纳入第十个五年计划，计划提出"要基本形成以政府办学为主体，公办学校与民办教育学校共同发展的教育格局"。

此时期不仅从《宪法》层面确立了民办教育的法律地位，而且出台了民办教育的专门规章，同时成立专门的管理机构。正是国家政策的大力扶持，此时期民办学校规模有较大幅度的增长，已成为我国教育发展的重要力量。

（四）"规范和发展"时期民办义务教育的管理体制改革（2000—2010年）

经过前一阶段的改革，民办学校已经逐步壮大，并成为各学段重要的教育力量，同时也出现民办学校办学行为不规范、扰乱教育市场等问题。蓬勃发展的民办教育急需建立行业的制度规范。

2000年6月，中共中央组织部、中共教育部党组联合下发《关于加强社会力量举办学校党的建设工作的意见》[①]明确提出"要及时在社会力量举办学校建立党的组织，加强对社会力量举办学校党的建设工作的领导，初步将民办教育学校纳入党的领导下"；2001年10月，民政部、教育部联合下发《关于印发〈教育类民办非企业单位登记法〉（试行）的通知》，初步探索建立民办学

---

① 切实加强社会力量举办学校的党建工作[J]. 党建研究，2000（12）：10—11.

校分类管理制度；2002年《民促法》颁布实施，对民办学校分类管理、财政资助、合理回报等多方面进行了制度设计。这是我国第一部专门的民办教育法律，标志着我国民办义务教育管理逐步走向法制化、规范化。

（五）"全面深化改革"时期民办义务教育的管理体制改革（2010年至今）

尽管《民促法》赋予民办学校以合法的地位，但对于民办学校而言，歧视依旧存在，如公共财政是否应该资助民办义务教育学校、民办义务教育学校教师是否应该纳入公办教育事业社保体系等。上述问题表明我国民办义务教育发展进入了新的阶段，已有的管理制度已经不符合民办义务教育发展实情，需要通过改革建立新的管理体制。在此背景下，2010年国务院办公厅出台了《通知》，将民办教育综合体制改革列为五大综合制度改革任务之一，针对民办教育的分类管理、产权管理、收益分配、监督管理、经费保障、师资保障、人才培养等体制方面进行探索和创新。

在《民促法》和《实施条例》实施近十年之际，全国人民代表大会常务委员会分别于2013年6月29日、2016年11月7日和2018年12月29日对《民促法》进行了三次修订，进一步完善了民办学校分类管理登记、管理归口部门、教职工权益等相关条款。在2016年《国务院关于鼓励社会力量兴办教育促进民办教育健康发展的若干意见》中提出了民办教育管理"二十八条"促发展措施进一步推进了民办教育管理体制深度改革。2021年4月7日李克强总理发布国务院令，新修订的《实施条例》将于2022年9月1日正式实施。2021年7月《教育部等八部门关于规范公办学校举办或者参与举办民办义务教育学校的通知》提出"民参公""民转公"改革要求，进一步净化民办义务教育市场。可见，此一时期国家出台了系列的民办义务教育管理制度，旨在从顶层设计上完成制度的深化改革。

二、民办义务教育管理体制改革的特征

任何教育改革都必然带有鲜明的时代烙印，而时代精神又必将促使改革内在价值取向的变化。通过历史分析，可以明晰民办义务教育管理体制改革内在价值取向或特征的变化，有助于更好地理解当前民办义务教育管理体制改革的特征。

基于前文的政策历史梳理，下文总结提出我国民办义务教育管理体制改革的三点特征。

（一）民办义务教育管理体制改革轨迹呈明显"钟摆现象"

不仅民办义务教育，整个民办教育管理体制改革轨迹都具有明显的"钟摆现象"。分析认为，我国民办教育管理体制改革的"钟摆现象"反映了整个社会对民办教育认识上的局限。长期以来，教育被看作是国家价值教育的主流阵地，一直为公办教育所垄断，而民办教育的公益性特征未能被广泛认同。尽管研究表明，教育本身是兼具公益属性和产业属性两大特性的行业，协调这两大属性是教育发展过程不可回避的矛盾，而不同时期或不同的社会发展阶段对此矛盾关系的认识和侧重有所不同，对某一属性的侧重就意味着对另一属性的抑制。简而言之，教育的公益性和产业性的地位变化直接影响管理体制改革轨迹的变化。换言之，民办义务教育管理体制改革轨迹的"钟摆现象"本质上是政策制定者对教育两大属性侧重的不稳性的直接体现。从各时期政府对民办义务教育管理体制改革政策出发点分析可知。

首先，公益属性和产业属性并重时期，即"全面接管"时期以前，国家基于复兴教育的现实需求，允许民办教育的存在与发展，所以此阶段管理政策是改造。其次，突出公益属性，抑制产业属性时期，即1952年至1978年间，国家明确要求要突出教育为社会主义事业服务的作用，突出强调教育的公益属性，直接否定了教育的产业属性。所以，此阶段政府对于民办教育所采取的管理政策就是"全面接管、全面改造"，不允许民办教育学校的存在。最后，强调公益属性，发挥产业属性时期，即改革开放以来，国家虽没有明确否定民办教育的产业属性，但也没有给予其明确肯定。2000年以来，国家开始强调发挥市场的作用，无论是国家层面的法律法规，还是部门的办学规章，都突出强调"鼓励社会力量、个人参与办学"。尤其是2002年《民促法》的颁布，从法律上允许营利性民办学校的存在，是对教育产业属性的一种认可。

正是在教育公益属性和产业属性的认识上存在一个此消彼长的变化过程，导致我国民办义务教育管理体制改革"钟摆现象"较为明显。因此，民办义务教育管理体制改革首先要突破的是认识上、观念上的歧视，重新界定民办义务教育本身，如此才能有效协调民办教育公益属性和产业属性的关系，促进改革政策的稳定性。

（二）民办义务教育定位由公办教育的"重要补充"向社会主义教育事业的"重要组成部分"转变

民办教育本质上是一种区别于公办教育的独立办学形式，两者只是办学性质上的不同。简而言之，民办学校与公办学校都是义务教育的一种实现形式，不存在孰优孰劣的比较。然而，由于计划经济体制下公办教育在我国各学段教育中的垄断地位，民办学校在与公办学校的竞争中逐渐沦为"补充"角色。因此，有学者认为由于我国还处于社会主义初级阶段，教育保障能力不足以实现全民教育的目标，需要一定数量的民办学校来补充公办教育的不足，这种"补充"具有一定的阶段性、暂时性，存在的价值随着国家教育资源丰富程度不断变化。

毫无疑问，将民办义务教育定位为公办义务教育的补充是不合适的，有碍于民办教育健康发展，且这种定位已在实践中表现出较大的负面影响。首先，将民办教育定位于补充，会导致地区政府缺乏发展民办义务教育的主动性和积极性；其次，"补充"的角色没有政策和制度保障，在教育市场的竞争者处于弱势地位，挫伤民办教育学校举办者的办学积极性。

民办义务教育这一定位的改变，始于《社会力量办学条例》(1997年)的颁布实施，但该条例仅将民办教育限制在职业教育、成人教育、继续教育和学前教育等学段，并没有承认民办义务教育学校应有的法律地位。直到2002年的《民促法》的颁布实施才对整个民办教育有一个重新的认识和定位，并将民办教育定位为"社会主义教育事业的组成部分"。2010年《教育部关于进一步促进民办教育发展的若干意见》则在《民促法》的基础上进一步提升了民办教育的社会地位，提出"民办教育是我国教育事业发展的重要增长点和促进教育改革的重要力量"。由此，民办教育定位实现了由公办教育的"重要补充"向社会主义教育事业"重要组成"的转变。

(三) 民办义务教育学校管理方针由"歧视"向"扶持"转变

民办教育所面临的歧视源于法律定位的偏差导致认识上的歧视，而认识上的"歧视"又导致行政管理部门管理方针上的"歧视"，如认为民办教育非政府办学的职责所在，导致民办学校各种审批程序的限制、民办学校举办者的难作为等。对民办学校的"歧视"可以从如下两方面详细阐述。

在认识上，对于国家是否应该支持民办教育的发展，是否应该在民办教育发展过程中承担必要责任等问题的争论，主要集中在"公共财政是否应该支持民办教育学校""民办教师是否应该享有地区教师同等权利"上。有研究表明，民办教育一年可以从社会吸纳的学杂费超过1 000亿元，体现社会对教育的需求很大，民办教育相当于为国家节约财政性经费600亿以上。[①]可以说，如果没有民办教育，政府将面临更大的教育财政压力。2010年《通知》将民办教育综合改革作为教育体制改革的重点任务，并要求对"公共财政资助民办教育学校""消除民办教育歧视性政策"等进行专项改革试点。这也表明国家对民办义务教育的教育财政贡献的认可。

在管理上，民办义务教育面临的歧视主要有如下两种表现：第一，不禁

---

① 吴华. 公共财政应该对义务教育阶段的民办学校提供普遍的经费资助 [N]. 人民政协报，2007-04-11 (C02).

止，但也不支持，即在国家大政策环境下，地方政府并没有阻碍民办义务教育的发展，但是也没有为民办学校的发展提供必要的政策支持；第二，公民有别，有限自由发展，如在招生政策上，国家明确要求各地区不能自设标准妨害民办学校自主招生，但实际上，多数区县都存在"地方保护主义"，优质生源必须优先满足本区内公办学校招生。

当前，在中央政府的大力提倡下，各级政府对民办教育的管理态度已逐渐由"歧视"向"扶持"转变，其转变突出表现在如下三点。

第一，各级政府自上而下建立民办教育专门管理机构。教育部成立民办教育管理处，区县教育部门成立民办教育处等机构。

第二，部分地区划拨专项经费用于资助民办教育学校发展。例如：温州市自2011年起，每年安排3 000万"专项奖补资金"用于民办教育财政扶持；从2011年起，广西壮族自治区本级财政设立民办教育扶持专项资金，通过以奖代补等方式，扶持民办教育发展。[①]

第三，提高民办教育学校教师待遇例如：河南省周口市将全市民办教育学校教师纳入统一招考，实行公办民办教师一体化政策；温州市推行民办教师人事代理制度，保障民办教师享受公办教师社会保险待遇。

综上可见，在管理上各级政府不再任由民办学校自生自灭，而是开始承担起应尽的管理职责，尽管还不尽如人意，但其反映了政府管理态度上的重要转变。

第二节　民办义务教育管理体制改革政策与文本分析

政策文本本质上是政策制定者对目标实现过程的陈述。[②] 在教育领域，通过对官方文件进行文本分析来研究政策特点是常用的研究方法，甚至在整个社会科学领域都被视为重要的研究方法。[③] 本节主要对我国民办义务教育政策进行文本分析，包括对民办义务教育管理体制改革政策进行结构分析、内容分析和话语分析。

一、民办义务教育管理体制改革政策梳理

本研究对政策结构的分析，是指对民办义务教育管理体制改革政策时间维

---

① 广西设立民办教育扶持专项资金［EB/OL］.（2012-04-20）［2022-07-27］. http：//finance.sina.com.cn/roll/20120420/185111880738.shtml.
② 涂端午. 教育政策文本分析及其应用［J］. 复旦教育论坛，2009（5）：22—27.
③ Scott, J. P. (Ed). Documentary Research ［M］. Thousand Oaks, CA: Sage Publications, 2006.

度上的分布和政策类型的分布分析。时间维度上的变化反映政府对民办义务教育关注度的变化，政策类型的变化反映政府对民办义务教育改革重视程度的变化。

（一）国家层面民办义务教育管理政策的分布

进入21世纪以后，在中央政府的大力支持下，民办义务教育取得了明显发展。民办义务教育学校在学校数量占比、招生数和在校生数规模上均不断提高。据不完全统计（如图2-1所示），2000—2021年间，中央等部门累计出台各类民办义务教育管理政策40项（含法律、部门规章等）。从变化趋势来看，2000—2004年政策出台数量整体处于不断增加趋势，2004年后政策数量开始呈起伏变化；其中，2004年、2010年和2017年是民办义务教育出台政策最多的年份，分别有5项、4项和4项政策出台。分析发现，上述年内政策的大量出台在于该年中民办教育有重大政策变革，促使相关配套政策的出台。2004年是由于《实施条例》的出台，促使与之相配套的各部门出台大量相关政策。而2010年则是《通知》的出台，为落实《通知》的各项改革同样出台了相关配套政策。

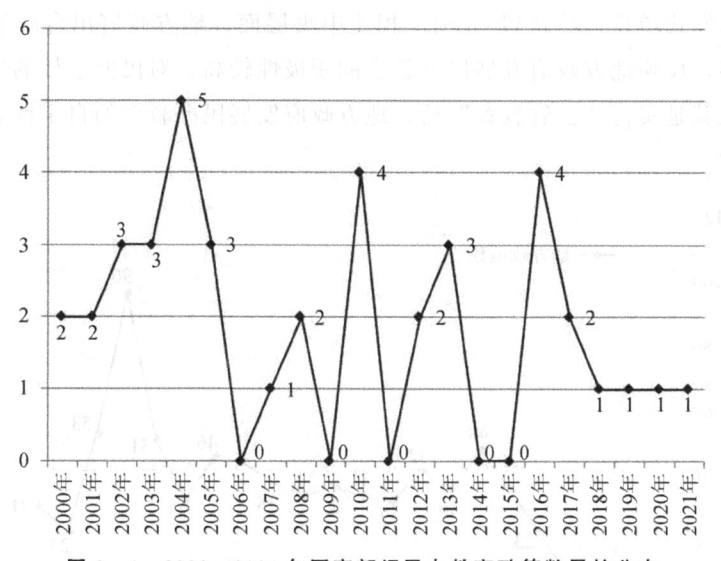

图2-1 2000—2021年国家部门民办教育政策数量的分布

（数据说明：政策包括法律、行政法规和部门规章等针对民办学校（不包括培训机构）；国家部门包括中央、国务院及各部委等）

从政策类型分布分析，在所有40项政策文件中，法律有1部，修订3次，即《民促法》（2002年、2013年修、2016年修、2018年修）；行政规章4部，包括《中华人民共和国中外合作办学条例》（国务院令第372号）、《实施条例》

（2004年、2021年）和《国务院办公厅关于政府向社会力量购买服务的指导意见》（国发〔2013〕96号），以及教育部、民政部、税务部等部门规章30部。政策类型结构显示已出台的民办教育管理体制改革政策以职能部门出台的文件居多，表明民办教育改革更多关注民办学校的业务管理体制改革。

（二）地方层面民办义务教育管理政策的分布

由于我国幅员辽阔，民办义务教育的区域差异明显，因此国家层面的改革政策对民办教育改革更多起到方向性、原则性指导作用，而地方政府出台的政策相对更具针对性，更适合对民办义务教育具体业务进行管理。

1. 地方关于民办义务教育的政策数量分布

2000—2021年我国地方政府出台的各类有关民办义务教育管理的政策数量整体增加，但年度之间起伏差异较大（如图2-2所示）。其中，2000—2006年各级地方政府部门出台的地方性法规等政策数量从2000年的6项增加到2006年的48项，增长快速。此后，2006—2016年各地政府每年出台的相关民办教育政策基本维持在32~46项之间；2016—2018年地方发布民办教育相关政策呈爆发式增长，最高到96项。相比中央层面，地方政府出台政策的密度要大得多，反映地方政府发展民办教育的积极性较高，对民办学校的发展关注更好，尤其是实行"县管教育"后，地方政府发展民办教育的自主性和空间都得到扩大。

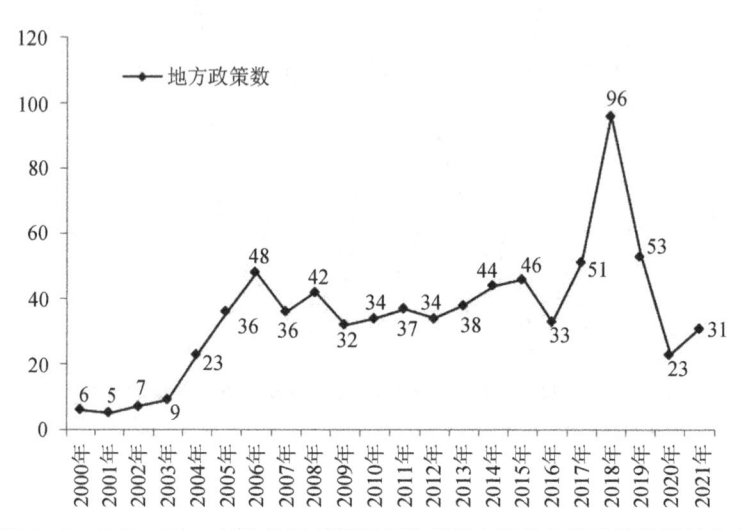

图2-2 2000—2021年关于民办教育相关的地方性法规等政策数量的分布

（数据说明：政策包括地方性法规规章、地方政府规章和地方规范性文件，如地方工作文件、行政批复等不纳入统计。）

从政策类型来看，地方层面民办义务教育政策以"地方规范性文件"为主（93.72%），"法律法规"的占比很小（如表2-1所示）。究其原因：一是因为法律法规属于"法律"层面，地方政府权限不足，且其制定程序烦琐；二是因为地方政府对民办义务教育还是主要集中在单一制度的建立和完善方面，这与中央政府改革路径基本一致；三是地方对民办义务教育的管理制度改革受到上级部门的制约，更多的是回应上级管理制度文件精神，尤其是落实上级文件。

表2-1 地方民办义务教育管理相关政策类型及其占比

政策性质	数量	占比
地方性法规	37	4.84%
地方政府规章	11	1.44%
地方规范性文件	716	93.72%

2. 地方民办义务教育管理政策的效力层级分布

民办义务教育管理体制改革需要地方政府的积极配合和贯彻落实，地方政府参与改革或执行改革的态度对改革效果具有重要影响。从政策出台的层级来看，层级越高，政策本身的效力或约束力就越大，表明地区对于改革的重视程度越高。

根据我国行政级别体系划分，省、直辖市"人民政府"是地区最高行政部门，其次是下设的各职能部门，如教育厅、财政厅。图2-3数据显示，2000—2021年我国各地方政府出台有关民办义务教育管理的规范性文件总数中，地方人民政府办公厅出台的占23%，由省（直辖市）教育厅或教育委员会出台的占56%。可见教育职能部门是民办教育管理政策的主要制定者。这主要是因为当前我国民办义务教育体制改革主要集中在专项任务的试点上，多数地区只承担了专项改革任务。所以，地方政府对民办义务教育管理体制进行改革时，主要还是教育管理部门主导和执行，其他部门参与得较少。另外，一定程度上也说明在对民办学校进行分类登记管理后，民办学校的运行与发展面临更加细分的、多样的社会环境。

3. 地方民办义务教育管理政策的可操作性分析

本研究所探讨的政策可操作性是依据政策的类型来判断，不同类型的政策其操作性不同。政策的可操作性，可以反映地方政府实施民办义务教育管理体制改革的决心。政策制定得越详细，可操作性越强，表明政府解决问题的目的越明确，反映的就是改革决心。如果改革政策缺乏实际操作性，仅是一些理论的宏大叙事，表明地区管理部门改革思路的不清晰和改革决心不坚定。

人力资源
（劳动）和   物价局   其他
社会保障厅   6%   1%
12%   人民政府
                        23%
财政厅
1%
                                    发改委
                                    1%

教育厅或教
育委员会
56%

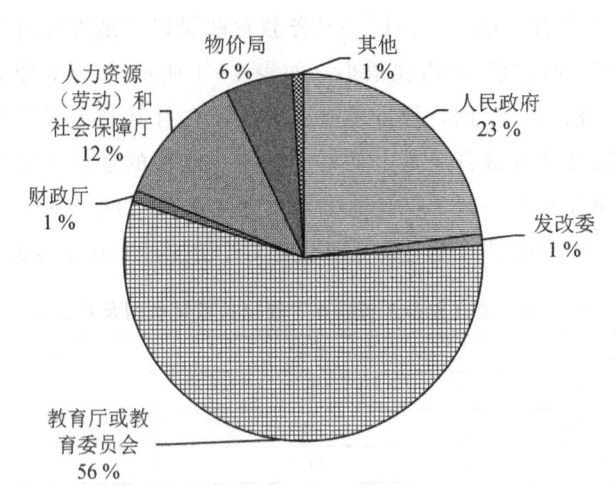

图 2-3　2000—2021 年地方民办教育法规等政策文件发布主体分布

按照改革政策可操作性由高到低排序，依次是"实施细则"是最具操作性，"发展意见"则最为宏观，"工作通知"和"文件修订"居于中间。图 2-4 数据显示，地方政府出台的规范性文件中，"工作通知"占到 43%，"发展意见"占 25%，"实施细则"占 23%，"管理办法"和"文件修订"合计占比 5%。研究分析认为，地方政府在实施民办义务教育管理体制改革过程中，缺乏明确的改革思路和可操作的措施，改革存在盲目性。实地调研中也发现，虽然中央一再强调要切实贯彻民办教育改革，但出台适合本地区改革政策的地区并不多，多数地区仅是转发中央改革精神，甚至照搬中央的改革政策，极少数地区根据本地区实情制定了适宜的民办管理政策，如浙江温州市、广东东莞市、河南周口市、黑龙江齐齐哈尔等地区在调研的基础上出台的政策切实促进了本地区民办义务教育的发展，并取得了不错的改革成效，尤其是温州市"1+14"政策更是成为全国广泛学习的典范。

二、民办义务教育管理政策的文本分析：以《实施条例》为例

《实施条例》自 2004 年颁布实施，多数省、自治区、直辖市以此为蓝本制定了本省实施条例，尽管 2021 年已对此版本进行了修订。为更好地比较分析，故依旧选择 2004 版进行比较：一是该版本符合本省实际情况，且其经过十余年的实践，影响和暴露的问题足够充分；二是各地区暂未根据新修订版的《实施条例》完成本省政策修订，暂无可比较对象。

| 第二章 | 政策分析：民办义务教育管理体制改革的政策梳理

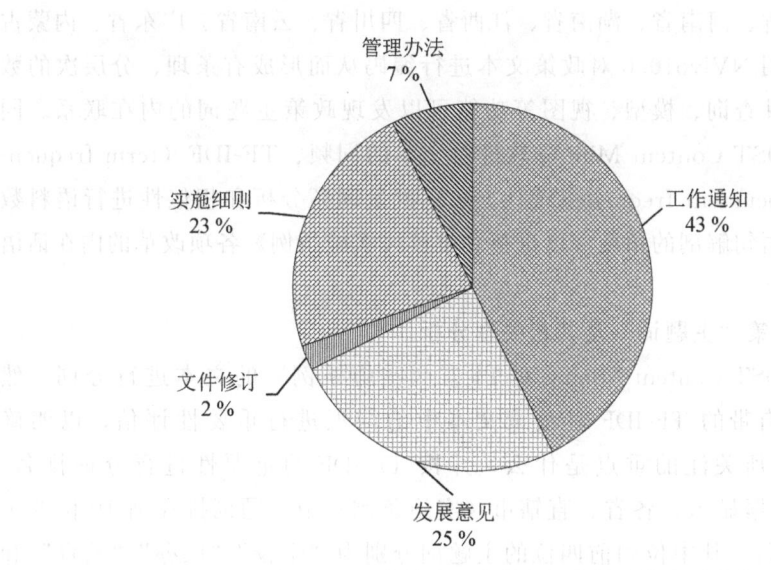

图 2-4 2000—2021年地方民办教育规范性文件类型分布

《实施条例》是对《民促法》的操作性释义，为各地区实施民办义务教育改革提供了更具操作性的指导。《实施条例》的出台对各省实施民办义务教育改革起到了一定指导作用，但也如同其他民办教育改革政策一样，在实践中也存在"满意度不高"的问题[①②]。分析个中原因既有管理者主观认识的问题[③]，也有缺乏经费支持等外部因素[④]。同时，本研究认为《实施条例》的实践效果不佳确实受到外部因素的制约，但政策本身的科学性、可行性也是不可忽视的影响因素。通过政策文本分析可以更深入地解读《实施条例》。

"话语分析"是政策文本分析中常用的方法，一般是对文本的话语结构，如语句的主题词、语句有效性等[⑤]进行解析，以探讨政策制定者所欲表达的"潜在思想"。研究通过全国各省、自治区、直辖市的教育厅网站和"北大法宝"数据库检索，收集到全国14个省、直辖市《实施条例》的政策文本。所选14个省、直辖市分别是北京市、天津市、吉林省、黑龙江省、辽宁省、山

---

① 徐玲，白文飞，曹兴泽.民办教育政策执行情况调查分析——以东北四城市为例[J].现代教育管理，2009（8）：83-85.
② 曹兴泽，徐玲.中西部地区民办教育政策实施现状及提升策略[J].民办教育研究，2009（9）：35-38.
③ 胡伶.民办教育政策歧视现象分析[J].现代教育管理，2013（12）：62-67.
④ 丛培娟.我国民办高等教育政策制定中存在的问题与改进建议[D].长春：东北大学，2010.
⑤ 孙亚，窦卫霖.OECD教育公平政策的话语分析[J].全球教育展望，2013（4）：61-67.

西省、河北省、河南省、湖南省、江西省、四川省、云南省、广东省、内蒙古自治区。利用NVivo10.0对政策文本进行编码从而形成有条理、分层次的数据库，通过其查询、模型、视图等功能可以发现政策主题词的内在联系。同时，利用ROST Content Mining软件对文本的词频、TF-IDF（term frequency-inverse document frequency统计方法）批量词频分析和相似性进行语料数据分析。从语句解剖的角度深度剖析和解读《实施条例》各项改革的内在话语逻辑和特点。

（一）政策"主题词"及其相关性分析

利用ROST Content Mining对14省《实施条例》的文本进行分词。然后，利用其自带的TF-IDF对政策文本中的词汇进行重要性评估，以明确《实施条例》所关注的重点是什么，并按TF-IDF的重要性进行分词排名。见表2-2数据显示，各省、直辖市《实施条例》中主题词排在前10位的主题词大体相同，其中位列前四位的主题词分别为"学校""民办""教育"和"应当"，表明上述主题词是各地区《实施条例》共同关注的重要内容。

通过对前10位的主题词进行相关性分析发现，"学校""办学""审批"和"机构"四个词和民办学校相关性最大；"行政部门""人民政府""机关"和"机构"等词和"政府"相关性最大；"保障""教学"等词和"教师"相关性最大；"学历""招生"等词和"学生"相关性最大。

上述"主题词"重要性和相关性的分析结果说明我国各地区制定的《实施条例》所关注的改革内容或对象是一致的，表明地方与中央在民办教育改革问题上的目标是一致的。然而，主题词的高度相关也反映地区《实施条例》存在内容过于雷同的问题，没有体现实际地区的差异，这显然不符合民办义务教育地区差异较大的实际情况。另外，相似性太高也就意味各地区《实施条例》内容缺乏针对性，降低了指导地区民办教育管理体制改革的适用性。

表2-2 各地区《实施条例》"主题词"的相关性和重要性

《民促法》 tf*idf	学校 0.071 4	民办 0.040 7	教育 0.028 0	应当 0.024 0	办学 0.019 3	机关 0.018 0	规定 0.017 3	审批 0.016 7	组织 0.014 0	国家 0.012 0
《实施条例》 tf*idf	学校 0.080 0	民办 0.050 4	教育 0.031 8	应当 0.024 4	规定 0.018 6	办学 0.018 6	社会 0.014 8	行政部门 0.013 4	教学 0.012 2	国家 0.011 7
河北 tf*idf	教育 0.094 6	机构 0.064 1	民办 0.040 0	审批 0.024 8	应当 0.022 2	机关 0.018 4	办学 0.017 8	规定 0.016 5	行政部门 0.013 4	举办 0.013 3
上海 tf*idf	学校 0.068 8	民办 0.056 3	教育 0.047 8	应当 0.034 7	部门 0.024 2	依法 0.017 0	机构 0.014 4	规定 0.013 8	办学 0.013 1	审批 0.013 1

续表

江西 tf*idf	学校 0.067 6	民办 0.044 1	教育 0.033 8	应当 0.025 0	行政部门 0.020 5	社会 0.018 1	规定 0.016 2	按照 0.012 7	办学 0.012 7	招生 0.011 8
广东 tf*idf	学校 0.077 0	民办 0.047 2	应当 0.033 2	教育 0.030 3	部门 0.024 45	主管 0.018 1	审批 0.014 6	办学 0.014 6	依法 0.013 4	教师 0.011 1
山西 tf*idf	学校 0.075 0	民办 0.050 5	教育 0.037 9	应当 0.034 7	行政部门 0.022 2	审批 0.017 4	规定 0.014 2	社会 0.013 4	职业 0.013 4	举办 0.012 6
天津 tf*idf	学校 0.069 6	民办 0.055 0	教育 0.035 4	应当 0.025 3	规定 0.018 5	办学 0.016 8	机构 0.015 2	审批 0.013 5	机关 0.012 4	依法 0.011 8
四川 tf*idf	学校 0.070 3	民办 0.040 9	教育 0.037 6	应当 0.031 9	审批 0.016 3	规定 0.016 3	行政部门 0.015 9	办学 0.013 9	机构 0.013 1	依法 0.013 1
吉林 tf*idf	学校 0.068 1	民办 0.055 7	教育 0.044 1	应当 0.025 5	办学 0.020 9	审批 0.013 2	管理 0.012 4	按照 0.012 4	学历 0.012 4	规定 0.011 6
北京 tf*idf	学校 0.072 0	民办 0.049 6	教育 0.043 2	应当 0.033 6	社会 0.019 2	审批 0.018 4	行政部门 0.017 9	规定 0.016 8	劳动 0.014 0	保障 0.012 8
内蒙古 tf*idf	学校 0.078 0	民办 0.041 0	教育 0.039 0	应当 0.033 6	人民政府 0.021 8	行政部门 0.019 9	办学 0.018 5	规定 0.015 6	审批 0.014 6	依法 0.012 7
云南 tf*idf	学校 0.065 2	民办 0.049 2	教育 0.048 5	应当 0.027 9	办学 0.025 3	审批 0.017 3	行政部门 0.015 5	社会 0.014 0	机关 0.012 6	依法 0.012 7
湖南 tf*idf	学校 0.078 5	民办 0.059 7	教育 0.048 5	行政部门 0.025 8	社会 0.023 2	应当 0.023 2	保障 0.018 8	人民政府 0.018 3	劳动 0.017 2	规定 0.014 4
黑龙江 tf*idf	学校 0.071 1	民办 0.044 0	教育 0.047 1	应当 0.027 6	办学 0.020 0	审批 0.017 3	规定 0.015 7	社会 0.014 0	保障 0.012 6	依法 0.011 2
辽宁 tf*idf	学校 0.073 1	民办 0.050 9	教育 0.048 3	应当 0.024 8	办学 0.021 2	审批 0.018 0	行政部门 0.016 1	按照 0.012 9	机关 0.012 2	依法 0.011 7

（二）政策关注主体的差异性分析

将14个省、直辖市的《实施条例》文本导入NViov10.0，并按照"学校相关""教师相关""政府相关"和"学生相关"四个维度对其进行编码。然后将编码结果导出到ROST Content Mining软件，按照四个维度进行分词处理，得到每个维度的词频列。通过人工筛选，分别得到最能够代表"学校""教师""政府"和"学生"的四个政策主体 x 的 TF_{P_i}，然后合并 TF_{P_i}，得到词频库 TF_{T_i}。根据ROST Content Mining软件的筛选要求，同一个词 i 在 TF_{P_i} 和 TF_{T_i} 的位置中越靠前，越能体现该词 i 的重要性，该词 i 所代表的主体 x 的重要性也相应被提高。同时，为了确定 TF_{P_i} 中的 i 在 TF_{T_i} 的位置，将 TF_{P_i} 和 TF_{T_i} 相乘并累加，并将 x 的覆盖率（文本中的占比）考虑在内，求出调和平均数的结果求算数平均值，由此得到各主题词在《实施条例》中的重要性程度

(见下公式):

$$Cx = \frac{\sum TF_{P_i} \cdot TF_{T_i}}{n} \cdot \frac{P_X}{T} \cdot c$$

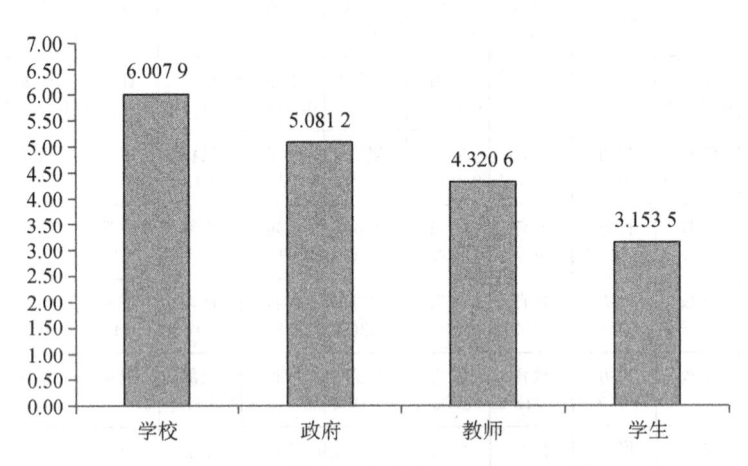

图 2-5　政策关注主体的差异性和重要性

图 2-5 分析结果显示,各地区的《实施条例》中关注的主体按照重要性从高到低分别是"学校""政府""教师"和"学生",说明各地区在民办义务教育改革过程中,改革的着力点更多地集中在学校层面和政府层面,对作为教育主体的"教师"和"学生"层面的关注明显偏少,这在《实施条例》的内容安排上有直接体现,如《实施条例》全文有 46 条(除去附件)规定均直接关注民办学校本身,而关注教师权益的内容仅有 8 条,涉及学生权益的内容也仅有 5 条。

从上述政策关注主体的差异性分析结果可知,我国当前实施的民办义务教育管理体制改革内容重在"管理""约束"或者"规范",因此政策文本更多地关注如何规范民办学校的办学行为,如何便于相关机构或部门管理民办学校,如何将民办学校纳入已有行政管理体系等,其政策出发点是服务于管理部门"便于管理"的诉求,而非服务民办学校的发展。此类政策的最大特点就是突出"管理者"的地位,更多依循的是管理者话语体系。

(三) 政策文本语句有效性分析

语句有效性分析是指对政策话语"以言叙事"能力和体现政策的制约效力的分析。[①] 下文将从语句结构角度分析《实施条例》的文本语句内容,并以此

---

① 杨正联. 公共政策文本分析:一个理论框架 [J]. 理论与改革,2006 (1):24—26.

分析政策文本中各项改革措施的可操作性。

1. 政策文本的语句构成分析

复旦大学杨正联①教授认为公共政策依据语句表述形式可以将文本语句划分为四类：一是"实是语句"，是对政策的现状认知与描述；二是"评价语句"，是对政策的一种价值判断；三是"行动语句"，是政策的"以言行事"，指政策中关于如何做、做什么的规定性语句；四是"后果语句"，是政策中对于认知和行动的一种强制性能力。如果《实施条例》中"行动语句"和"后果语句"占比高，那说明《实施条例》内容中有关民办义务教育改革"怎么改""改什么""怎么样"的规定比较多，而此类语句对具体改革具有指导价值，反之亦然。

图2-6分析结果显示，各省、自治区、直辖市《实施条例》中，行动语句占比最大，高达74.33%，排名第二的是评价语句，占比16.82%，实是语句和后果语句分别只占5.76%和3.09%。由此可知，各省、自治区、直辖市《实施条例》中对于民办义务教育管理体制改革可操作的规定占绝对多数，也说明管理部门为贯彻民办教育改革制定了较多的具体改革措施。然而，《实施条例》中"后果语句"占比仅有3.09%，表明管理部门虽然制定了较多的改革措施，但对于改革措施实施缺乏强制要求，如对于改革要求达到何种目标，未实现目标将有何种惩罚措施等的规定性不够。显然，这对于《实施条例》的权威性是一种损害，对"规定"缺乏强制性要求容易导致政策话语效力不足。本研究认为这也是《实施条例》在实践中"满意度不高"的重要原因。

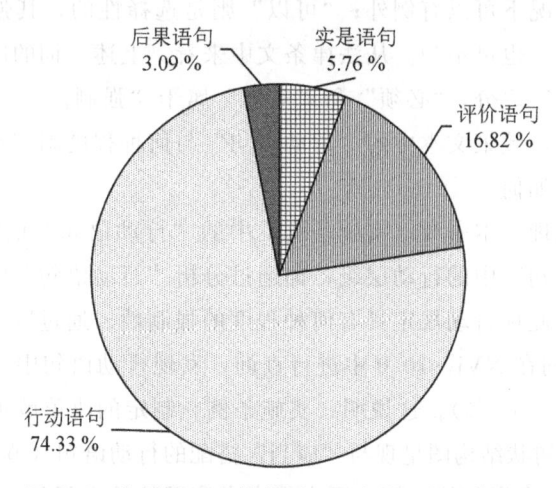

图2-6 各地区《实施条例》文本的语句结构分析

———————
① 杨正联. 公共政策文本分析：一个理论框架 [J]. 理论与改革，2006 (1)：24—26.

另外，正如前文所说"评价语句"是对政策的一种价值判断，是对某一事物是什么的阐述，具有明显的定性作用。图 2-6 中"评价语句"占比相对"实是语句"和"后果语句"都要高，表明《实施条例》中存在大量对民办教育是什么的话语，如"民办教育是公益性事业""不能以营利性为目的"等诸如此类的表述。而此类对民办教育是什么的表征很容易传递其潜在观点，而其中一些意识形态色彩浓厚的价值观念会在很大程度上制约着人们的外在行为。简而言之，行动不到位的关键问题是认识不到位。例如，"关于民办学校公益性和营利性问题"，人们普遍认为教育是公益性事业，而忽视我国民办教育是"投资办学"占主导地位的现实情况，而《实施条例》中将此意识形态贯穿始终，必然会降低政策在实践中的促进作用。

综上，通过对《实施条例》的政策进行文本语句构成分析，可以看到，在具体的改革措施上，各省、自治区、直辖市制定的改革措施具有较好的可操作性，但由于"结果语句"的占比偏低又表明改革的强制性不足，削弱了政策的实际效果。为进一步佐证和确认此分析结果，下文将对占《实施条例》文本内容中 74.33% 的"行动语句"强制性程度进行更为详细的分析。

2. 行动语句的"强制程度"分析

《实施条例》中"行动语句"的程度副词最常见的有"必须""应当"和"可以"。从词义上解读，"必须"表示规定的事项属于义务性，强制性最高；"应当"接近于"必须"的意思，但不是义务性，而是原则性的，表示其规定的事项在特殊情况下可以有例外；"可以"则是选择性的，其强制性最低，表示行动主体可为，也可不为。从法律条文中来看，上述三词的区别就是"强制法"和"授权法"之分，"必须"和"应当"属于"强制法"，"可以"则是授权法。由此可知，政策文本中的"行动语句"与何种程度副词相搭配，直接体现其强制性程度如何。

按照分析原理，本书对《实施条例》中的"行动语句"语法进行了分析，以确定"行动语句"中的行动层级，即通过分析"行动语句"中"行动"的规定性动词来界定此项行动规定具有何种程度的强制性。通过以"应当""可以""必须"为关键词在 NVivo10.0 中进行查询，发现行动语句中与"应当"搭配的语句占比最高（67%）。这说明《实施条例》制定的改革政策具有较高的强制性。本书以词树状结构图呈现与"应当"搭配的行动语句（节选）（如图 2-7 所示）。目标词"应当"的左侧是原来文本中该词的前半部分，目标词"应当"的右侧是原来文本中该词的后半部分。从分析的结果可知，《实施条例》中与"应当"搭配的"行动语句"占比较高。

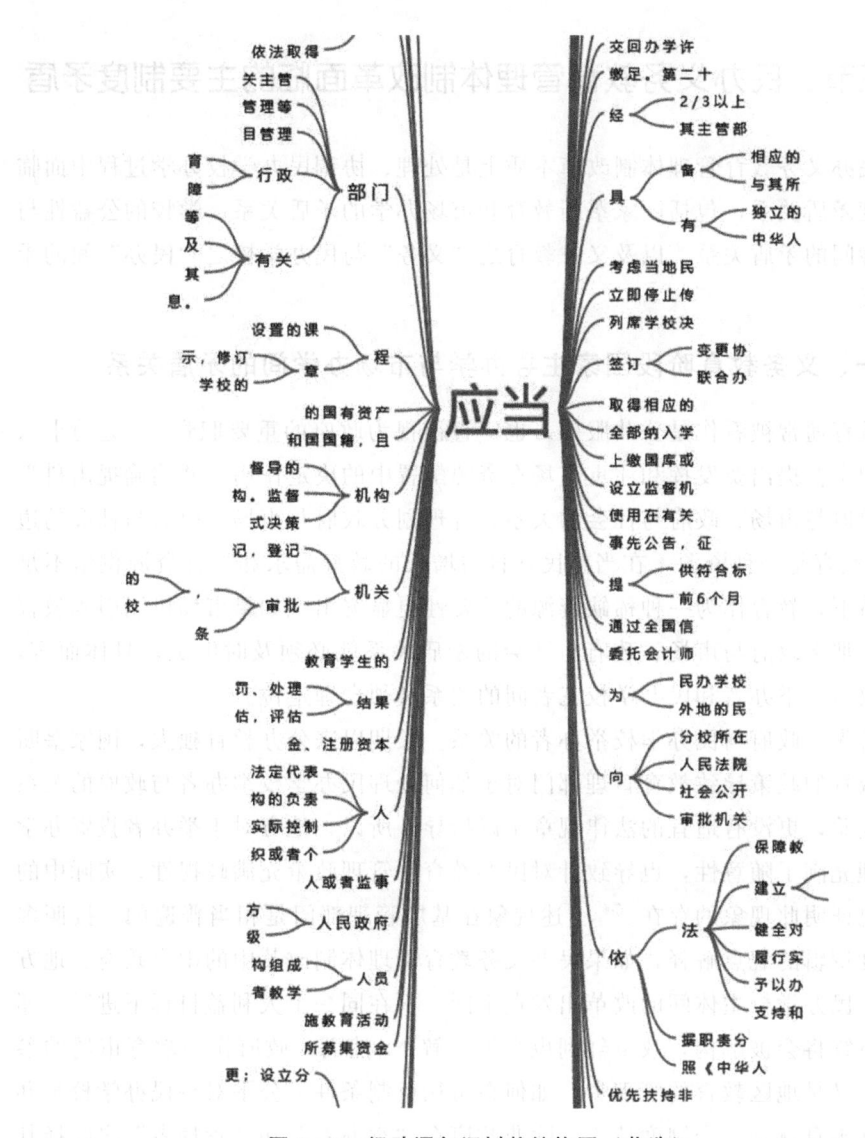

| 第二章 | 政策分析：民办义务教育管理体制改革的政策梳理

图 2-7 行动语句词树状结构图（节选）

政策话语分析结果表明，《实施条例》中各项规定具有较高的可操作性，其行动语句也具有较高的强制性，但由于全文的"结果语句"占比偏低，反映《实施条例》的约束性不足，最终导致《实施条例》成为"空头文件"。实地调研也发现基层管理者普遍存在的"能不做的就不做，不确定做还是不做的，先不做"的心态就是有力证明。W地区各区县的实施效果不佳，也与上述特点紧密相关。

第三节 民办义务教育管理体制改革面临的主要制度矛盾

民办义务教育管理体制改革本质上是处理、协调民办学校办学过程中面临的制度矛盾关系，包括国家垄断教育和市场办学的矛盾关系、学校的公益性与营利性间的矛盾关系，以及义务教育之"义务"与民办学校之"民办"间的矛盾关系。

一、义务教育阶段国家主导办学与市场办学间的矛盾关系

教育通常被看作是公共服务，也一直被视为政府的重要职责。[①] 党的十八届三中全会提出要发挥和注重市场在资源配置中的决定作用，并明确提出科学处理政府与市场、政府与社会的关系，合理划分政府与市场、政府与社会的边界。[②] 教育是一种资源，在当前民众日益增长的教育需求和教育资源供给不足的矛盾下，教育作为一种稀缺资源的重要性更显突出。如果市场机制引入教育领域，那么政府与市场、政府与社会的矛盾关系就必须及时解决，具体而言，就是政府、举办者和民办学校三者间的关系必须合理定位。

首先，政府与民办学校举办者的关系。长期以来公办教育独大，国家垄断义务教育的政策导致教育管理部门对于如何处理民办学校举办者与政府的关系没有经验，更没有适宜的法律规章予以指导。所以，地方对于举办者投资办学的管理充满了随意性，也导致针对民办教育的管理政策充满歧视性，实际中的案例也证明此现象的存在。[③] 上述现象在基层管理部门是相当普遍的。按照多重制度逻辑的观点解释，如果民办义务教育管理体制改革中的中央政府、地方政府、民办学校主体间的改革出发点不同，不在同一个大利益目标下进行，那么改革终将会被解构，政策红利也会被消解。[④] 然而，政府作为教育市场的参与者，又是地区教育的管理者，如何在市场机制条件下公平对待民办学校举办者，这本身就是一个制度悖论，除非政府在"举办者"和"管理者"之间择其一，可是在当前我国教育制度大环境下，这显然难以实现。

其次，政府与民办义务教育学校的关系。如果从管理者的角度来看，政府与民办义务教育学校间是"管理"与"被管理"的关系；如果从服务型政府的

---

① 曲正伟. 我国义务教育中的政府责任研究 [D]. 长春：东北师范大学，2003：43.
② 胡家勇. 社会主义市场经济理论的新贡献 [J]. 中国发展观察，2013（11）：05.
③ 吴开华，安杨. 民办学校法律地位 [M]. 南京：江苏教育出版社，2011：31－35.
④ 刘国艳. 教育改革的多重制度逻辑分析 [J]. 教育研究与实验，2014（4）：22－25.

角度来看，政府应当是为民办学校发展提供管理服务的机构。然而，如果对比"公办学校"和"民办学校"间的地位差异，就会发现二者虽都为政府权力内的管理对象，都处于"义务教育阶段"国家保障学段内的教育。但前者是"责任内"，后者是"责任外"，具有明显差异。尽管根据党的十八届三中全会精神，政府在市场经济中定位为"服务型政府"，但在民办义务教育学校的管理中，"服务"角色还很欠缺。正如上文阐述的那样，尽管《民促法》《义务教育法》等都赋予民办学校享有与公办学校同等的法律地位，但民办学校在实践中没有获得应有的法律地位。同时，当前我国缺乏政府与民办学校管理权责的明确规定，导致干预过多和不履行管理责任的现象并存。[①] 如何在改革中落实民办学校政策，改变基层管理部门对民办学校错误的认识和管理定位，需要在管理体制上不断创新和突破。

最后，举办者与民办义务教育学校的关系。民办义务教育学校是指利用非国家财政性经费，面向社会依法举办的义务教育阶段民办学历教育（学校）。那么，学校的归属问题该怎么解决？按照当前我国教育管理政策，域内所有学校都必须接受当地政府的管理，民办义务教育学校也不例外。那么，民办义务教育学校"产权"和"治权"的问题就不得不解决。当前基本做法是"产权"属于民办学校法人，而非学校举办者，但举办者享有参与学校内部管理的权利，并通过学校董事会或监事会实现。W地区的改革就是如此，要求"产权"和"治权"分离，以保证学校办学的自主权。然而，由于我国民办学校"投资办学"占主体的现实情况，所调查的民办义务教育学校名义上或组织上虽建立学校董事会，实行董事会领导下的校长治校，但是校内权利的实际分配往往是举办者大权独揽，举办者既是董事长，也是校长的现象普遍存在。董事长实际上就是民办学校发展的"决策人"，民办学校法人权利几乎不可能真正实现。

二、民办义务教育学校公益性与营利性间的矛盾关系

民办学校公益性与营利性间的矛盾关系不仅在义务教育阶段的民办学校存在，所有民办学校都存在这一矛盾关系，且此矛盾关系一直是困扰地方管理部门、举办者发展民办学校的重要制度障碍。本研究认为，此矛盾关系的解决不在于建立何种制度，而是改变或提高全社会对于民办学校的认知观念。

公益性是教育最具普遍性的内涵[②]，当然也是民办义务教育的应有之义。

---

① 孙晓恒. 政府与民办学校关系的反思与重构[D]. 北京：中国政法大学，2006.1.
② 马立武. 民办学校公益性问题的思考[N]. 光明日报，2006-06-14(8).

这是教育作为公共产品或者准公共产品内在属性的体现。我国《教育法》第二十五条明确规定"任何组织和个人不得以营利为目的举办学校及其他教育机构",以及《民促法》(2018年)第三条也规定"民办教育事业属于公益性事业"。上述规定也是基层管理部门用以质疑民办义务教育学校存在的重要理据。然而,我国目前对于"非营利"的界定还没有一个正式法律文件,但我国非营利组织管理部门和《民间非营利组织会计制度》(2004年)中对于什么是"非营利"有一个基本的界定,所谓"非营利":第一,不以营利作为组织的目的和宗旨;第二,组织的举办者对于投入不要求取得经济回报;第三,组织的举办者对组织不享有所有权。[①] 然而,民办义务教育学校作为非营利组织自身能否"营利"呢?答案是肯定的。此处需要阐明的一个关键问题是"不以营利为目的"和"营利"是两个不同的概念。前者是办学目的,后者是经营结果。学校作为非营利性组织,不能以营利为目的进行办学活动,这是国际上通行的观点。而任何组织的运营都需要一定的经费支持,民办义务教育学校基本不受国家财政的资助,是自筹经费、自负盈亏的非营利组织。通过收取学费、杂费等筹措经费,在正常管理运营条件下形成"营利",即办学经费有结余是可以的。正如厉以宁所言"经营的结果不等于经营的目标"[②]。

此外,评判民办义务教育学校是否"不以营利为目的"的另一条件就是"结余是否在举办者间分配"。民办学校经过自身经营管理,客观上有"营利",但是其所获得盈余并没有在举办者间或个人、组织间进行分配,那么就不存在"营利行为"。总而言之,判断民办学校是否有营利性行为,有三个条件:一是民办学校是否以"营利为目的";二是办学结余用于个人分配,而非用于学校的再发展;三是学校财政不得以任何形式转变为私人财产。上述三者缺一不可。[③]

《民促法》(2018年)第十九条规定"不得设立实施义务教育的营利性民办学校",即义务教育阶段可有民办学校,但不可有营利性民办学校。民办义务教育学校公益性和营利性并非必然的矛盾关系,关键是当前对于民办学校营利性问题缺乏正确的认识。另外,由于我国没有正式的法律法规对民办学校作为"非营利组织"进行解释和界定,也是当前基层管理部门对民办学校营利性行为存在错误认识的制度原因。

---

① 时正新. 中国社会福利与社会进步报告 [M]. 北京:社会科学文献出版社,2000:93.
② 刘孙渊. 民办教育政策的价值取向问题——民办教育的公益性和营利性之变辩 [J]. 宜春学院学报,2002(5):18.
③ 金锦萍. 非营利法人治理结构研究 [M]. 北京:北京大学出版社,2005:20.

三、义务教育阶段学校之"义务"与民办学校之"民办"间的矛盾关系

民办义务教育学校相对民办学校而言,具有一定的特殊性,主要在于其是"义务教育阶段"的学校。所谓"义务教育"是指国家依照法律的规定对适龄儿童和青少年实施的一定年限的强迫教育的制度。强制性、公益性和统一性是其三个基本特性。那么,民办义务教育的存在是否动摇或违背了"义务教育政府办"的基本法律规定呢?如果不是,民办义务教育学校又是如何体现义务教育的特点?上述两个问题是民办义务教育学校得以存在和健康发展需要解决的问题。

民办义务教育是不是义务教育?有学者质疑义务教育阶段的民办学校不能归属于义务教育,因为其不符合义务教育的公平性要求。[①] 首先,这一论断存在一个前提认识错误,就是义务教育本身只是学段划分,不是办学性质的划分。如果从办学性质上划分,教育只有民办教育和公办教育之分,理论上这两种办学形式可以存在于任何一个学段,包括义务教育。纵观欧美发达国家教育体系,义务教育阶段同样存在民办学校,民办义务教育同样属于义务教育,这在国际上也是普遍认同的观点。[②] 其次,我国《义务教育法》(2006年)在论述九年义务教育时,强调的是国家实施、国家经费保障,但没有明确规定是由"公办学校实行"。当前许多基层教育管理部门片面地认为义务教育就是公办义务教育,国家义务教育经费只保障公办学校,[③] 这种认识是断章取义式的自我解读。最后,在我国《义务教育法》(2006年)的法律框架下,义务教育阶段的适龄儿童、少年,无论在公办学校还是在民办学校享受的都是义务教育。按照此逻辑,地区政府对于就读民办义务教育学校的学生负有保障其公平享受义务教育的责任。[④] 总而言之,民办义务教育属于义务教育具有相关的法律依据。

民办义务教育如何体现义务教育的特性?"义务"和"民办"如何兼顾?学者质疑民办义务教育学校更多的是认为,民办义务教育学校无法体现义务教育的"义务"特性。民办学校要收取学杂费,违背了义务教育的"免费性"要

[①] 杨天化. 民办义务教育的功能性研究 [D]. 北京:财政部财政科学研究所,2011.3.
[②] 蔡金花. 美国州政府对义务教育阶段私立学校的资助:原则、内容及特点 [J]. 外国教育研究,2007(4):48-52.
[③] 吴华. 义务教育阶段民办学校学生应享受财政资助 [J]. 教育发展研究,2007(Z2):139.
[④] 吴华. 义务教育阶段民办学校学生应享受财政资助 [J]. 教育发展研究,2007(Z2):139.

求。在此，同样需要阐述清楚的一个问题是，义务教育保障的到底是"学校"还是"学生"。毫无疑问，《义务教育法》的宗旨是保障所有适龄儿童享有接受义务教育的权利和履行受教育的义务。义务教育之"义务"针对的是"学生主体"，而非"学校主体"。因此，研究认为只要学生处于义务教育阶段，就具有"义务性"那么其就应该享受国家无偿提供的义务教育保障，而不论其是在公办学校，还是民办学校，否则有违法律精神。[①] 此外，民办义务教育为我国义务教育的普及做出了较大贡献。根据教育部统计数据计算，2020年民办义务教育学校在校生共计1 684.99万人，占全国义务教育在校生数的10.77%，其中民办小学966.04万人，民办初中718.95万人。如果没有民办义务教育学校的存在，我国九年义务教育普及率要降低近10个百分点。

---

① 吴华.义务教育阶段民办学校学生应享受财政资助[J].教育发展研究，2007（Z2）：139.

第三章 改革框架：民办义务教育管理体制改革要素与内容

本章将对民办义务教育管理体制的构成要素及其相互关系，以及各要素在实践中的改革进行分析。由于当前我国民办义务教育管理体制全方位的改革还只在部分省份开展了试点工作，且各地区承担的试点任务各有不同，目前还没有在全国范围内普及改革，故为保证研究内容的完整性和可比性，本章中所探讨的管理体制要素及其改革内容均以 W 地区综合改革实践为例。此外，因改革的持续性，已有改革具体措施也可能因新的政策出台而被视为"不合适"，但从改革过程的角度予以审视，其依旧具备"前车之鉴"的价值，也是改革过程本身的体现。故本章部分内容会介绍 W 地区改革过程中的一些具体做法。

第一节 民办义务教育管理体制的构成要素及其相互关系

明确管理体制的构成要素是本研究的基本起点，而从实践改革分析各要素的相互关系和作用模式则是本研究的重要内容。

一、民办义务教育管理体制的构成要素

民办义务教育管理体制具体包括哪些内容，取决于对"管理体制"内涵的界定。"管理体制"作为一个复合型概念，既包含系统的组织构成，也包含其运行机制。研究发现"管理体制"的构成要素有哪些，根据不同的划分标准，其内容各有不同。本研究依据管理的对象或客体属性不同，将管理体制的构成要素划分为四项：学校产权与法人体制、内部治理体制、利益分配体制和监管体制。

（一）学校产权与法人体制

学校产权与法人体制具体是指民办义务教育学校产权归属和法人注册登记制度。如前文所述，产权是指一系列权利的总和，包括财产的归属、产权收益和产权支配等。而法人体制则是指民办学校作为社会组织所具有的法人规定性及其管理规定，如法人类型、法人登记单位等。

（二）学校内部治理体制

"治理"一词最早由美国的詹姆斯·N. 罗西瑙（James. N. Rosenau）在其《没有政府的治理》和《21世纪的治理》著作中提出，其将"治理"定义为"一系列活动领域的管理机制"。[1] 而1995年全球治理委员会发布的《我们的全球伙伴关系》报告中则认为治理的本质是各种公共的或私人的个人和机构管理其共同事务诸多方式的总和。[2] 库伊曼（Kooiman）和范·弗利埃特（Van Vliet）指出："治理的概念是，它所要创造的结构或秩序不能由外部强加；它之所以发挥作用，主要是依靠多种进行统治的以及互相发生影响的行为者的互动。"[3] 由此可见，治理概念包括两层内涵：一是治理的组织结构，二是治理组织的权力分配。

基于对概念的分析，本研究将民办学校内部治理界定为在管办分离的条件下，民办学校建立管理组织结构，并依法行使办学自主权和维护学校利益的一系列制度总和。全文将着重探讨民办学校内部管理权的组织与分配，以及自主办学权利的保障。

（三）学校利益分配体制

"利益分配体制"是指各主体对于民办义务教育学校发展所产生的收益进行分配的方式、比例、途径等制度安排的总称。当前，我国民办学校属于"投资办学"的占绝大多数，是现阶段民办教育发展的基本国情。在相应的社会文化、激励制度等发展不成熟的背景下，"获利"是各社会相关主体积极参与民办义务教育管理体制改革的重要动机之一。对于举办者而言，通过投资学校获得经济利益回报促使其愿意参与改革。对于政府而言，推行管理体制改革并提供财政资助和各项优惠政策，其本质也是利益驱使，当然政府寻求的不是直接的经济回报，而是地区教育的社会效益。因此，本研究中所界定的"利益"不单单指经济利益，也包括社会效益。具体可分为民办义务教育学校提供的教育产品和服务、地区社会形象、学校经营产生的利润收益等[4]。

根据上文的概念界定，本研究将着重对民办义务教育学校举办者、个人或组织、学校法人等参与学校利益分配的合理性、合法性进行分析，并依据W地区改革政策分析三者参与利益分配的途径和方式。

（四）学校监管体制

本研究所涉及的学校监管体制是指监督机构对学校一系列办学行为的监督和

---

[1] 詹姆斯·N. 罗西瑙. 没有政府的治理 [M]. 张胜军, 译. 南昌：江西人民出版社, 2001：55.
[2] 全球治理委员会. 我们的全球伙伴关系 [M]. 牛津：牛津大学出版社, 1995：23.
[3] 沈琪芳, 沈健. 论作为市民社会的诗歌民刊 [J]. 中共浙江省委党校学报, 2007 (7)：15.
[4] 方青. 供应链企业合作利益分配机制研究 [D]. 武汉：武汉理工大学, 2004：18.

管理，是独立的体制结构，包括民办学校内部监督和外部监督。前者主要是指民办学校自设监督机构对学校治理的监督管理；后者主要是指政府部门对民办学校办学活动进行的行政监管，包括法人登记管理、各项办学业务管理、财务管理等。

二、民办义务教育管理体制构成要素间的相互关系

民办义务教育管理体制改革是一项系统工程。管理体制内在的四项构成要素不是相互孤立的，而是紧密联系、相互影响的。其中，产权和法人体制是整个管理体制改革的关键，只有构建合理的产权与法人制度，才能构建有效的学校内部法人治理结构，做到真正的管办分离。如此，民办义务教育学校才能既保障投资者的利益，又兼顾学校的公益性。在理顺上述体制关系的前提下，监督管理方才能够有效实施。

图3-1显示的是管理体制构成要素之间的相互关系。首先，"产权和法人"体制是构建民办义务教育学校"内部治理"体制的前提条件，如内部治理的权利组织与分配依据产权结构和学校的法人属性。企业法人学校和事业单位法人学校其内部治理结构有所差异。其次，"产权和法人"体制也是构建民办义务教育学校"利益分配"体制的前提条件。民办学校的利益相关者，以及获得利益的多少均依据学校产权和法人属性的认定，如登记为企业法人的民办学校其收益则归学校举办者所有，政府等其他主体没有参与收益分配的权利。再次，"内部治理"和"利益分配"体制间是互为条件关系的。内部治理体制规定了参与利益分配的主体范畴，也影响到民办学校本身的"营利能力"。反之，利益分配体制会影响学校内部治理体制的变化，尤其是学校管理权的结构。最后，"监管体制"贯穿整个管理系统，对其他三个构成要素起到"规范"与"纠偏"作用，以保障民办义务教育管理体制改革能够有效实施。

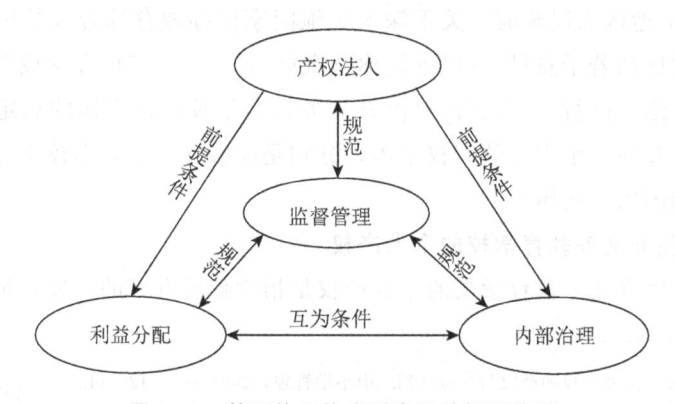

图3-1 管理体制构成要素间的相互关系

第二节 民办义务教育学校产权与法人体制改革内容

由于我国民办教育一直被视为公办教育的补充形式，改革开放以来，为缓解教育资源不足的状况，国家鼓励社会力量参与办学。在此背景下，我国民办义务教育学校举办者不仅有个人，还有国企、私企和社会团体等。因此，我国"民办教育"不能等同于"私立教育"概念，也与国外的"私立教育"概念有所不同。同时，我国有相当部分的民办义务教育学校是由原来的公办学校或者集体学校转制或者承包发展而来，其产权和法人关系难以理顺。正是由于我国民办义务教育自身的特殊性和复杂性，所以目前如何厘清我国民办义务教育学校在产权和法人上的问题一直是民办教育改革的顽疾。

从法律层面而言，"产权"是指经济所有制关系的法律表现形式，包括财产的所有权、占有权、支配权、使用权、收益权和处置权。其可分为广义和狭义两种。狭义的产权仅指所有权。民办学校的产权如何确定，是归国家所有，还是归举办者个人所有，这是划分营利性与非营利性民办学校的关键依据，也对学校实际的收益权、控制权、管理权有重要影响。[1][2]

W地区民办义务教育管理体制改革的经验表明，产权问题是民办义务教育管理体制的源头性障碍，学校产权归属的争议，是导致民办义务教育相关制度难以配套的重要原因。管理体制改革的首要任务即改革民办学校产权体制。W地区对上述问题进行了较为全面的探索，也制定了一系列的改革措施。下文将详细阐述W地区民办义务教育学校产权体制改革的内容。

一、民办义务教育学校产权主体

根据W地区人民政府《关于深入实施国家民办教育综合改革试点加快教育改革与发展的若干意见》（以下简称《意见》）和《关于民办学校分类登记管理的实施办法（试行）》等文件对民办义务教育学校产权主体的规定，民办义务教育学校存在三个主要的产权主体，分别是民办义务教育学校举办者、民办学校法人和国家（集体）。

（一）民办义务教育学校的个人产权

第一，民办义务教育学校的个人产权是指学校举办者的产权，举办者是否

---

[1] 王文源. 民办学校的产权与权益 [J]. 中小学管理，2001 (6)：12—14.
[2] 文东茅. 论民办学校的产权与控制权 [J]. 清华大学教育研究，2003 (2)：29—34.

对学校具有所有权？《民促法》（2002）第十二条和《民促法》（2018）第十三条均规定筹设民办学校过程中即要求"资产来源、资金数额及有效证明文件，并载明产权"，属于举办者个人的亦要写明；但在2021年版《实施条例》第十条规定"民办学校存续期间，举办者不得抽逃出资，不得挪用办学经费"。从规定内容来看，举办者只是名义上享有学校作为举办者投入的各类财产所有权，其原始投资只有在学校破产清算后才能最终所有。相比《民促法》的规定，W地区出台《关于明确非营利性民办学校法人财产权的实施办法（试行）》对此的规定更为详细、明确。其第五条规定：举办者对民办学校投入的资金、实物、土地使用权、知识产权及其他财产必须通过法定验资机构验资并出具证明。其中，实物、土地使用权、知识产权及其他财产，必须通过有资质的资产评估机构按照国家有关规定进行资产评估并出具证明；举办者按一定比例从办学结余中取得的合理回报，如再投入民办学校，必须通过法定验资机构验资并出具证明。"也就是说，无论是举办者原始投入资产，还是办学期间投入的财产都必须经过相关机构的资产评估和证明，才能认定为具有所有权。由此可知，举办者对学校所有财产不具有实际的产权，仅对原始投入和追加投资部分享有产权，且在学校存续期间其产权不能兑现。

第二，举办者是否享有产权的收益权。产权概念不仅包含所有权，还包括所有者对所占有财产的收益权。那么，民办学校举办者在学校存续期间能否获得收益。分析此问题必须基于当前我国民办义务教育的营利性规定和现实国情。统计数据显示，W地区民办义务教育学校基本属于投资办学，即投资获利是大多数举办者办学的根本动机。然而，教育在我国一直被视为公益性事业，"非营利性"是其最为突出的特点，尤其是义务教育阶段。目前，最新版《民促法》（2018）明确规定义务教育阶段不能设立营利性民办学校，尽管与当下社会投资办学实际情况有冲突，但这属于法律的强制性规定。正是因为考虑到举办者以个人自有财产投资举办学校，完全没有收益回报是不现实的，所以在《民促法》（2002）中专门设置"合理回报"制度，规定营利性民办学校"不要求合理回报的出资者不享有投资的收益权，要求取得合理回报的出资者，可以在每个会计年度结束时，从民办学校的办学结余中按一定比例取得回报。"W地区早期制定的改革政策基本沿用了2002年《民促法》和2004年《实施条例》的相关规定。不同的是，W地区在民办义务教育学校进行法人登记时，实行二分类登记（较早开始试点），允许民办学校依据自身情况自主选择登记为营利性学校或非营利性学校。按照规定，若民办义务教育学校举办者选择登记为营利性学校，则其性质就是企业性质，其办学活动均按照一般企业管理，具有产权的收益权。而若选择登记为非营利性学校的民办学校，其性质就等同于民办事业单位，相关办学活动则参照公办学校制度管理，举办者不具有产权，只享有管理权。同时，还要区分"不要求获得合理回报"和"要求获得合理回报"。相应的收益权就按此区分对待。

对于"不要求获得合理回报"的民办义务教育学校，本质上就是将此类学校定性为捐资办学。此类学校举办者不能从学校投资中获得任何收益，其收益权实质是被"虚化"的。

对于"要求获得合理回报"的民办义务教育学校，本质上也是将其定性为捐资办学，并无收益权，而是通过"奖励"的方式给予举办者以收益补偿。按照 W 地区《意见》中的规定：登记为民办事业单位法人的民办学校，在扣除办学成本、预留学校发展基金及提取其他有关费用后，在办学有结余的前提下，经学校决策机构研究决定，并报教育行政部门批准，可从办学结余中提取一定比例的经费，用于奖励出资人。年奖励金额不超过出资人累积出资额为基数的银行一年期贷款基准利率的 2 倍。尽管赋予了举办者可以每年从学校的办学结余中按照标准提取一定的比例作为回报，但是这种回报是缺乏制度保障的，且投资与收益之间是不对等的。事实上还是没有承认民办学校举办者具有收益权。同时，与"不要求获得合理回报"的民办学校相比，此类学校不能享受税收优惠政策，而是按照国务院财政部门、税务主管部门等有关行政部门制定的优惠政策执行，其优惠远不及前者的扶持力度。

总而言之，民办义务教育学校目前只能选择"非营利性学校"进行登记，新修订的《民促法》和《实施条例》都规定义务教育民办学校举办者不能通过学校经营获取投资收益。

第三，民办义务教育学校举办者对学校财产是否具有支配权。根据 W 地区《关于明确非营利性民办学校法人财产权的实施办法（试行）》第八条规定：民办学校在办学满五年，举办者保证投资者不撤回投资，不影响法人财产稳定的前提下，经学校决策机构同意并报经教育主管部门备案后，对民办学校投入资产的产权可以按规定转让或赠予；转让或赠予时应由中介机构进行财产清查、审计，并经教育主管部门批准。未经批准的，不得转让或赠予。由此可见，民办学校举办者拥有"有条件的财产支配权"，即举办者不能擅自支配拥有产权的校产，必须向上级主管部门申请报批。民办义务教育学校举办者作为学校的产权主体之一，仅享有部分财产名义上的所有权，不具有财产的支配权和收益权。

（二）民办义务教育学校的法人产权[①]

何为"法人"，根据《中华人民共和国民法通则》（以下简称《民法通则》）第三十六条的界定："法人是具有民事权利能力和民事行为能力，依法独立享有民事权利和承担民事义务的组织。"因此，民办学校法人并非自然人，而是拟人化的社会组织。

民办义务教育学校法人享有怎样的产权？《民促法》第九条对此有详细阐述，即对于具备法人条件并申请法人资格的民办学校对学校资产享有独立的法人财产权，包括法人财产所有权。W地区《关于明确非营利性民办学校法人财产权的实施办法（试行）》同样秉承了《民促法》的基本精神，对于民办义务教育学校法人产权做了如下规定：

> 第三条 民办学校的法人财产权是指法律赋予民办学校对其资产享有的占有、使用、收益以及有条件处置的权利。民办学校的法人财产权，依法受到国家有关法律法规保护，任何组织和个人不得截留、挪用或侵占学校资产。
>
> 第四条 民办学校法人财产主要来源于举办者的投入、国家的直接或间接支持、社会捐赠以及办学积累等。

从上述规定可知，民办学校法人在存续期间对学校财产拥有绝对产权，包括其内含的一系列权益。学校法人产权的财产来源包括民办学校举办者投入部分，也包括存续期间集体或者国家、社会捐赠等产生的学校资产，以及学校资产的增值部分。除去按规定赋予民办学校举办者的合理回报部分外，学校举办者对学校财产事实上不具有所有权，只享有名义上的财产所有权，实际产权归属民办学校法人。

总而言之，W地区民办学校法人产权的规定从理论上有效限制了举办者通过民办学校谋取个人利益的行为，但也打击了举办者投资办学的积极性，尤其是后续资金的投入。本质上，学校法人产权的改革是对民办义务教育学校举办者投资收益权利的剥夺和对民办学校权利的保护，但政策制定的出发点是潜在地将民办教育作为公益事业，强制所有人都为公益事业发展服务。[②] 这是否

[①] 由于章节安排需要，关于民办义务教育学校法人体制改革的相关内容在"第三章第二节民办义务教育学校法人体制改革"部分有详细分析，此处主要阐述法人产权问题。

[②] 张娜. 基础教育产权制度研究[D]. 上海：华东师范大学，2007：134.

有利于民办学校的长期发展，还有待实践证明。

（三）民办义务教育学校的国家产权

W地区为促进民办义务教育的发展，不仅建立了完善的公共财政资助体系，给予民办学校一定的财政投入，而且在土地、税收等方面都给予了优惠。对于部分民办学校而言，政府的财政资助和税收优惠已经成为民办义务教育学校办学经费的重要来源。对于这一部分由非学校举办者投入的资产，W地区改革政策规定此部分学校资产既非个人产权，也非学校法人产权，而是属于国家产权，即"除国家投资和因国家优惠政策而形成的资产归国家所有外，在民办学校终止时，按顺序清偿后的剩余资产归国家所有"。

根据W地区的政策规定，以下民办义务教育学校资产均属于国家产权：

（1）各级政府公共财政的货币资金投入；

（2）国家用实物对民办义务教育学校的投入；

（3）国家将土地使用权无偿划拨到民办义务教育学校；

（4）国家对民办义务教育学校给予的优惠减免税费；

（5）国家投入的无形资产，如公办学校的冠名。

纵观W地区的产权改革各项政策，对民办义务教育学校产权的界定是比较明确的，产权的实现区分了两种情况：一是民办义务教育学校存续期间，学校举办者和国家（集体）都只对各自产权部分具有名义上的所有权，不具有实际中可操作的权益，如撤资、获得收益等；二是民办义务教育学校终止时，举办者具有产权的资产要归还个人，在核查并清算学校债务后的剩余资产则均属于国家资产。

二、民办义务教育学校产权改革模式

产权体制改革本质上是要处理好举办者"所有权"和民办学校"管理权"的关系，做到有效保障举办者的合法权益，发挥产权的激励作用，又能保障民办学校教职工和受教育者的正当权益，这需要地区教育管理部门在实践中不断改革创新。由于各地区教育生态环境迥异，且民办学校改革所面临的具体情况也是千差万别，因此其改革模式也多有不同。

通过在W地区的实地考察发现，W地区在民办义务教育学校产权改革上进行了颇有成效的探索。下文将以两个典型案例分析W地区的产权改革经验。一是"所有权"与"管理权"相分离的产权改革模式，二是以"所有权"换"管理权"的产权改革模式。尽管两则实践案例在W地区民办教育改革中也只是创新试点，并没有普及，但研究认为，个案的特殊性对于整体改革的创新具有重要的借鉴价值。

（一）"所有权"与"管理权"相分离的产权改革模式

本书所探讨的"所有权"与"管理权"相分离的模式是指民办义务教育学校对学校产地、设备等不具有产权，其所有权属于当地政府或者其他合法组织（公司），民办学校通过租赁场地或设备等形式获得使用权，而对学校产地、设备等具有所有权的产权主体不参与学校办学管理的一种运行模式。

【案例1】

W地区教育管理部门为响应市政府提出的"办品牌民校，鼓励品牌民校走出去和引进来，积极扩大优质学校资源辐射作用"的改革精神，于2013年引进国内著名的民校教育集团在W地区JY县开办九年一贯制学校（X）。

W地区为引进X学校入驻办学，先后征地约17万平方米用于建设学校，建筑面积100 000平方米，学校场地、硬件设施累计花费近4.5亿元。X学校的上述所有基础建设费用均由W地区公共财政支出，其所有权（产权）归W地区教育局。然后，以"租赁"的形式交由X学校使用，每年象征性地收取租金40万元。同时，W地区教育局等其他教育管理部门不参与X学校的实际管理，X学校实行完全的自主经营。

（案例说明：本案例根据研究者实地调研访谈材料整理而来，出于保密原因，文中相关信息，如地区、校名等均为化名）

上述案例中，X学校对学校资产没有所有权，但有管理权。此种民办学校办学模式曾在W地区乃至全国都引起较大的争议。其争议的焦点在于：一是"X学校能否称之为民办学校"，因为按照法律界定，民办学校是利用非国有资产举办的教育机构，而X学校原始投入资金都是W地区的国有资产，X学校只提供冠名，与民办学校定位不符；二是如果作为鼓励或优惠政策，W地区此类做法是否有违民办教育的公平竞争，对于其他民办义务教育学校是不公平的。

针对上述质疑，W地区教育管理部门做出如下解释：第一，X学校的所有校舍、硬件资源等固定资产均属于国有资产，并非X学校所有，二者之间仅是租赁关系；第二，X学校作为我国著名教育品牌，教育管理部门为引进X学校入驻W地区所提供的各项优惠政策符合W地区民办教育改革的各项规定；第三，中央鼓励创新民办教育办学体制机制，积极探索多元的、多样化的办学模式，X学校无疑是一种新的民办学校办学模式。

本研究认为：①X学校的产权模式无疑是对现有教育产权改革的一种创新；②X学校真正实现了"管、办、评"分离的办学模式，对于推进政事分开、管办分离改革具有积极意义；③对于X学校产权改革及其办学模式，地区教育管理部门需要做好的就是坚持"依法办学，民主监督"。

(二)"所有权"换"管理权"的产权改革模式

本案例所讨论的"所有权"换"管理权"的产权改革模式,主要是针对部分存在历史遗留问题的民办学校而言。此类学校在创办初始与政府存在一定的财产交集(主要是指土地),但学校原始资金和后续发展资金均由举办者投入,但由于历史原因,学校部分产权归属问题存在较大争议。

【案例 2】

Y 学校是一所具有十几年历史的民办普通小学,由县中学 3 名退休教师共同出资举办。学校成立之初通过租赁本县一所停办的镇小学的校舍作为办学场所,由于镇小学停办多年,镇政府出于支持民办教育发展和盘活国有资产的考虑,无偿提供给 Y 学校办学之用,此后学校经过多次修缮和扩建。经过若干年的发展,Y 学校很快在该县具有了一定的知名度,办学规模不断扩大,办学效益也得到了提高。目前,镇政府希望收回当年无偿提供给 Y 学校的土地和校舍,并要求 Y 学校补交一定数额的租赁费用。但是,起初无偿提供给 Y 学校使用的校舍进行过不断的翻修和扩建,已经完全无法区分新旧校舍,其租赁费用也就无法核定。通过多次的协商,双方未能达成一致意见。由于个人情怀等原因,最后 Y 学校的创办者提出可以将学校无偿转让给当地政府,但要求保持民办学校的性质和现有学校办学和管理制度不变,即 Y 学校所有资产的产权归当地政府,整个学校依旧由创办者及其代表管理,整个学校按照自主经营运行。

(案例说明:本案例根据研究者实地调研访谈材料整理而来,出于保密原因,文中相关信息,如地区、校名等均为化名)

实地考察发现,Y 学校所面临的问题在 Y 地区不止一所,其中多数学校都是历史原因导致学校资产根本无法区分国家投入,还是个人投入。但能像 Y 学校这样解决的只是极少数。通常情况下,此类民办学校的问题基本上会被"搁置"。研究分析认为,像 Y 学校创办者无偿将学校捐给国家,以"所有权"换取"管理权"的做法是解决此类学校问题的途径之一,通过"所有权"换取"管理权"的办法对于解决部分民办学校历史遗留问题具有借鉴意义,也是教育产权体制改革的一种探索。

三、民办义务教育学校法人体制改革

按照国外法人分类标准,法人分为公法人和私法人两大类(如图 3-2 所示),而我国当前的法人分类体系并未按照此分类标准进行。[1][2] 根据我国《民

---

[1] 吴开华,安杨. 民办学校法律地位 [M]. 南京:江苏教育出版社,2011:16.
[2] 张铁明,王志泽. 中国民办教育及制度建设 [M]. 广州:广东教育出版社,2010:74.

法通则》(1986) 所规定的法人分类方法，目前我国的法人主体包括企业法人、国家机关法人、事业单位法人和社会团体法人四种类型（如图 3-2 所示）。《民办非企业单位登记管理暂行条例》(1998 年) 出台后提出了"民办非企业单位"的概念，其具体是指"企业事业单位、社会团体和其他社会力量以及公民个人利用非国有资产举办的，从事非营利性社会服务活动的社会组织"。因此，从实际情况来分，我国法人适用的类型有五种，"民办非企业单位法人"是区别于上述四种法人的第五种类型。

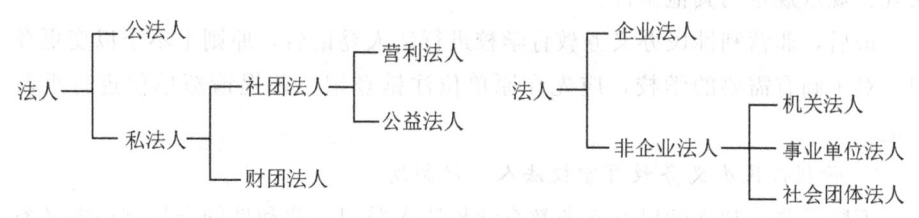

图 3-2 国外法人（左）与中国法人（右）分类体系[①]

那么，民办义务教育学校到底属于哪一类法人。从"民办非企业单位法人"的概念界定来看，所谓民办非企业单位，内含三个条件：一是非国家机关、事业单位举办，二是非国有资产举办，三是非营利性组织。有学者通过分析民办学校概念，认为"民办学校法人是民办非企业单位法人"[②]。民办义务教育学校基本属于"民办非企业单位法人"，但并非所有的民办义务教育学校都是"民办非企业单位法人"，需要区分营利性学校和非营利性学校。因此，民办义务教育学校到底属于哪一类法人，关键在于民办学校是否以营利为目的，在法人分类登记制度下才能更好地定位民办义务教育学校的法人属性。

W 地区民办义务教育学校法人制度改革的创新点正是在于对民办学校进行了区分。按照营利性学校和非营利性学校的标准分类登记。其中，非营利性学校由民政部门登记为民办事业单位法人，营利性学校由工商部门登记为企业法人，一定程度上解决了民办义务教育学校的法人归属之争。

1. 非营利性民办义务教育学校法人登记制度

首先，县级以上人民政府民政部门是非营利性民办义务教育学校的法人登记的管理机关。县级以上人民政府有关部门或县级以上人民政府授权的组织，是有关业务范围内非营利性民办义务教育学校的业务主管单位。

[①] 杨琼.学校法人治理问题研究 [D].上海：华东师范大学，2007：26.
[②] 张铁明，王志泽.中国民办教育及制度建设 [M].广州：广东教育出版社，2010：75.

其次，非营利性民办义务教育学校设立登记，应当具备下列条件[①]：①经业务主管单位审查同意；②由教育行政部门或人力资源和社会保障行政部门颁发办学许可证；③有规范的名称、必要的组织机构；④有与其业务活动相适应的从业人员；⑤有与其业务活动相适应的合法财产，且合法财产中的非国有资产份额不得低于总财产的三分之二。在地市级民政部门申请登记的，开办资金不少于10万元，在县（市、区）民政部门申请登记的，开办资金不少于3万元；⑥有与其业务活动相适应的，且有1年以上合法使用权的场所；⑦法律、法规、规章规定的其他条件。

最后，非营利性民办义务教育学校进行法人登记后，原则上不予以变更登记。对于确有需要的学校，应先在原单位注销登记，并提请新单位进行重新登记。

2. 营利性民办义务教育学校法人登记制度

不同于非营利性的民办义务教育学校法人登记，营利性的全日制民办义务教育学校由县级以上工商部门按照企业法人进行登记管理，法人登记条件按照企业法人相关要求执行。营利性的民办义务教育学校事实上已被视为企业，而非学校。

对比两类学校法人体制改革，W地区针对营利性的民办义务教育学校法人登记制度改革措施很少，其他相配套的措施也很少。究其原因，一是企业法人登记制度在我国已经相对成熟，二是营利性民办义务教育学校涉及学校"公益性"与"营利性"的立法矛盾，国家层面也无相应可行的制度。

第三节 民办义务教育学校内部治理体制改革内容

本研究所探讨的民办义务教育学校"内部治理"主要是指民办学校成立后，学校如何运营，内部管理如何实现的问题。具体而言，包括学校管理权组织与分配、学校办学活动如何开展等问题。民办义务教育学校不同于公办义务教育学校，地区教育行政部门不能直接采取行政管理。针对民办学校如何进行管理，其内部管理权该如何组织和分配，W地区《意见》和《关于加强民办学校现代制度建设的实施办法（试行）》中均有详细规定，均提出"完善民办学校法人治理结构，加快推进学校内部管理机制改革，赋予民办学校其作为独立法人所拥有的内部运行管理自主权。"简而言之，就是坚持"法人治理、自

---

① 直接引用自W地区《关于民办学校分类登记管理的实施办法（试行）》第二章第一节第七条。

主管理"的原则。

下文根据 W 地区民办义务教育改革文件的规定，将从下述两点展开民办义务教育学校内部治理体制改革的研究：一是民办义务教育学校管理权的组织与分配，包括决策机构等管理组织的构建、举办者与学校运行的管理、董事会或理事会与校长的关系等；二是依法落实和保障民办义务教育学校自主办学，包括民办学校招生管理、收费管理、教师招聘管理等方面的自主办学活动。

一、民办义务教育学校管理权的组织与分配

根据 W 地区《关于加强民办学校现代制度建设的实施办法（试行）》的基本要求，民办义务教育学校内部管理权的组织必须坚持如下几点要求：第一，建立健全管理机构，包括决策机构、执行机构、监督机构；第二，管理机构坚持"三权分立，互相监督"的原则；第三，学校按照章程自主管理。根据 W 地区官方统计资料了解到，目前，W 地区 80％以上的民办中小学都属于"个人或若干自然人举办"，"家族式"或"家长式"管理是此类学校内部组织的突出特点。因此，改革民办学校内部治理结构，重点就是改变现有的"家族式"或"家长式"管理，建立学校决策机构、执行机构和监督机构"三权分立"的现代科学的法人管理组织结构。

（一）学校决策机构的建设

W 地区民办教育改革政策规定，域内所有民办中小学必须建立董事会或理事会，且董事会或理事会是整个学校管理的最高决策机构，杜绝民办义务教育学校举办者"家长式"的管理。由于民办义务教育学校存在非营利性和营利性之分，两类民办学校董事会（理事会）制度改革要求略有不同，但董事会的成立和运行均要遵循以下要求[①]：

（1）董事会（理事会）成员构成：民办义务教育学校董事会（理事会）成员构成上应当包括学校举办者或者其代表、学校校长、学校教职工代表和地区社会人士；董事会（理事会）成员不少于（含）5 人；设董事长（理事长）1 人，其他成员均为理事。

（2）董事会（理事会）成员选择坚持"专业治理"和"亲属回避"的原则，所谓专业治理就是成员中"具有 5 年以上教育教学经验"的应当高于三分之一以上；所谓亲属回避就是成员中学校行政领导直系亲属少于三分之一。

（3）董事会（理事会）每年至少召开 1 次会议，会议内容须记录存档；重

---

① 根据 W 地区人民政府编印《W 地区民办教育改革政策汇编 2013》整理。

大事项应当经三分之二以上成员同意方可通过。

（4）教育行政部门参与董事会（理事会）：原则上地区教育行政部门人员不参与民办学校董事会（理事会）。如果该民办学校有国有资产参股办学，或者每年接受国有资产资助额达200万人民币以上，教育行政部门可指派独立董事（理事）参与管理，但机关工作人员不得担任民办学校董事会（理事会）或者其他形式决策机构的成员。

（5）董事会（理事会）的权责：学校校长由校董事会（理事会）负责聘任，制定学校基本管理制度，审议和决定民办学校的重大事项等。

与改革前相比，W地区民办义务教育学校管理的"决定权"存在如下变化（如表3-1所示）：第一，管理方式上，单一的举办者"集权式"管理转变为多元的"民主式"管理；第二，管理成员构成上，举办者个人或其代表转变为多利益主体共同参与管理；第三，管理规范上，非制度化的管理转变为制度化管理（合法的章程）。

无论是营利性还是非营利性民办义务教育学校，W地区教育行政管理部门均要求按上述条件来组建学校董事会（理事会）。本研究分析认为，W地区此项改革改变以往民办学校管理上举办者"一言堂"的现象。因为"个人举办的学校"如果没有规范化的法人治理结构，就难免陷于举办者个人"集权式"的管理模式，学校教职工利益、受教育者的合理权益、提高学校教育质量就会缺乏制度保障。

通过对区县民办教育行政管理人员的深度访谈也了解到，要求建立董事会（理事会）另一个重要的目的就是通过多主体共同参与管理防止举办者将民办学校演变为谋取个人经济利益的工具。从上述董事会的成立和运行要求也可以发现，按照此要求运行的学校，在管理上更为透明、更为民主，能够较好地发挥保障作用。

表3-1 民办义务教育学校决策管理制度改革前后对比

维度	时间	
	改革前	改革后
决策人员	举办者（个人）	董事会（理事会）
管理方式	集权制	分权制
管理规范	非制度化管理	制度化管理
管理透明性	不透明	透明、民主

（二）学校执行机构的建设

根据W地区《关于加强民办学校现代制度建设的实施办法（试行）》的规

定，民办义务教育学校执行机构由校长领导负责，即校长就代表学校执行机构，而校长的人选由举办者推举或者民主选举，但需通过学校董事会（理事会）表决和聘任。根据 W 地区民办教育改革规定，董事会（理事会）负责民办学校重大发展事项，如办学宗旨制定、学校投资建设、学校章程制定等；校长负责民办学校的日常运作，如教学事务、行政管理等。简而言之，董事会（理事会）是民办义务教育学校的决策机构，而以校长为首的行政班子是学校的执行机构。整个民办学校管理的执行机构重点在于"校长负责制"的正常运行。

因此，学校校长选聘、权责安排等会直接影响学校执行机构的运行。W 地区对于民办义务教育学校"校长"及其与董事会（理事会）的关系制定了如下要求：

（1）民办义务教育学校校长的聘任条件[①]：

首先，校长必须具有教师资格和从事教学工作的经历；

其次，校长必须具备满足相应的学历要求和国家规定的任职资格要求；

最后，校长人选任职年龄一般不能超过 65 周岁，但特殊情况下可适当放宽。

从校长的选拔条件来看，W 地区的改革旨在保证民办学校能坚持"专业治校"原则，以此保障民办学校的办学质量。

（2）实行董事会（理事会）领导下的校长负责制，民办义务教育学校校长在董事会的领导下行使以下权利[②]：

第一，执行学校董事会（理事会）或者其他形式决策机构的决定；

第二，实施发展规划，拟订年度工作计划、财务预算和学校规章制度；

第三，聘任和解聘学校工作人员，实施奖惩；

第四，组织教育教学、科学研究活动，保证教育教学质量；

第五，负责学校日常管理工作；

第六，学校理事会、董事会或者其他形式决策机构的其他授权。

（3）民办义务教育学校校长与学校董事会（理事会）的权力关系。校长在行使职权时，不得变更董事会（理事会）的决议和超越授权范围。学校董事（理事）不经董事会（理事会）同意，不得干预校长独立行使教育教学和行政

[①] 直接引用 W 地区《关于加强民办学校现代制度建设的实施办法（试行）》第六条规定。
[②] 直接引用 W 地区《关于加强民办学校现代制度建设的实施办法（试行）》第七条规定。

管理职权。①

综上，W地区民办义务教育学校执行机构改革突出强调校长管理的职业化、专业化，尤其是强调了校长的管理工作只对学校董事会（理事会）负责，而非对学校举办者负责。

二、民办义务教育学校自主办学权的管理体制

民办义务教育学校虽接受地区教育行政部门的领导，但学校具体的办学活动依旧享有一定的自主权，即在依法办学的前提下，民办义务教育学校享有招生自主权、收费自主权和教师招聘自主权等。上述权利是民办学校管理活动的基本内容，保障和落实民办学校自主办学权也是W地区民办义务教育学校内部治理体制改革的重点内容。

（一）招生自主权的管理体制改革

生源是民办义务教育学校生存与发展的根本，保障民办义务教育学校办学自主权的首要内容是切实落实民办学校招生自主权。相较于2004年版的《实施条例》，"民办学校享有与同级同类公办学校同等的招生权，可以自主确定招生的范围、标准和方式""县级以上地方人民政府教育行政部门、劳动和社会保障行政部门应当为外地的民办学校在本地招生提供平等待遇，不得实行地区封锁，不得滥收费用。"2021年的《实施条例》则在保障民办义务教育学校享有与同级同类公办义务教育学校同等招生权的同时，取消了民办义务教育学校"自主确定招生的范围、标准和方式"的权利，实施"公民同招"政策。

《实施条例》（2021）一定程度上削减了民办义务教育学校的招生自主权，但依旧保持了入校自主权：①招生权上，民办学校与公办学校一视同仁；②自主招生的权利范畴，包括自主确定招生录取标准可以自定。

当前，在义务教育阶段，我国实行"就近入学"和"学区招生"的政策，即所有义务教育学段的学生和学校都有其规定的入学和招生对象，公办学校原则上是不能接受非本区域内的学生。而学生原则上也不能跨区入学，如果跨区域就读公办学校，则被视为"择校"。如果民办义务教育学校也按照如此规定进行招生，则民办学校很难生存。这也是民办学校极力争取落实招生自主权的根本原因。W地区上述改革一定程度上保障了民办义务教育学校的招生自主权，但是实践中并没有得到贯彻落实。

在"公民同招"政策全面实施后，民办义务教育学校在招生自主权的改革

---

① 直接引用W地区《关于加强民办学校现代制度建设的实施办法（试行）》第八条规定。

| 第三章 | 改革框架：民办义务教育管理体制改革要素与内容

上需要面对的不是如何争取更加自主的招生权利，而是如何在"没有跨区招生""掐尖招生"等条件下，做好生源选拔的工作，事关学校的可持续发展。

（二）收费自主权的管理体制改革

收费自主权，是指民办义务教育学校依据自身办学条件、办学质量，以及市场可接受能力等因素自主制定学校各类收费标准的权利。民办义务教育学校在落实收费自主权的问题上，既有别于同级公办学校，也不同于其他学段的民办学校。因为，公办学校有国家财政投入，而民办学校没有，学费是民办学校最为重要的经费来源。另外，我国义务教育已经实施免费教育，义务教育阶段的民办学校相比其他阶段民办学校，有其特殊性，所受到的限制更多。W地区在赋予民办学校收费自主权的同时，采取"分类管理，优质优价"的政策对域内民办义务教育学校学费实行定价管理。

"分类管理"，即依据民办学校法人属性采取不同管理政策。其中，登记为企业法人的民办义务教育学校，收费项目及标准由学校自主定价，但需要报主管部门进行备案并向社会公示后方可执行。登记为民办事业单位法人的民办义务教育学校，收费项目及标准实行政府指导价管理，即不能完全自主定价收费。

"优质优价"政策是对登记为民办事业单位法人的民办义务教育学校而言，即根据学校办学质量的高低[①]，制定相应级别的收费标准。民办义务教育学校的具体标准按照"符合义务教育学校标准化建设的学校，如果学费定价不高于当地上年度生均教育事业费3倍的标准，由学校自主确定；经当地教育行政部门批准的优质民办义务教育学校，可按当地上年度生均教育事业费3倍~5倍的标准自主确定，报价格主管部门备案并向社会公示后执行"。

W地区对于民办义务教育学校"收费自主权"的管理并没有完全放开由民办学校自主确定，而是采取了"有限自主"的模式。据W地区教育局工作人员解释，之所以没有赋予学校学费的绝对自主权，主要是出于保护学生利益的考虑，因为W地区民办义务教育学校两极分化明显，部分品牌民校生源爆满，学校往往会"坐地起价"。另外，也是希望通过提高学费收取上限的方式鼓励民办学校提高办学质量争取成为优质学校。

（三）教师招聘自主权的管理体制改革

"教师招聘自主权"是指民办义务教育学校自主确定教师招聘时间、标准

---

① W地区民办义务教育学校实行等级评估制度，其评估根据W地区教育局、W地区人民政府教育督导室《关于开展W地区义务教育学校办学水平评估的通知》精神，从高到低分为市一级、市二级、市三级学校。

和方式,也包括依据学校情况自主确定所聘教师的待遇。不仅是W地区,全国绝大部分地区对民办教师和公办教师均是实行分轨管理。分轨管理的区别就是教师在社会保险、工资待遇、职称评定等方面公民办教师均存在明显的"体制内与体制外"的差异。① W地区提出"以教师为本,加大师资保障"的原则对此进行改革,先后出台《关于进一步加强民办学校教师队伍建设的实施办法(试行)》(2011年)《关于完善民办教育社会保险制度的实施办法(试行)》(2011年)等政策,对民办义务教育学校教师招聘自主权进行改革。

首先,关于民办义务教育学校教师招聘对象、条件、程序。W地区改革政策做了如下规定②:①学校招聘教师可面向全社会自主招聘;②学校新招聘的教师应符合国家规定任职资格要求,如拥有适合的教师资格证书,未取得相应教师资格证和学历的教师,需在三年内考取;③学校要根据本校办学规模并参照公办学校教师编制标准合理确定教师招聘数量,如师资数量必须符合国家制定的生师比标准;④学校招聘的教师,必须先通过资格审查、试教、体检、政审等考核程序,符合要求的,方可上岗执教;⑤学校必须与招聘录用的教师签订符合国家法律法规和政策要求的聘用协议(或合同)。教师聘用合同和所聘用的专任教师资质,要报当地教育行政部门备案。

其次,关于民办义务教育学校招聘教师的工资待遇。为保障民办学校教师合法权益,W地区制定了民办义务教育学校教师"最低工资指导线"。根据规定,民办义务教育学校教师年工资不低于本地区同级别公办教师年岗位绩效工资的70%(见表3-2),为保证该项政策的贯彻落实,W地区将此项政策作为民办义务教育学校获得政府购买教育服务资金的前置条件。如果民办学校希望获得政府购买教育服务补助资金,则必须在本校落实教师"最低工资指导线"才能具备资格。

表3-2 W地区2014年民办义务教育学校教师最低工资标准(元/年)

地区	学段		
	民办小学	民办初中	民办义务教育
CL区(县)	—	—	59 000
HO区(县)	44 000	44 250	—
WL区(县)	58 890	61 427	—
AR区(县)	—	—	54 600

---

① 冉铁星. 公、民办教师的差异及消减对策[J]. 江西教育科研,1998(3):46-51.
② 根据W地区《关于进一步加强民办学校教师队伍建设的实施办法(试行)》(2011年)整理。

续表

地区	学 段		
	民办小学	民办初中	民办义务教育
QL区（县）	—	—	54 600
JY区（县）	—	—	49 722
YP区（县）	—	—	38 500
NC区（县）	—	—	41 000
ST区（县）	—	—	30 000
CW区（县）	—	—	36 800
TD区（县）	—	—	37 200

（数据来源：W地区教育局统计报表，每年标准线会有所变化。）

通过前述内部治理体制改革的分析可以发现，W地区依据现代学校制度对民办学校内部管理的组织结构和权力分配进行了较好的改革。至少在制度设计上是可行的、有效的。但是，对于民办学校自主治校的改革上没有实质的突破，市场机制未能得到有效发挥，传统的以"管"代"办"的思想依旧明显。

第四节　民办义务教育学校利益分配体制改革内容

在我国当前的民办教育法律体系下，分析民办义务教育学校办学利益分配问题需要基于民办学校营利性与非营利性分类的前提下。营利性民办学校是企业法人，其办学行为按照企业类管理规定执行，投资获利是企业的基本属性，其收益自主分配没有问题。而非营利性民办学校作为民办事业单位法人，是公益性法人，其收益面临诸多限制。我国教育公益性原则要求民办义务教育学校同样具有公益性质，这就直接限定我国民办义务教育学校法人必须是公益法人，[1] 不能以营利为目的，但不能因此认定非营利性民办学校就不存在利益分配问题。按照《中华人民共和国教育法释义》的解释"不以营利为目的"是指民办学校法人依法取得的收益利润不能在民办学校法人成员间进行分配。由此可知，当前法律并没有限定民办义务教育学校办学收益不能分配，而是应当在法律规章允许的范围内分配。

因此，本研究所探讨的"利益分配"并非单指学校办学收入或利润，而是指非营利性民办义务教育学校举办者、学校法人、国家等相关主体通过合法经

---

[1] 吴开华，安杨. 民办学校法律地位 [M]. 南京：江苏教育出版社，2011：16.

营，从民办学校的发展中获得各类形式的回报。本节主要探讨两个问题，一是从理论上厘清民办义务教育学校利益分配的合理性与必要性；二是W地区改革实践中民办义务教育学校利益分配的形式与途径。

一、民办义务教育学校利益分配的合理性与必要性

利益分配体制改革是我国民办义务教育体制改革的重点和难点，也是民办教育发展必须解决的体制障碍。《中华人民共和国义务教育法》（2018）第一章第二条规定"义务教育是国家统一实施的所有适龄儿童、少年必须接受的教育，是国家必须予以保障的公益性事业。"《民促法》（2018）第一章第三条也规定"民办教育事业属于公益性事业，是社会主义教育事业的组成部分。"义务教育是公益性事业，民办教育也是公益性事业，毫无疑问，民办义务教育也属于公益性事业。然而，纵观我国现有各类民办教育管理法律法规，对于民办学校利益分配没有统一、明确的规定，甚至还存在一些相互矛盾的制度设计。例如，一方面强调民办义务教育学校公益性，另一方面又允许收费或高收费民办义务教育学校存在，再一方面对于非营利性学校规定不允许自主分配利润。

利益分配体制改革是民办义务教育实际发展的需要，投资办学是我国民办义务教育的基本现实，即使是登记为民办事业单位法人的非营利性学校中，大多数学校也属于投资办学，所以投资办学以获取利益回报也是多数举办者办学的动机。目前，我国已经全面实行民办学校分类登记、分类管理政策，二类学校在优惠政策上的巨大差异一定程度上导致多数举办者被动选择登记为非营利性民办学校，但这并不意味举办者放弃了投资办学获利的动机。相反，此类学校举办者会通过一些隐蔽的途径谋求投资利益。研究者在W地区的实地调研中证实了此类现象的存在。登记为民办事业单位法人的民办义务教育学校虽属于义务教育阶段，属于非营利性学校，但其本质上不同于公办学校，其办学经费需要通过市场资源配置的途径获得，而非国家财政。作为自负盈亏的学校，举办者投入大量资金维持学校的正常发展，有时甚至需要通过借贷的方式获得办学资金。在此背景下，要求民办义务教育学校不能进行利益分配，就相当于只规定民办学校的责任，却不赋予其相应的权利，显然是与实际情况相矛盾的。因此，有必要基于现实情况对民办义务教育学校办学收益体制进行必要改革。

利益分配体制改革有助于提高举办者投资办学的积极性，从而促进民办义务教育继续发挥倒逼公办教育改革，满足民众"择校"的教育需求和促进教育均衡的作用。首先，义务教育作为国家保障教育，公办学校具有绝对的主导地

位，从其学校数所占比例可见。在义务教育阶段，公办学校追求的是统一性。无论是学生的培养目标，还是学校教学内容几乎是整齐划一的，管理和评价实质上大都以升学为基本导向。[①] 由于缺乏竞争，公办学校教育质量越发受到民众的质疑，民办义务教育学校的存在与发展能起到促进公办学校提高危机意识，强化管理体制改革的作用。同时，由于民办学校较为灵活的办学机制，为公办教育改革道路提供经验。其次，我国义务教育学校还存在办学资源不足的问题，尤其是在大中城市，伴随大量农民工入城，现有公办学校已经难以满足就学需求，加之我国户籍制度的限制，随迁子女入学矛盾日益严重，而发展民办义务教育学校是解决随迁子女入学问题的可选择途径。

总而言之，对民办义务教育学校办学利益分配体制进行改革是合理的，也是必要的。当前，民办义务教育学校利益分配之所以成为立法和管理中的难题，究其原因，一是对我国民办义务教育学校投资办学的现实认识不清，过度强调民办学校的公益性，脱离国情；二是管理者、民众对民办义务教育学校观念错误，歧视性的认识依旧存在。

二、民办义务教育学校利益分配的形式与途径

对于民办义务教育学校利益分配不能简单地"一刀切"式改革，而是要正确引导民办学校在现有法律体系下，制定科学合理的利益分配制度。在分类管理的基础上，W地区积极探索各种形式的民办学校利益分配体制，如此前改革实施的民办学校"合理回报制度"，允许民办学校举办者自愿选择是否取得"合理回报"。同时，建立"专项奖补资金"对民办学校举办者、校长等给予现金奖励。这些都是不同形式的利益分配制度。另外，民办义务教育学校产权主体不仅仅包括举办者，还有学校法人、国家或集体等，民办学校的发展必然给上述主体带来各种各样的收益，举办者不仅能得到经济回报，还能获得社会地位、如声望等；学校法人作为人格化的组织，其利益就在于学校得到发展和支持；国家扶持民办义务教育学校，民办义务教育学校能产生诸多的社会效益，就是对国家的回报。下文将结合W地区的改革措施，重点分析W地区是如何在改革中保障民办义务教育学校举办者、学校法人的利益。

需要重申的是，民办义务教育学校产生的利益是多样化的，其利益分配形式也应是多元的。除了直接给予经济回报，成本分担、各类奖补都可视为利益的分配。因为，无论是政府分担民办义务教育学校办学成本，还是提供奖励，

---

① 黄本新．义务教育民办学校存在的合理性研究［D］．长春：东北师范大学，2012：1．

都是因为民办义务教育学校产生了实际利益,那么为参与主体提供形式各样的"回报"本质也是利益的内在分配形式,不能单纯地将利益分配定义为"利润的分配"。

(一) 民办义务教育学校举办者的"合理回报"

尽管"合理回报"制度已经不再被提及,新版《民促法》也将其剔除,但是作为民办义务教育改革过程中的创新制度有其改革的历史价值,这也是仅有直接针对民办义务教育学校利益分配的制度性改革。所以,下文通过介绍"合理回报"制度及其在 W 地区的改革实施作为民办义务教育学校利益分配的形式与途径进行探讨。

按照《民促法》(2002)的规定,"合理回报"是政府对民办学校举办者的一种扶持和奖励,而非允许民办学校举办者进行利益分配。然而,从合理回报的制度设计与实施来看,其本质上就是赋予了学校举办者对民办学校经营剩余价值的索取权,其本质就是一种利益分配制度。依据有三点:①合理回报的"奖励资金"是学校办学结余(利润);②"奖励"举办者的主体是民办学校决策机构;③实际中举办者能否获得合理回报的前提是学校办学有结余。从上述三点可知,所谓"合理回报"只是教育行政管理部门为避免"不能以营利为目的举办教学机构"而采取的一种妥协在制度设计上的体现,事实上是承认民办学校举办者可以参与学校办学利益分配。

W 地区民办义务教育学校举办者"合理回报"制度设计有如下要点:

首先,主体资格:登记为民办事业单位法人的民办义务教育学校可要求合理回报,企业法人学校直接获得办学收益或利润。

其次,前提条件[①]:在民办义务教育学校本年度办学有结余(利润)的前提下,所谓"办学结余"是指在扣除办学成本(如教师工资、设备维修费等),按规定预留学校发展基金及提取其他有关费用后的年度剩余收益。

再次,实施主体:民办义务教育学校决策机构有权决定当年是否给予举办者合理回报,且需报地区教育行政部门批准方可执行。

最后,回报标准:在满足回报条件的基础上,当年举办者所获"年奖励金额不超过出资人累积出资额为基数的银行一年期贷款基准利率的 2 倍"。

按照上述规定,民办义务教育学校举办者无法保证每年都能获得合理回报,一是学校是否有办学结余受学校经营状况影响,二是用于计算合理回报的办学结余是在扣除各种应扣款项后的剩余,实际中扣除上述款项后未必有结

---

① 根据 W 地区《关于非营利性民办学校财务管理的实施办法(试行)》第六章"结余与分配"。

余。对于办学规模偏小的学校,举办者获得办学结余相对较难。但合理回报制度终归给予了举办者获得经济利益回报的权利,某种程度上更为符合我国民办教育的发展,相比纯粹的"禁止"更能起到"引导"的作用。

(二) 民办义务教育学校个人与组织的"专项奖补资金"

民办义务教育虽不是国家财政保障内的教育,但不可否认,民办义务教育学校为地区实现九年义务教育目标、丰富教育资源做出了巨大贡献,尤其是对于解决农民工随迁子女入学问题,更是发挥了重要作用。事实上,国家没有承担民办学校的举办责任,但却享受到民办学校为地区教育发展带来的客观效益。

研究认为,为促进民办义务教育学校的发展,以及发挥政府在教育领域的"宏观调控"作用,地区政府对民办义务教育学校建立奖励制度,给予一定的奖补资金是必要的、可行的。一是可以纠正对民办义务教育的歧视性认识,树立重视民办教育发展的良好风气,二是保障优质民办义务教育学校举办者的利益,鼓励加大投资、办优办强,三是在民办义务教育学校为地区教育发展做出贡献的同时,建立利益共享机制,从外部给予民办义务教育学校举办者以"利益补偿"。

W 地区从 2011 学年起,按照改革规定,市、县两级财政共同安排资金建立"专项奖补资金",具体政策如下:①市财政每年安排 3 000 万元作为民办教育学校专项奖补资金,各县(市、区)均要参照公办学校经费拨款水平,结合民办教育规模,设立民办教育专项奖补资金;②专项奖补资金用于全市民办学校升等创优、年检优秀的奖励,包括全市年度优秀举办者、校长、教师的奖励和民办学校教师培训培养的补助,市本级民办学校教师人事代理、贷款贴息的补助等;③专项奖补资金的具体使用办法,由地区教育、财政等有关部门共同制定。

依据 W 地区政策规定,专项奖补资金分为个人和组织两个部分,前者是奖励民办学校优秀个人,包括学校举办者、校长、教师等,后者是奖励优秀的民办学校。具体的改革措施如下:

1. 针对民办学校年度优秀举办者、校长、教师的奖励规定[①]:

(1) 评选程序:由教育部门制定评选方案,每年评选 W 地区民办学校优秀举办者和优秀校长 20 名,优秀教师 50 名,并以市政府名义颁发证书和奖金。

---

① 直接引用 W 地区《关于公共财政补助民办教育的实施办法(试行)》第八条内容。

（2）直接奖励标准：市级民办学校优秀举办者和优秀校长，一次性奖励1万元，市级民办学校优秀教师，一次性奖励5 000元。

（3）间接奖励标准：全市民办学校校长、骨干教师、学科带头人培训，由市教育局组织实施，年初由市财政局按培训规划预拨培训经费，年终按实际情况结算培训经费，所需资金均由专项奖补资金列支。

2. 针对民办学校的奖励规定[①]：

全市民办学校上年被评上综合性升等创优荣誉（项目）的，分别一次性给予以下标准的奖励：

（1）民办学校创建成市现代化学校和市素质教育示范学校的，分别给予20万元、10万元的奖励。

（2）民办学校创建成市示范学校（义务教育阶段）的，给予10万元的奖励；创建成省义务教育标准化学校、市寄宿制学校的，给予6万元的奖励。

（3）资金用途。主要用于改善教育教学设施设备及教科研培训等。

（三）民办义务教育学校法人的"结余分配"

在前文民办义务教育学校产权章节中提到，民办学校产权主体有举办者、国家和民办学校法人三者。民办学校利益分配同样必须兼顾三者的利益。在民办学校存续期间，学校法人对学校所有资产具有法人财产权，包括收益权。那么，W地区民办教育改革过程中是如何保障学校法人财产收益权的。

根据W地区《关于非营利性民办学校财务管理的实施办法》第六章民办学校"结余与分配"中的规定，民办义务教育学校当年的办学结余必须再提取学校各类发展基金、事业基金等，才能用于学校举办者个人的"合理回报"。换言之，举办者获得"合理回报"之前，必须先满足学校法人利益分配要求。具体的利益分配事项如下[②]：

第十八条　结余是指民办学校年度收入与支出相抵后的余额。经营收支的收益应当单独反映。经营收支的收益可以弥补以前年度的事业亏损。专项结余结转下年度继续使用。

第十九条　办学结余可以用于学校事业的发展和对投资者投资成本的合理补偿。结余分配顺序为：

（1）计提学校发展基金：原则上按民办义务教育学校当年净结余

---

① 直接引用W地区《关于公共财政补助民办教育的实施办法（试行）》第六条内容。
② 直接引用W地区《关于非营利性民办学校财务管理的实施办法（试行）》第六章内容。

15%—25%计提,当发展基金达到学校近五年平均学费收入的50%时,可不再提取。

(2)剩余部分作为事业基金,用于事业发展和弥补以后年度的收支差额。如果当期结余额为零或负数的,民办学校可以暂停计提各类基金,不考虑对投资者投资成本的合理补偿。如果民办学校前期发生亏损,民办学校应当在弥补亏损后按上述程序提取各类基金。

从上述规定中可以发现,民办学校法人在学校办学结余中可获得三部分收益:①收益用以偿还民办义务教育学校法人债务,利用学校年度办学结余对举办者进行投资补偿前,民办学校法人有权先从当年的办学收益中划拨资金偿还学校的债务和弥补上一年度的亏损;②以"学校发展基金"形式直接参与学校办学利益分配,按照W地区的规定,民办义务教育学校当年的办学结余首先应用于计提学校发展基金;③以"学校事业基金"名义获得学校办学结余的剩余部分,即在学校计提发展基金、对学校举办者投资进行回报后,剩余的办学结余统一作为学校事业发展基金并作为学校法人财产。

第五节 民办义务教育学校监管体制改革内容

本书中所研究的"监管体制"是指民办义务教育学校办学过程中发挥监管作用的各类组织机构及其运行机制。下文对W地区民办义务教育改革政策有关民办学校监督管理的规定进行整理分析,着重分析民办义务教育学校内外部监督体制,具体包括学校监事会、教职工代表大会、教职工工会、家长委员会及行政监督管理等。

一、民办义务教育学校监事会制度

W地区教育行政管理部门在全市民办义务教育学校全面推行监事制度,相关职权由学校监事会负责执行。从民办学校内部管理组织结构来看,监事会(监督机构)是与董事会或理事会(决策机构)、校长行政(执行机构)并列的管理组织。建立民办学校监视制度旨在监管学校董事会(理事会)和学校校长的各项管理行为是否有违教育规章和民办学校办学宗旨。

监事会是民办义务教育学校内部监管最主要的机构,W地区为构建有效监事制度,对监事会的各项职能制定了较为详细的规定,具体如下:

第一,为了保证民办学校监事会各项职能的正常运行,保证监事会的独立性，对监事会的成员构成有严格规定。

具体要求根据W地区《关于加强民办学校现代制度建设的实施办法（试行）》第十条规定，整理如下：

（1）监事会成员不少于3人，办学规模较小的民办义务教育学校可不设监事会，但必须设1~2名监事；监事会设主席1人，由全体监事过半数选举产生；监事会主席召集和主持监事会会议；

（2）监事在举办者和教职员工中通过民主选举产生，其中教职工代表的比例不得低于三分之一，具体比例由学校章程规定；

（3）监事任期三年，可以连选连任，但不得兼任学校董事、校长和财务负责人；

（4）监事会每年度至少召开一次会议，决议应当经50%以上监事通过。

第二，为保证民办义务教育学校监事会发挥应有作用，W地区教育行政管理部门对民办学校监事的各项职权也有较为详细的规定。

W地区《关于加强民办学校现代制度建设的实施办法（试行）》第九条"监事会或监事行使以下职权"规定如下：

（1）检查民办学校财务；

（2）对董事（理事）和校长履职、学校依法办学情况进行监督。对违反法律法规、学校章程的董事（理事）、校长提出免职的建议；

（3）当董事（理事）和校长的行为损害学校的利益时，要求董事（理事）和校长予以纠正；

（4）监事会主席列席董事会（理事会）会议，并对决议事项提出质询或者建议；

（5）民办学校章程规定的其他职权。

二、民办义务教育学校教职工代表大会

教职工代表大会是民办义务教育学校教职工参与学校管理，维护自身合法权益的重要途径，也是民办义务教育学校民主监督的重要体现。据调查，W地区民办教育改革前，全市70余所民办义务教育学校仅有4所品牌学校制定和落实教职工代表大会制度，绝大多数学校教职工代表大会难以得到真正的落实。此次W地区民办教育改革将建立和规范民办学校教职工代表大会制度作为现代学校制度建设的重要内容，并给予了较高的重视。

有关教职工代表大会制度的相关规定在W地区《关于加强民办学校现代制度建设的实施办法（试行）》的第十二条至十四条有明确规定。

第十二条　民办义务教育学校要全面推行教职工代表大会制度。教代会的构成以教师为主体，教师占代表总数应在60%以上。教职工代表实行常任制，任期三至五年改选一次，可以连选连任。

第十三条　民办学校教代会行使下列职权：

1. 审议通过学校章程、发展规划、年度工作计划、教育教学和管理制度及其他重大事项；

2. 审议通过学校教职工岗位制度、聘用聘任规定、工资分配方案、考核奖惩办法、生活福利制度等与教职工有关的基本规章制度以及其他涉及教职工切身利益的重要事项；

3. 选举、罢免和评议董事会（理事会）、监事会中的教职工代表；

4. 监督学校劳动合同的签订、履行以及教职工劳动报酬、社会保险等福利待遇落实情况；

5. 收集、审议和讨论教职工提案，提请学校研究办理。

第十四条　民办学校教职工代表大会每学年至少召开一次。每次大会必须有三分之二以上教职工代表出席方为有效。教代会审议通过和决定的事项，对本单位以及全体教职工具有约束力，未经教代会重新审议通过不得变更。

根据W地区的改革规定可以发现，W地区民办教育改革后，民办义务教育学校教职工能够有机会参与到学校的管理当中，在学校发展中具有一定的"话语权"。这不仅仅只是起到民主监督的作用，更是构建了民办学校"同心同德的文化机制"，它能够有效地"规范领导的行政行为""形成合理的制度文化链"。①

三、民办义务教育学校教职工工会、家长委员会

相比民办义务教育学校监事会、教职工代表大会，教职工工会和家长委员会的监督作用比较弱，但并非无监督作用。

首先，教职工工会组织的建设与运行。根据W地区相关政策的规定，民办义务教育学校教职工有权依据工会法建立自身的工会组织，维护合法权益。为保障教职工工会组织的独立性，工会组织的主席或委员应当由工会自主推选，严禁民办学校委派工会主席或委员。同时，文件还规定民办义务教育学校

---

① 卢志文. 民办学校内部管理机制研究[J]. 江苏教育，2007 (4): 25.

要按教职工工资总额的2％向工会划拨工作经费，为工会提供必要的工作设施和场所等。

其次，家长委员会的建设与运行。民办学校积极引导社区、家庭、社会组织和公民个人有序参与学校办学和管理。为提供个人参与学校管理途径，民办学校按规定要成立学校、班级两级家长委员会。同时，民办学校召开重大决策会议时，要邀请家长委员会代表列席会议。家长委员会每学期至少要举行一次会议。

本研究分析认为，建立教职工工会组织和家长委员会制度并非正式化的行政监督机构，而是通过非制度化的组织提升学校教师、家长等参与民办学校管理的意识，也是丰富民办学校办学监督管理形式的有效措施。

四、民办义务教育学校外部行政监管制度

本书所研究的"外部行政监管体制"主要是指各级行政管理部门制定的监管制度和设置的行政监督机构。民办学校内部监管制度在发挥监管作用的同时难免受到学校内部权力结构的限制。因此，改革民办义务教育学校监督管理体制不仅需要完善内部监管体制，外部行政监管体制同样需要完善和强化。只有内外结合才能有效发挥监督管理的作用，促进民办学校健康、有序地发展。下文将着重分析W地区针对民办义务教育学校制定了哪些外部行政监督管理制度和机构，以及相应的制度是如何发挥监管作用的。

（一）法人登记监管

按照W地区《关于民办学校分类登记管理的实施办法（试行）》规定，非营利性民办义务教育学校的登记管理机关是县级以上人民政府民政部门，营利性民办义务教育学校的登记管理机关是县级以上工商部门。无论是民政部门，还是工商部门，对于民办义务教育学校的设立、变更、注销都负有审核材料、实施年度检查、给予行政处罚的权责。

（二）业务监管

本研究根据W地区改革内容，所讨论的"业务管理"是指民办义务教育学校在办学过程中的各项业务均依法接受相关业务行政部门的监督与管理，包括收费定价、土地审批、融资纳税等都属于业务监管的范畴（见图3-4）。相比改革前，W地区对于民办义务教育学校上述业务管理制定了较为翔实的监管制度。

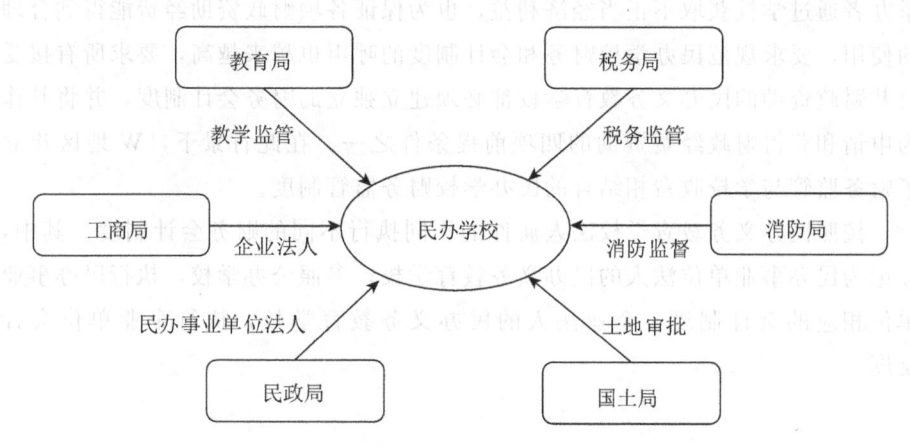

第三章 改革框架：民办义务教育管理体制改革要素与内容

图 3-4　W 地区民办义务教育学校业务主管关系图
（注：由于篇幅有限，图中只列出部分业务主管单位）

第一，明确各项业务管理责任单位。改革前，"由于民办学校举办情况的复杂性，地区对于民办学校的监管制度缺失，管理混乱，政出多门是普遍现象"——W 地区 H0 区教育局民办教育科科长访谈实录。通过深度访谈了解到，改革前民办学校同样接受各业务单位的监管，但相关部门间的合作与协调脱离，存在一项业务同时存在多个主管单位的问题。W 地区对此在监管制度上做了相应调整，一是建立各级"联席会议制度"，二是明确单一业务主管部门，两项措施对于解决部门间的交叉管理和责任不清的问题有较好作用。

第二，根据分类管理制定明确的分类监管制度。由于同时存在两类不同性质的民办学校，需要在监管制度上做出区分。W 地区实行分类差异管理，按照营利性和非营利性民办学校各自标准对学校进行管理，并明确了对于不同性质学校，主管单位应负有的管理权限。以非营利性民办学校为例，业务主管部门具有"负责监督、指导非营利性民办学校按照法律、法规、政策和学校章程开展业务活动；负责非营利性民办学校设立、变更、注销登记前的审查；负责非营利性民办学校年度检查的初审；协助登记管理机关和其他有关部门查处非营利性民办学校的违法行为；会同有关机关指导非营利性民办学校的清算事宜。"

（三）财务监管

近年来，各级政府公共财政对民办学校办学经费资助不断增加，但民办义务教育学校是个人或社会团体利用自筹经费举办的、自负盈亏的教育机构，并无独立的财务会计制度，其财务状况也没有纳入教育管理部门的监管体系之中，致使部分民办学校收费与办学成本不对等，收支不透明。为防止民办学校举办者通过学校获取不正当经济利益,也为保证各项财政资助经费能得到合理的使用,要求规范民办学校财务和会计制度的呼声也越来越高,要求所有接受公共财政资助的民办义务教育学校都必须建立独立的财务会计制度,并将其作为申请和获得财政经费资助的四项前提条件之一。在此背景下,W地区建立了财务监管与学校收费相结合的民办学校财务监管制度。

按照民办义务教育学校法人属性的不同执行不同的财务会计制度。其中,登记为民办事业单位法人的民办义务教育学校,参照公办学校,执行民办事业单位相应的会计制度。企业法人的民办义务教育学校,执行企业单位会计制度。

第四章　改革实践：民办义务教育管理体制改革的地区经验

为贯彻《国务院办公厅关于开展国家教育体制改革试点的通知》和《国家中长期教育改革和发展规划纲要（2010—2020）》等文件的精神，W 地区自 2010 年始直至 2020 年持续开展民办义务教育管理体制改革近十年。因此，本章主要以 W 地区的改革实践为样本，从改革基本状况、实施成效、改革过程中突出的问题，以及优化对策建议等方面分析 W 地区民办义务教育学校改革与发展。

需特别说明的是，随着《民促法》的最新修订和《实施条例》（2021）的颁布实施，以及其他涉及民办义务教育学校事项的政策文件出台，W 地区的民办教育管理体制改革出现了较大幅度的变化，而本研究调查所呈现的内容、数据等主要基于 2011—2018 年之间的调查。研究中可能存在与当下 W 地区民办教育改革实际情况不完全一致之处，但因研究的需要，将 2020 年前的改革数据作为案例分析予以呈现和探讨。

第一节　调研概况

本研究的调研充分依托教育部发展规划司委托项目"W 地区民办教育综合改革试点评估"和 W 地区民办教育管理处委托的"W 地区民办教育改革综合评价报告"项目对 W 地区民办教育改革展开深入调查。调研得到教育部发展规划司民办教育管理处、W 地区政府，以及全市各级教育行政部门和各级各类民办学校校长、师生的大力支持和帮助。

一、调研背景

（一）基于委托课题的调研

本研究所依托的两个项目前后调研持续时间较长，并多次复调，在调研规模上有集中的大规模调研，也有小规模的学校抽样调查。所调研内容相对较广，包括改革政策目标实现情况、政策措施落实情况、部门政策配套情况、实施条件保障情况、改革试点成效、政策实施存在问题等六个大版块的调研内容。具体调研时间进度如下：

（1）2014年1月11日至2月17日：调研组核心成员制定调研问卷、访谈提纲，并联系W地区相关部门和学校进行调研准备。

（2）2014年3月1日至6日：调研小组全体人员赴W地区报到，并以小组形式赴W地区各区县进行实地调研。

（3）2014年10月7日至11月3日：调研人员对部分区县（市）进行复调，选择部分民办义务教育学校进行了深入考察。

由于本研究依托的调研项目有两个，但两项课题的内容是一致的，均是对W地区民办教育改革政策实施进行评估，二者时间有重合，故不做分项介绍。

（二）后续跟踪的调研

因为委托课题的时效性要求，针对课题需要的主体调研均于2014年完成。在委托课题完成之后，先后对W地区开展了三次相对集中的追踪调研[①]。时间和内容分别介绍如下：

（1）2016年10月11日至12月30日：继续按委托课题调研指标采集数据，并增加对《民促法》（2016）的座谈和访谈。

（2）2019年1月11日至6月30日：针对民办学校发展与社会支持系统之间的相互关系，主要采集了W地区各区县的社会发展数；组织了《民促法》（2018）的座谈和访谈。

（3）2020—2021年期间零星开展过部分数据的采集和学校调研，仅为研究数据的补充与佐证。

二、调研工具

（一）调研问卷

本研究自编调研问卷《民办义务教育改革调查问卷》主要针对民办义务教育管理人员，包括民办学校投资者、董事会成员、校长、学校行政管理人员，以及各级民办教育行政管理人员。本问卷分为以下两部分：

一是个人基本信息（7道题）。

二是被试对民办教育改革相关政策的看法（50道题），包括民办学校分类

---

① 因为研究人员与W地区相关部门建立有长期、稳定的合作关系，W地区作为相关主题研究的数据监测点，年度监测数据按要求采集即可。介绍的调研时间主要是指有专门针对性的调研。

管理、财政扶持、融资政策、队伍建设、产权属性、税费优惠、土地政策、治理结构、办学体制等九个维度。其中，除第 8 题、第 9 题、第 15 题、第 18 题和第 30 题外，其余测试题均按照李克特五等级编制，旨在调查被试对已经实施的民办教育体制综合改革的具体政策的认识和满意度，从改革利益相关者的角度审视改革政策对民办义务教育学校发展的影响。

（二）调研访谈提纲

因为委托课题的时效要求，针对课题需要的访谈提纲主体编制均于 2014 年完成，后续在调研的基础上适度修改增加了部分内容。访谈对象主要包括民办学校董事会成员、民办学校校长、民办学校任教教师。

针对董事会成员和学校校长的访谈主要体现宏观政策和管理制度维度：

（1）对民办学校改革试点项目的了解与评价；

（2）政策文件所规定的具体政策措施落实情况；

（3）改革政策对民办学校的影响及其表现；

（4）对改革政策文件的深入实施的建议；

（5）改革背景下，如何促进所在学校的发展。

针对教师的访谈主要是紧扣民办学校在改革大势之下教师与学校的关系，包括如下维度：

（1）教师对所在民办学校改革的了解程度；

（2）实施民办教育改革后，学校教师在专业发展、待遇改善、人事代理、职称评审、业务培训等方面的变化；

（3）对民办学校工作的评价，尤其是民办公办的差异比较；

（4）对未来三年的职业生涯有何考虑及对学校发展的信心。

三、调研数据采集与分析

由于项目调研需要，调研中既有义务教育学段民办学校，也有非义务教育学段学校。因此，下文只列出本研究所采用的样本数据情况。

（1）样本调查数据。在实地调研的过程中，采集的样本数据既有通过各类访谈所得的音频、视频等质性材料，也有通过问卷调查所得的量化数据，包括 W 地区所有区县教育局民办科室负责人的访谈记录；21 所民办学校校长（举办者）的访谈记录；所有区县的民办学校举办者改革自评问卷等。

（2）官方统计数据。在 W 地区和各区县教育局的大力支持下，采集 W 地区 2011—2020 年民办教育统计基表数据、2011—2020 年 W 地区《国民经济和社会发展统计公报》、2013—2020 年 W 地区《民办教育综合改革工作进度统计报表》、2011—2020年W地区各区县教育局民办教育改革工作汇报材料等。需要说明的是，因W地区行政区域划分2018年以后进行局部调整，为了保证数据比较的一致性，继续按照此前的行政区域划分进行数据合并计算。

第二节 W地区民办义务教育学校改革与发展状况

W地区通过市委、市政府的主导，以体制和机制创新为重点，对民办义务教育体制障碍进行全面破解，先后出台一系列的改革政策文件，并不断调整完善，形成系统完备、科学规范、运行有效的改革政策体系，分别从民办学校的登记管理、财政扶持、融资政策、队伍建设、产权属性、合理回报、税费优惠、土地政策、治理结构、办学体制等十几个方面进行了制度重建，促进了全市民办教育的大发展。W地区作为改革试点地区之一，自承接改革任务，先后分两批，共计416所试点学校纳入改革试点，试点校占全市民办学校总数的25%，占全市民办学校在校生总数的47%。数据亦表明W地区民办教育的改革覆盖面广。

一、W地区民办义务教育学校办学规模与发展状况

根据W地区统计年鉴数据可知，W地区民办学校总数逐年减少，由2011年的1 622所，减少到2020年的1 212所，十年累计减少410所，主要是因为W地区学龄人口自然减员的影响，不仅是民办学校，同期，公办学校数量也在减少，是整个教育大环境使然。

从义务教育阶段民办学校数量上来看，2011—2020年W地区民办义务教育学校数量呈"先增后减"的变化趋势，由2011年的70所增加2015年的73所，再到2020年的70所，整体数量变化较为平稳，但其在地区义务教育段学校总数的占比整体提高，已由2011年的7.11%提高到2020年的7.71%（见表4-1所示）。

表4-1 2011—2020年W地区民办义务教育学校数量变化（所）

指标		2011年		2015年		2020年	
		数量	占比	数量	占比	数量	占比
义务教育	总数	982	7.11%	921	7.93%	908	7.71%
	民办学校	70		73		70	

（数据来源：《W地区教育事业统计报表2011—2020年》和《W地区统计年鉴2012—2021年》；"总数"是指基础教育学段（含中职）的所有学校数；"占比"指本学段民办学校数占全市学校总数的比例；下同。）

从生源变化来看（见表4-2），民办义务教育学校招生数逐年增加，其招

生数占比由2011年11.71%提高到2020年的16.95%；在校学生数占比则由2011年的10.50%增长到2020年的16.08%。结合表4-1的数据分析可知，W地区民办义务教育学校在同公办义务教育学校的竞争中，吸引了越来越多的生源入读，表明其竞争力在逐步提高，如2020年数据显示，在义务教育学段，占比7.71%的民办学校招收了全市16.95%的学生。

表4-2 2011—2020年W地区民办义务教育学校招生数、在校生数及占比（万人）

指标		2011年		2015年		2020年	
		数量	占比	数量	占比	数量	占比
招生数	全市义务教育	19.02	11.71%	19.02	16.61%	19.88	16.95%
	民办义务教育	2.42		3.16		3.37	
在校生数	全市义务教育	83.53	10.50%	87.72	14.32%	91.54	16.08%
	民办义务教育	8.78		12.56		14.72	

（数据来源：《W地区教育事业统计报表2011—2020年》和《W地区统计年鉴2012—2021年》。）

二、W地区民办义务教育学校经费投入改革与发展状况

在民办义务教育改革政策利好的背景下，W地区投资民办教育的积极性得到较大提高，无论是新增学校项目数，还是投入办学经费都有较大增长。同时，地区政府财政也加大了对民办学校经费的资助。

（一）民办义务教育学校经费投入总量及其结构变化

表4-3数据显示，W地区民办义务教育学校办学经费总投入由2011年的6.41亿元增加到2020年16.38亿元，增长了155%左右。数据表明W地区民办义务教育学校办学经费投入正以年均近17.28%的速度在增长，但整个增长是不均衡的，年份之间有较大的差异。尽管如此，W地区民办义务教育学校教育经费总投入占全市义务教育经费总投入的比重依然较低，截至2020年也只有9.07%。当然，这与义务教育阶段公办学校的主体地位和要求紧密相关。

预算内教育经费是指公共财政拨付经费，可以反映地区政府对民办学校的财政支持力度。从民办义务教育学校"预算内教育经费"变化来看，民办义务教育学校经费投入中"预算内教育经费"由2011年的0.177亿元增加到2020年1.025亿元，增幅超过500%，其占当年全市"预算内教育经费总投入"的比值也由2011年的0.30%提高到2020年的0.95%，提高三倍多。可见，改革之后，地区财政对民办义务教育学校的经费资助力度是不断加大的，尽管增长幅度喜人，但与公办义务教育学校相比，民办学校获得的公共财政资助依旧不高。

表4-3 2011—2020年W地区民办义务教育学校经费投入额及占比变化情况（亿元）

指标		2011年		2015年		2020年	
		数量	占比	数量	占比	数量	占比
义务教育总经费	W全市	81.536	7.87%	134.859	8.41%	180.632	9.07%
	民办学校	6.415		11.342		16.383	
义务教育预算内教育经费	W全市	59.943	0.30%	86.979	0.81%	107.877	0.95%
	民办学校	0.177		0.705		1.025	

（数据来源：《W地区教育经费统计报表2011—2020年》。）

（二）民办义务教育学校生均教育经费收支结构变化

教育经费投入或支出总量可以反映民办义务教育学校经费规模变化，但无法反映经费收支水平。下文将计算民办义务教育学校生均经费收支的变化，以此分析经费收支结构变化。

表4-4数据显示，民办义务教育学校生均教育经费投入由2011年的7.31千元增加到2020年的11.13千元，生均教育经费支出则由2011年的6.97千元提高到2020年11.01千元。从下表可知，2011—2020年生均经费投入和生均经费支出均逐年提高，但在不同年份，民办学校生均经费支出增长速度不及生均经费投入增长速度，尤其是部分民办义务教育学校转型登记为营利性学校，对办学成本有一定程度的控制，如2015年民办义务教育学校生均经费支出额大于生均经费投入0.22千元。同期，W地区全市义务教育学校生均教育经费投入则由2011年的9.76千元增长到2015年的15.37千元，生均教育经费支出则由2011年的9.61千元增加到2015年14.91千元；相比全市平均水平，民办义务教育学校的生均经费值，无论是生均投入，还是生均支出，都明显低于全市平均水平。

表4-4 2011—2020年W地区义务教育学校生均教育经费收入与支出（千元）

指标		2011年	2015年	2020年
义务教育生均教育经费投入	W全市	9.76	15.37	19.73
	民办学校	7.31	9.03	11.13
义务教育生均教育经费支出	W全市	9.61	14.91	20.11
	民办学校	6.97	9.25	11.01

（数据来源：《W地区教育经费统计报表2011—2020年》。）

（三）民办义务教育学校教育经费"投入-支出"比值差异

表4-5数据显示，W地区民办小学生均经费投入与生均经费支出的比值

整体在下降,表明民办小学教育经费收支结构呈"入不敷出"状况,且数据表明此问题呈越发严重的趋势,当然生均经费支出年度的差异波动起伏较明显。

通过各区县(市)比较来看,截至2020年,除JY、NC、ST三个区(县)外,W地区其他区县民办小学年度生均教育经费支出均超出经费收入,说明各区县经费保障上整体处于经费不足。其中,CL区(县)、WL区(县)民办小学经费收不抵支的情况较为严重,分列W地区的前两位。以WL区(县)为例,域内民办小学生均经费收入额与生均经费支出额间的绝对差值一直处于高位。

表4-5 各区县(市)民办小学教育经费"投入-支出"比值

区县	2011年 差值(元)	2011年 比值	2015年 差值(元)	2015年 比值	2020年 差值(元)	2020年 比值
W地区	130	0.972	-90	1.011	-120	1.001
CL区(县)	0	1.000	-276	1.032	-870	1.078
HO区(县)	90	0.985	-368	1.041	-103	1.001
WL区(县)	-370	1.273	-2 618	1.293	-1 077	1.112
AR区(县)	240	0.957	0	1.000	-215	1.019
QL区(县)	2 030	0.819	90	0.993	-179	1.010
JY区(县)	-80	1.059	-632	1.075	99	0.991
YP区(县)	630	0.934	181	0.981	-230	1.019
NC区(县)	2 310	0.799	903	0.905	416	0.963
CW区(县)	390	0.902	91	0.991	-107	1.001
ST区(县)	1 670	0.897	361	0.962	520	0.958
TD区(县)	0.00	0.000	0.00	0.000	0.00	0.00

(数据来源:《W地区教育经费统计报表2011—2020年》;其中,差值=生均教育经费收入-生均教育经费支出,比值=生均教育经费支出/生均教育经费收入;比值越接近1.00表示收支越均衡,小于1.00表示收大于支,大于1.00表示收小于支。)

表4-6数据显示,从民办初中生均教育经费"差值"比较来看,民办初中生均经费收入与年度生均教育经费支出有起伏变化,民办学校的盈利空间具有不稳定性。其中,2015年民办初中生均经费支出要高出生均经费收入1 377元/生,显示民办初中教育经费保障上存在困难,或民办学校其盈利能力下降。

通过区县(市)比较来看,整体而言,QL区(县)、YP区(县)、ST区(县)三个地区的民办初中生均经费支出与生均教育经费投入差值保持正数,尤其是QL区(县)差值保持在2000~3000元/生,理论上意味着QL区

(县）的民办初中办学经费结余较多。另外，WL 区（县）、JY 区（县）和 CW 区（县）三区县，其生均经费支出一直高于生均经费投入，且二者的差值处于高位，表明上述三区（县）民办初中负债办学的情况有所加剧。

表 4-6 各区县（市）民办初中生均教育经费"投入－支出"比值

区县	2011 年 差值（元）	2011 年 比值	2015 年 差值（元）	2015 年 比值	2020 年 差值（元）	2020 年 比值
W 地区	750	0.934	1 377	0.994	-185	1.017
CL 区（县）	—	—	—	—	—	—
HO 区（县）	-150	1.025	209	0.998	-100	1.008
WL 区（县）	-260	1.117	-1 230	1.108	-1 950	1.175
AR 区（县）	210	0.998	850	0.994	600	0.946
QL 区（县）	3 090	0.813	3 010	0.777	2 340	0.790
JY 区（县）	-250	1.127	-1 100	1.082	-1 700	1.164
YP 区（县）	560	0.941	800	0.994	550	0.950
NC 区（县）	3 440	0.783	-940	1.025	290	0.974
CW 区（县）	-210	1.030	-420	1.008	-950	1.085
ST 区（县）	930	0.950	1 360	0.994	700	0.937
TD 区（县）	—	—	—	—	—	—

（数据来源：《W 地区教育事业统计报表 2013 年》；其中，差值＝生均教育经费收入－生均教育经费支出，比值＝生均教育经费支出/生均教育经费收入；比值越接近 1.00 表示收支越均衡，小于 1.00 表示收大于支，大于 1.00 表示收小于支；"—"表示该区县没有该学段民办教育。）

从上表 4-5 和表 4-6 的数据分析来看，民办义务教育学校在教育经费投入上"收不抵支"的现象较为普遍。而分析认为，该现象突出反映了如下两个问题：一是地区对于民办义务教育学校财政补助水平相对其他学段要低，财政资助经费不及总经费的 1%（见表 4-3 所示）；二是民办义务教育学校负债经营普遍存在，民办学校盈利能力较低，上述问题的存在增加了地区民办义务教育学校办学的风险，可能引发地区民办学校的破产危机，这对于地区教育管理部门而言，民办学校"收不抵支"的问题应当给予必要的重视，需要做好相应的风险预警机制；三是在义务教育阶段中，初中段民办学校经费保障水平要显著好于小学民办学校。

三、W 地区民办义务教育学校办学条件改革与发展状况

由于 W 地区 2011 年才正式开始民办教育管理体制改革，相应的数据统计工作尚未完备，2011—2013 年间的数据统计不够完善，因此时间变化趋势的比较不够完整。本节中有关民办义务教育学校办学条件的数据仅以 2020 年为

例，对公办民办学校进行对比分析。

表4-7数据显示，2020年W地区民办小学办学条件较同期公办小学办学条件差距较大。在生均校舍面积指标上，W地区民办小学平均水平是4.83m²/生，同期，公办学校则为8.68m²/生；在生均计算机指标上，W地区民办小学平均水平是0.12台/生，同期，公办学校则为0.25台/生；在生均图书册数指标上，W地区民办小学平均水平是11.58册/生，同期，公办学校则为33.06册/生。可见，民办小学硬件资源配置水平整体上远低于公办小学。

按照同期该地区的普通中学校舍建筑标准，W地区民办初中生均校舍面积都符合标准要求，且远高于同期的公办学校。而在教学用计算机台数和图书册数指标上，民办初中则均要远低于同期的公办初中。

表4-7 2020年W地区民办义务教育学校办学条件变化

学校	生均校舍面积（平方米）		生均教学用计算机台数（台）		生均图书册书（册）	
	民办	公办	民办	公办	民办	公办
普通小学	4.83	8.68	0.12	0.25	11.58	33.06
普通初中	21.97	19.68	0.21	0.44	31.29	50.32

（数据来源：《W地区教育事业统计报表2020年》。）

第三节 W地区民办义务教育管理改革实施的效果

随着学校管理体制改革的深入，W地区民办义务教育学校在办学规模、经费保障和资源配置等方面有明显的改善，这是改革效果的直接体现。但管理体制改革的效果不仅体现在学校各方面办学条件的改善，对整个民办学校发展的大环境也会产生积极作用，如地区教育格局、政策环境、民众的民办教育观念、学校投资环境等方面。

一、学校法人分类管理制度初步建立并取得一定实施成效

（一）破解民办义务教育学校法人登记制度障碍，初步建立分类管理体系

法人分类与登记问题一直是困扰民办学校管理的重要问题，也是民办义务教育学校管理体制改革首要解决的制度障碍，亦是W地区民办学校管理体制改革要取得成效的关键。正是由于在学校法人分类与登记上存在争议，所以民办义务教育体制改革相关配套措施、优惠政策迟迟难以落实。

W地区制定"两分法"的法人分类管理制度将民办义务教育学校分为"非营利性学校"和"营利性学校"。其中，非营利性民办义务教育学校由市民

政部门登记为民办事业单位（民办事业法人）。营利性学校由市工商部门登记为企业法人。此项改革解决了民办义务教育学校产权上的制度难题。W地区民办教育改革分类政策实施以来，先后两批共416所学校参加改革，其中376所学校登记为民办事业单位，40所学校登记为企业法人。在民办义务教育的63所学校中，有4所学校登记为企业法人[1]。根据教育部门提供的数据可知，登记为企业法人的民办学校均属于第二批，第一批参与试点改革的民办学校无登记为企业法人（见表4-8）。

表4-8 2020年W地区民办义务教育学校法人登记情况

学校	类别	
	民办事业单位法人	企业法人
W地区民办学校	376	40
民办义务教育学校	63	4

（注：本数据包括了第二批试点学校，数据更新存在延迟，可能存在误差。）

学校法人分类与登记问题之所以是民办义务教育管理体制改革的重中之重，是因为我国目前针对不同属性的民办学校，采取的是区别政策（见表4-9）。W地区的改革同样以分类管理为前提，在民办义务教育学校资产归属、合理回报、自主收费、购买服务等政策上，制定差异化的管理政策。

表4-9 不同法人属性民办义务教育学校对比[2]

项目	类别	
	民办学校（企业法人）	民办学校（民办事业法人）
所有者	投资者	非营利组织或学校法人
盈利可否分配	可以	不可以
管理者对谁负责	股东或所有者	董事会（理事会）
经费来源	个人投资、经营所得	捐资、资助、经营所得
缴纳税费	财产税、经营税、所得税等	免税
举办目的	营利	组织的社会使命

（注："两分法"的民办学校法人属性登记实际上是将民办学校分别视为公益性学校和营利性企业。因此，登记为"企业法人"的民办义务教育学校实际上是参照企业管理的。）

W地区采用"两分类"民办学校的登记管理制度也只是一种探索，并非普遍性的划分方法。但是其在民办学校分类管理上做出的有益探索为构建民办

---

[1] 数据引用自W地区《国家民办教育综改示范区创建工作报告》（内部文稿）。
[2] David L. Rados. Marketing for Nonprofit Organizations [M]. South Carolina：Greenwood Publishing Group. Inc，1996：11.

学校分类管理体系提供了重要的实践经验。同时，W地区出台了民办非企业法人学校改制为企业法人学校的办法，解决了民办学校兴办、退出、法人变更之间的制度空白。

（二）基层民办教育管理者对营利性与非营利性的分类管理制度认同度提高

多重制度逻辑理论认为，制度变迁或改革是由占据不同利益的个人和组织之间相互作用而推动和约束的，而不同利益主体的行为受其所处场域的制度逻辑制约。因此，制度变迁的轨迹和方向取决于参与其中的多重制度逻辑及其相互作用。简而言之，分类管理制度需要关注变迁过程中多重制度逻辑及其相互作用。民办义务教育管理体制改革需要得到市管理部门、区县管理部门、民办学校等各级利益主体的认同，才能在实践中得到好的贯彻，否则利益主体间的不同"逻辑"必然会消解政策本身。

对W地区各区县（市）民办义务教育管理部门人员的调查结果显示，无论是区县（市）教育行政管理部门，还是民办学校管理者（举办者），对于W地区实施的分类管理政策都具有较高的认同度。

图4-1数据显示，仅从政策整体来看，各级民办教育行政管理人员对W地区现行民办学校分类管理政策持"赞成态度"的比例高达90.91%；民办学校校长或举办者持"赞成态度"的比例也高达78.85%。但与高认同度的调查结果形成鲜明对比的是W地区民办义务教育学校中仅有4所学校登记为企业法人。分析认为，虽然对于改革政策的认可度较高，但政策实施面临较大的现实困难，可能在实践操作中，学校选择登记为"企业法人学校"不多，但管理者对于改革政策的积极态度为该政策后续发展奠定了良好的基础。

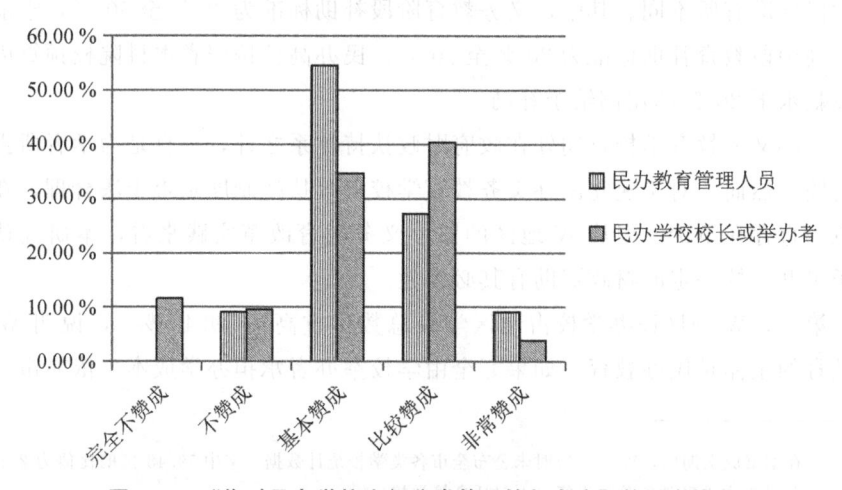

图4-1 "您对民办学校实行分类管理持何态度"的调查结果

二、市县两级财政资助体系的建立降低了民办学校投资办学风险

完善民办教育发展的优惠政策,健全公共财政对民办义务教育的扶持体系,不仅是改善民办教育发展环境,深化办学体制改革试点任务的重要内容之一,也是保障民办义务教育学校举办者合法利益的重要举措。W地区以市、县两级财政为基础,既建立民办教育专项资金,也有制定政府购买教育服务机制,构建了多样化的扶持体系。

(1) 市、县两级政府设立民办教育专项资金,对民办学校的升等教师培训、评优评先等诸多方面建立政府奖补制度。W地区市级财政每年安排3 000万的专项资金对民办学校进行多方位的资金扶持,各区县财政在此基础上按相应比例配套资金。截至2020年底,W地区一般公共财政预算中教育支出220.52亿元,财政对民办教育的支出占财政教育支出总额的比例为4.18%。两级财政共计拨付到位的专项资金共计2.407亿元,政策实施至今,已经累计发放专项资金2.7亿元,给予了试点民办学校一定的财政资助。研究认为,相对于一所民办小学投资上千万,甚至上亿元的规模,每年3 000万的奖补资金对民办学校的发展并无实质帮助,但其所体现的是W地区各级政府对民办学校发展的重视,增强的是举办者投资教育的信心。

(2) 分学段建立政府购买教育服务机制。W地区对登记为民办事业单位法人,已足额缴纳教师社会保险费单位应缴部分,执行区县(市)民办学校教师最低工资制度和建立会计制度四项条件的民办学校,根据民办学校在校生人数,按当地上年度同类学校生均教育事业费标准给予一定比例的经费补助,不同学段标准有所不同。其中,义务教育阶段补助标准为30%至50%,学前教育、高中段教育补助标准为20%至30%;民办高校按照省本科院校预算内生均拨款水平20%的比例给予补助。

民办义务教育学校长期处在政府财政扶持体系之外,一直是为学者所批评的问题。然而,对于建立民办义务教育学校财政扶持制度是否于法合理,在学界也一直存在争论。但从W地区的民办义务教育改革实践来看,本研究认为给予民办学校一定的财政资助有其必要性。

第一,W地区民办学校占地区学校总数比重高达59.48%[1],说明W地区教育的主体是民办教育。如果完全由学校举办者承担办学成本,依靠市场机

---

[1] 在本书成文期内,W地区暂时未公布全市各类学校统计数据,文中59.48%的比值为2013年各类民办学校数占地区学校总数比值(不包括高等学校)。

制配置教育资源。在当前并不健全的教育市场条件下，W地区的民办教育将处于高风险下，这对于地区教育发展的稳定性无疑是不利的，如已出现的"育才学校倒闭事件"就是有力证明。

第二，有条件地给予民办学校财政资助，既是对民办学校公益性的保障，也是衡量地方政府发展民办教育努力程度和重视程度的重要指标。在当前我国教育管理制度不健全的条件下，完全杜绝民办学校举办者获利行为是不现实的，规范举办者的获利行为和保障其必要利益才是可行之路。而给予财政补助一定程度上是分担了学校的办学成本，降低举办者的投资风险，从而增加办学结余，也就保障举办者能获得相对稳定的"合理回报"。反过来，又增强了举办者的办学积极性，对整个地区教育事业的发展是利大于弊。

通过W地区的实地调研发现，通过建立完善的政府财政扶持体系，其所产生的效果不仅仅在于民办学校能获得多少财政补助，而是给予地区民办学校发展的信心，这已经在W地区有明显表现。首先，给予民办教育学校以财政补助，体现W地区政府对民办教育的重视，也表明政府发展民办教育的态度；其次，W地区政府对民办教育的积极态度，鼓励了社会力量办学的积极性，仅2014年一年W地区累计新增民办教育投资约10.41亿元。民办学校有了一定的利益保障，就有了发展的基础和动力。

三、产权制度不断完善促进了民办义务教育学校办学模式的多元化

在我国，公办教育一直是各地区义务教育办学的主导形式。而单一的办学形式容易导致办学体制的僵化，不利于教育质量的提高。构建适度多元化的办学体制能够有效地增加教育市场的竞争性，促进域内教育资源的合理配置。同时，民办义务教育学校办学模式的探索也为公办学校改革提供了宝贵经验。

W地区经过近十多年的改革探索和实践，在教育产权上进行了一定的体制创新，促进了办学模式的多样化。目前W地区义务教育阶段存在如下四种不同的办学模式[1]。

（1）委托办学，既有民办学校委托民办学校、公办学校委托民办学校办学两种形式。YP区（县）公办的县二中由政府委托民办高中进行管理，创造了公办学校委托民办管理的新形式。

（2）混合所有制办学，即由地区政府出资建设学校，民办学校进驻管理，社会参与评价的办学模式，如W地区JY区（县）政府引进著名教育集团创

---

[1] 根据W地区《国家民办教育综改示范区创建工作报告》内容整理（内部文稿）。

办一所中学。学校所有基础建设均由政府出资，然后以协议的价格租赁给该教育集团，学校日常管理与运营完全由民办学校负责。另外，引入社会评价的模式对该中学进行监督。

（3）公民合作办学，即优质公办学校通过战略合作，输出品牌、管理、师资，与地区民办学校共同成立新的学校，如W地区联合国际学校，CL区（县）小学分别与W地区实验小学、W地区建设小学开展战略合作。通过此种形式打造优质的民办学校。

（4）捐资办学。由于我国教育领域的特殊情况，以及我国原有教育体制的不健全，民办义务教育学校更多的是"投资办学"，捐资办学的比例相对较小。随着民办教育政策的不断完善，捐资办学形式也不断出现。W地区著名的服装零售集团捐资3亿元建设学校场地和校舍建设，开办新教育学校，建成后将学校办成非营利的公益性学校，同时整个学校的产权将完全捐赠给W地区教育局。

W地区民办教育改革鼓励各区县积极探索和创新学校办学体制，充分发挥市场机制在教育资源配置中的作用。正是在大政策环境的促进下，W地区才摸索出如此多样的办学模式，为我国办学体制改革积累了重要的改革实践经验。尽管随着2021年教育部等八部门发布《关于规范公办学校举办或者参与举办民办义务教育学校的通知》（教发〔2021〕9号）要求各地严格界定并实施"公参民"类学校"民转公"政策，部分学校面临转制，但国家鼓励民办学校发展的初心并没有改变。

四、管理制度的完善提高了民间资本投资义务教育的积极性

W地区通过民办义务教育管理体制改革建立了较为完善的行政管理体系，相应制度的建立为民间（社会）资本投资民办学校提供了制度保障，整体上促使W地区民办义务教育发展环境得到改善。大环境的改善一定程度上增强了民间投资的信心，从下表4-10改革前三年各区县民办中小学新增投资项目可见。

表4-10 2011—2014年民办义务教育学校投资项目及金额统计情况

区县	投资项目数 总数	投资项目数 义务教育学校	义务教育学校投资总额
CL区（县）	1	1	245万元
WL区（县）	21	3	1 142.72万元

续表

区县	投资项目数 总数	投资项目数 义务教育学校	义务教育学校投资总额
HO区（县）	19	4	7 410万元
TD区（县）	6	—	—
JY区（县）	78	7	13 164.07万元
YP区（县）	8	1	51 000万元
NC区（县）	8	1	8 000万元
CW区（县）	9	2	1 800万元
ST区（县）	17	—	—
AR区（县）	2	1	16 800万元
QL区（县）	16		

（数据说明：上述数据根据W地区教育局提供资料整理，本数据截止到2014年10月，可能存在数据更新不精确问题；项目总数并非学校数；"—"表明没有相应数据）

五、改革促进民办义务教育学校社会效益和经济效益不断扩大

W地区民办义务教育的发展不仅满足了民众多样化的教育需求，夯实"普九"教育目标，而且产生了巨大的经济效益和发挥了显著的社会作用，如增加地区教育资源、节约教育财政、创造就业等。为更好地体现民办义务教育学校所产生的社会经济效益，下文以2011—2013年改革初期数据为例进行计算。

（1）2011—2013年民办义务教育对W地区教育资源的直接贡献为23.26亿元。根据W地区数据计算，2011—2013年全市民办义务教育经费总投入分别为64 146万元、90 317万元、89 486万元，其中W地区各级财政投资分别为1 772万元、4 989万元、4 568万元，二者之差显示，民办义务教育直接吸收社会投资6.24亿元、8.53亿元和8.49亿元，改革三年累计吸收社会资本23.26亿元。

（2）以生均预算内教育经费投入计算，2011—2013年民办义务教育为W地区节约教育财政23.77亿元。按照2013年W地区义务教育预算内财政经费707 389万元，其中公办学校预算内教育经费702 822万元。同期，W地区各类义务教育在校生总数846 769人，民办义务教育学校98 794人；计算可得公办学校生均教育成本为9 396元/生。如果按照义务教育公办学校生均教育成本计算，民办义务教育学校共计需要拨付经费9.28亿元，而当年W地区民办

113

义务教育学校共获得教育财政 4.57 亿元。可知，2013 民办义务教育为 W 地区节约教育财政 4.71 亿元。依此计算，2011 年为 7.01 亿元，2011 年为 7.93 亿元，三年累计节约教育财政支出 23.77 亿元。

(3) 从就业成本计算，2011—2013 年民办义务教育为 W 地区节约就业财政支出 18 833 万元。众所周知，就业是需要成本的，不仅仅是个人需要支付一定成本，国家为鼓励就业也需要支付成本，任何一项促进就业政策都是财政的支持。张铁明教授[①]依据国家劳动和社会保障部门的数据计算得出 2008 年我国人均就业财政成本为 9 184.89 元。2011—2013 年 W 地区各类民办义务教育学校教职工总数分别为 5 227 人、7 581 人、7 696 人，按照 2008 年人均就业国家财政成本 9 184.89 元的标准计算。2011—2013 年 W 地区民办义务教育学校提供的就业岗位为 W 地区节约就业财政分别为 4 801 万元、6 963 万元、7 069 万元。三年累计节约就业财政支出 18 833 万元。

第四节 W 地区民办义务教育管理体制改革中存在的突出问题

由于 W 地区民办义务教育管理体制改革内容涉及面广，某一问题的存在并非单一制度所引发，可能是多个因素共同作用的结果。因此，本研究中无法一一对应来详细阐述改革所存在的问题。根据本研究内容的需要，在深入分析问卷调研和访谈材料的基础上，选择部分具有典型性、普遍性的问题予以详细分析。

一、会计审核制度的不健全导致分类管理制度被"架空"

民办学校分类管理体制是 W 地区民办教育改革的重大体制突破。从体制创新的角度而言，W 地区的"两分类"民办义务教育法人登记制度为探索建立民办学校的分类管理改革提供了重要制度探索，在实践中也得到了一定的检验。然而，从政策执行的实际效果来看，W 地区民办义务教育分类管理政策收效有限。通过深入调研，发现分类管理实际效果不佳并非政策本身的问题，而是与之相配套的产权登记制度和民办学校会计审核制度的缺失，导致部分登记为"非营利性"的民办义务教育学校举办者利用法律和制度漏洞，谋取非正当利益，从而导致分类管理政策出现"有分类，难监管"

---

① 张铁明. 中国民办教育的财政贡献及政策建议 [M]. 广州：暨南大学出版社，2012：33—50.

的问题。

为何登记为非营利性民办义务教育学校的举办者想要寻求途径获取经济利益？这主要与 W 地区针对两类民办学校所采取的不同优惠政策的巨大差距所致。根据 W 地区分类管理政策规定，登记为非营利学校（民办事业单位法人）的民办义务教育学校可以参照公办学校，按照行政划拨方式获得土地使用权，同时享有税费减免等优惠政策。按照 W 地区民办学校平均投资成本计算，土地和税费支出占民办学校初始投资办学总成本的 50％～70％，尤其是学校用地上的巨大经济差异，如 AR 区（县）的一所学校，2014 年扩建学校，近 7 万平方米地按照市价约 8 000 万，而行政划拨只需要 300 万左右。这样的优惠力度是绝大部分民办学校无法忽视的。因此，就有举办者宁愿放弃获得合理回报的权利，将学校登记为非营利学校，然后通过其他途径获取经济利益，而且其获得的经济利益远远大于正常的合理回报所得。

对学校产权和财产会计审核不落实到位，非营利性民办学校依旧可以通过其他途径谋取营利性学校才享有的权益，事实上就是架空了分类管理政策，其分类管理的作用就无法真正发挥。

根据 W 地区的调研发现，研究总结了如下几种"非营利性学校谋取营利性学校经济利益"的运行模式[①]。

（一）"个人—学校"借贷模式

所谓"个人—学校"借贷模式，就是作为民办义务教育学校的实际投资人，其本人并不担任学校名义上的董事会人员或校长，表面上与民办学校没有办学管理上的权责关系，不参与学校的任何教学事宜，可被视为学校的"局外人"。然而，实际上"局外人"通过与民办学校签订借贷协议，成为民办学校事实上的投资者，虽然不参与学校管理，但其凭借经济利益关系能够影响民办学校的发展。

此类学校选择登记为非营利性学校，一是可以依法享受 W 地区各类优惠政策，极大地降低办学成本，获得更多的办学结余，二是作为"局外人"的学校实际投资者可以依据学校实际盈利能力调节资金借贷规模和利息率。民办学校完全成为其可以资助操控的获利工具。此模式的基本结构见图 4-2。

---

① 本研究所发现的改革问题，已经在后续《民促法》和《实施条例》的多次修订中陆续得到了解决。但出于研究阐述的需要，将其作为改革过程中的问题予以呈现。

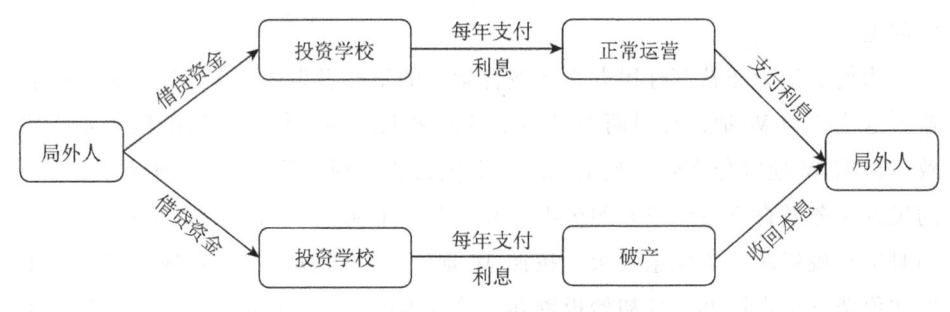

图 4-2 "个人—学校"借贷关系模式

"局外人"通过借贷资金给民办学校举办和运行学校，二者间形成债务关系。此笔借贷的资金成为民办学校的债务，也被归在民办学校的办学成本中。按照 W 地区《关于非营利性民办学校财务管理的实施办法（试行）》的规定，债务不计算在学校当年的办学结余中，而成为当年的办学支出。这种模式可以保证"个人"能获得利息收益。当民办学校运行情况良好，那么"个人"可以通过这样的方式一直从学校获得利息收入，往往二者间的利率要高于银行当年利率，且"个人"可以视学校的具体情况调节利率；当民办学校出现不可持续情况时，学校破产，"个人"也可以通过债权关系要求学校返还本金和利息，从而保障自己的利益。

（二）"公司—学校"借贷或租赁模式

本研究在实地走访和调研中，还发现了以非营利性民办学校谋取团体或个人经济利益的另一种模式。此模式内含两种子模式，一种是"借贷模式"，另一种是"租赁模式"（见图 4-3）。

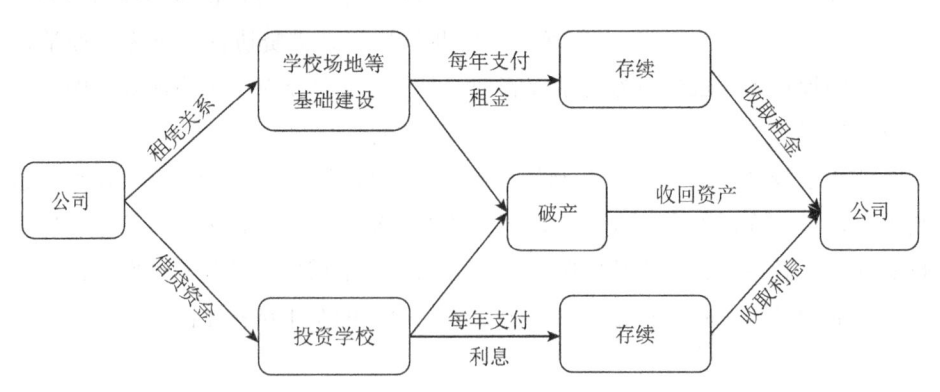

图 4-3 "公司—学校"借贷或租赁关系模式

（注：本模式中"借贷"关系基本结构与"个人—学校"借贷模式是一样的，此处为避免重复，不再列出）

上图中的"公司—学校"借贷关系模式与前文"个人—学校"借贷关系模式的运行机制基本一致。下文主要分析"公司—学校"租赁关系模式的运行机制。

所谓"公司—学校"租赁模式，是指开办民办学校的若干个人或团体依据《中华人民共和国公司法》成立具有独立法人的公司，然后由此公司投资建设可用于办学用的基础设施，然后公司成立一所非营利性民办学校，最后公司所登记的非营利性民办学校通过租赁场地的形式与公司签订租赁关系（见图4-4）。一般而言，成立的民办学校董事会或理事会成员中会有公司代表。

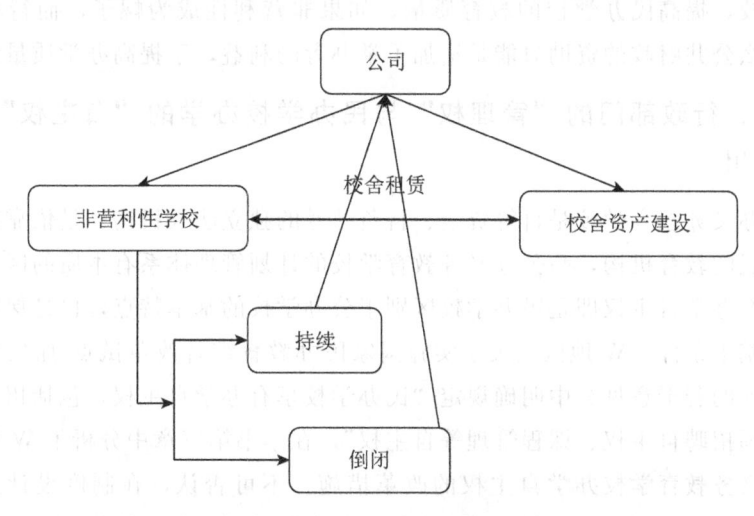

图4-4 "公司—学校"租赁关系模式

在此模式中，公司似乎没有直接参与投资民办学校，而只是与民办学校产生租赁关系，以合法的形式将民办学校的办学结余以租金的形式作为公司的营收。这也是为什么许多企业家不愿意直接建设一所民办学校，而是首先选择注册教育性质公司的根本原因。此种模式的特点：一是"公司"投资建设的校舍等基础设施是公司的自有资产，拥有独立的产权，这就保障了举办者无论在什么情况下均保有自己的资产；二是"公司"通过投资举办非营利性民办学校，其投入的资金最终会通过租金的形式回到举办者手中，且这种分离式的办学形式，只要学校能够运转，其资产就能不断盘活和实现投资收益；三是与"个人—学校"借贷模式一样，此模式在学校倒闭时能够最大限度地保护投资人的利益。

无论是"个人—学校"借贷模式，还是"公司—学校"借贷或租赁模式，表面上都是打着"非营利性民办学校"的幌子，将民办学校作为谋取个人或团

117

体经济利益的工具。W地区希望通过建立民办学校分类管理体制，实行营利性与非营利性民办学校的差异政策、区别对待，希望通过不同的优惠政策鼓励民间投资"非营利性民办学校"。然而，由于相关制度的不健全和监管的不到位，实践中的分类管理政策制度在设计上是成功的，而实践中并未实现政策的本来目的，本质上架空了分类管理政策，也使改革成为表面文章。

分析认为，此问题不解决，将会产生以下两点负面影响：第一，给那些投资教育谋取利益的人以可乘之机，扰乱民办教育市场办学秩序；第二，浪费教育资源，影响民办教育质量。针对非营利性民办学校的优惠政策本身是为扶持民办学校，提高民办学校的教育质量，如果非营利性成为幌子，而行牟利之实，那么公共财政的资助只能是增加了举办者的利益，于提高办学质量无益。

二、行政部门的"管理权"与民办学校办学的"自主权"矛盾依旧突出

民办义务教育学校是自筹资金、自负盈亏的独立法人机构，是依靠市场生存和发展的教育机构，与公办义务教育学校的计划管理体系有本质的区别。因此，享有办学自主权即是民办学校区别于公办学校的基本特点，也是保障学校发展的基本条件。W地区《关于实施国家民办教育综合改革试点 加快教育改革与发展的若干意见》中明确规定"民办学校享有办学自主权，包括招生自主权、教师招聘自主权、课程管理等自主权"。在本书第三章中分析了W地区有关民办义务教育学校办学自主权的改革措施。不可否认，在制度设计上，W地区赋予了民办学校相当的办学自主权，但实际效果正如一校长所言"不仅没有变化，似乎还不如以前更自主"[①]。那么，行政部门的"管理权"是如何影响民办义务教育学校办学"自主权"的。

（一）民办义务教育学校招生自主权被政府公权力限制

《实施条例》（2021）第三十一条规定"实施义务教育的民办学校应当在审批机关管辖的区域内招生，纳入审批机关所在地统一管理。"且随着"公民同招"政策的出台，义务教育阶段民办学校的招生已经完全按照公办学校招生要求统一管理，不再享有招生自主权。但本部分呈现的问题讨论均是在相关制度修订之前对W地区的调查，作为改革实践过程中的问题予以呈现和探讨，也为后续深化改革提供经验借鉴。

[①] 此评价为W地区YP区（县）一民办学校校长评价民办教育综合改革成效时所言。同时，其还讲到"W地区政府对民办学校的扶持力度是加大了，政策也好了，但对你的管理和限制也相对多起来，存在以'支持'换'管理'的倾向"。

| 第四章 | 改革实践：民办义务教育管理体制改革的地区经验

生源是民办学校赖以生存的根本，在全面普及九年义务教育背景下，生源更是民办义务教育学校与公办学校竞争、维持生存和发展的关键要素。因《实施条例》（2021）和"公民同招"政策的出台，民办义务教育学校已不再具有此前《实施条例》（2004）赋予的"民办学校享有与同级同类公办学校同等的招生权，可以自主确定招生的范围、标准和方式"权利，而是必须在辖区内与公办义务教育学校同步招生。高中阶段教育则不在此限制范围内。

无疑，在当前政策环境下，民办义务教育学校的自主招生权利已经不复存在。就算是在"公民同招"政策出台前，民办义务教育学校的招生自主权利也会遭遇公权力的干涉而在实际中难以得到保障。根据调研结果发现，W地区教育行政部门"公权力"对地区民办义务教育学校招生自主权干涉可体现在如下几点：①招生人数的限制，部分区县民办义务教育学校招生计划和招生方式基本是按照公办学校招生政策执行，管理部门对民办义务教育学校每年招生数核定后，下达每年的招生计划；②招生对象的"先公后民"，无论是本地招生，还是跨区招生，大部分民办义务教育学校都只能在公办学校招生结束后才开始招生，严重影响民办义务教育学校生源质量；③潜在跨区招生的"地方保护主义"，尽管政府明文规定"县级以上地方人民政府教育行政部门、劳动和社会保障行政部门应为外地的民办学校在本地招生提供平等待遇，不得实行地区封锁"，但实际中，此类"地方保护主义"行为在民办义务教育学校跨区县招生中仍有存在，其表现为限定招生人数、生源批次等。

【案例3】

YP区（县）H学校是一所九年一贯制民办学校，2013—2014学年按照学校计划可以招生637人，而教育管理部门最终核定招生指标为531人，相差106人。对于H学校而言，减招109人就意味着学校约有109人的教育资源闲置，而其成本又不会降低，对于自负盈亏的民校而言，这是极为不利的。同时，由于所在YP区（县）现有生源并不能满足生源需求，需要跨区招生153人左右，学校计划在周边的ST区（县）、NC区（县）、AR区（县）三县跨区招生，并向上述三县教育管理部门申请备案。然而，上述三县教育管理部门均对H学校在本地区的招生名额进行了严格限制，如TS县最终核定H学校当年在本县招生名额为10个，其他两个区县也基本如此，最终H学校在扩大招生范围的情况下，当年实现招生总人数为526人，比计划招生少7人。

（案例来源：出于保密原则，文中隐去地点、个人和单位的相关信息）

对于违反地区"潜规定"的民办学校，区县（市）教育行政管理部门会采取一些惩罚措施：一是来年的招生名额被压缩甚至取消；二是已经录取的学生学籍档案不予调离，增加民办学校跨区招生的难度和成本。因为我国学生实行电子档案登记制度，每个学生有且仅有一份电子档案，且必须连贯，尤其是义务教育阶段。因此，如果跨区县学生强行就读其他区县（市）学校，最后考试还是必须回到档案所在地，相当于借读。

民办义务教育学校招生自主权未能得到实际保障，对于一些民办学校而言影响很大。招生不足，校舍、教学设备的大量闲置、教学资源浪费严重，生存难以为继。研究认为，区县管理部门在民办学校跨区招生问题上采取地方保护主义，根本原因是教育管理行为的短视和对民办学校的歧视。其行为背后潜在的认知观念是"办好人民满意的教育就是办本地区人民满意的教育，教育局就是公办教育的教育局"。既然国家希望通过市场优化教育资源配置，发挥市场在教育资源配置中的作用，那么教育管理部门就必须做好教育市场的服务工作，转变政府在民办学校招生中的"管理角色"，而积极发挥"服务型政府的角色"。W 地区教育管理部门不仅要依法赋予民办学校招生自主权，更要依法保障其自主权的实现。

（二）民办学校教师招聘自主性不足影响学校师资队伍的建设

民办义务教育学校教师招聘不同于公办学校，有无"编制"是二者的根本区别。因为民办学校教师招聘更多的是体现"优质优酬、多劳多得"的市场机制。W 地区针对民办学校教师管理体制方面进行了较多制度上的创新，但也存在一定程度上侵害民办学校教师招聘自主权的现象。

（1）要求民办学校与招聘教师必须进行人事代理，且必须进行人事代理。按照 W 地区《关于进一步加强民办学校教师队伍建设的实施办法》第二章和第三章的规定：凡符合任职资格并已应聘到各级各类民办学校任教的教师，均要参加人事代理。毫无疑问，民办学校与招聘教师间是否需要办理人事代理取决于利益双方的实际需要，而非地方政策要求。强行要求民办学校对教师进行人事代理无疑是对教师招聘自主权的侵害。因为据实际调研发现，民办义务教育学校师资队伍中存在许多兼职或者短期人事关系的教师，实际情况是他们无须办理人事代理。又如某一学校从外省引进一名已退休公办骨干教师，本教师社保、人事关系等均落定在原单位，新单位无须解决此事项，双方仅需要签订一份聘任合同。

（2）设定最低工资线也是对民办学校招聘教师自主权的一种侵害。W 地区政策规定"民办学校教师的工资指导线（最低标准）不得低于当地同级同类公办学校教师岗位绩效工资的 70％"。研究认为，这是以政府管理干涉教育劳动力市场价格机制的行为。强行规定民办学校教师最低工资待遇虽然保障了教师的权益，但其本身是对民办学校权益的损害。既然民办学校是自筹经费、自负盈亏的学校，给予招聘教师何种工资待遇，这属于民办学校与教师间的劳动关系事宜。民办学校有权根据教师的实际能力确定其享受的工资待遇等级，不应由政府制定。而据了解，2014年W地区各区县（市）均有制定本地区民办教师最低工资指导线。其中，WC县规定民办义务教育学校教师年最低工资为36 800元，并且将是否执行最低工资标准作为民办学校教师参加社保的前提条件。最低工资标准线并不符合当前民办学校教师工资待遇的实际情况，是行政权力过度干涉的表现。

三、民办义务教育学校内部管理组织结构不合理，管办分离待落实

W地区《关于加强民办学校现代制度建设的实施办法》要求"民办学校要建立健全决策机构（董事会或理事会）、执行机构（行政班子）和监督机构（监事会），形成决策、执行、监督相对独立、相互制约的法人治理结构，并按照章程自主管理。"上述要求可以视为对民办学校内部权力组织结构的基本规定，也是落实管办分离政策的基本要求。

据调查，W地区民办义务教育学校举办形式主要有四种类型：①个人独资；②个人与个人或个人与组织、团体合资；③企业举办；④股份制。数据显示，W地区义务教育阶段的民办学校，"个人独资"的居多，且所谓"个人独资"其实是以家族的形式管理民办学校，学校本质上成为其家族企业，就如经济领域的家族企业一样。W地区民办义务教育学校依据市政府改革要求，绝大部分学校建立了董事会或理事会。通过对学校的实地调研及区县（市）管理人员的访谈得知，除个别全国连锁性质的品牌民办学校建立了比较完善的学校内部治理结构，其他学校的管理组织形式本质上依旧是"家族式"管理，管办分离也只是徒有形式，并未落到实处。学校内部治理结构不合理导致学校管理上存在如下问题：

（1）民办义务教育学校举办者既是董事长，又是校长的情况较为普遍。根据《民促法》（2018）和W地区民办教育综合改革政策规定，民办学校应实行董事会领导下的校长负责制，此举是为保障民办学校的所有权和管理权的分离，防止举办者将民办学校视为谋取个人利益的工具，从而损害师生的正当权益。从表面来看，W地区多数民办学校按要求设立了董事会、监事会，做到了管办分离。然而，实际情况是多数民办学校举办者同时兼任董事长和校长，或者学校的管理要职均是举办者的亲属关系，相互监督就成为一句空谈，学校日常管理决策基本取决于举办者的个人决定。

（2）教师等职工参与学校管理缺乏制度保障，有名无实，缺乏话语权。W地区《关于加强民办学校现代制度建设的实施办法》规定，民办学校董事会或理事会成员由举办者或者其代表、校长、教职员工代表和社会人士组成，且监事会的监事在举办者和教职员工中通过民主选举产生，其中教职工代表的比例不得低于三分之一。毫无疑问，政策赋予了民办学校教职工在学校管理中一定的职权。然而，学校教职工要参与学校管理且具有一定的话语权，事实上难以实现。据了解，能够成为民办学校董事会或监事会理事人选的教职工，主要是两类：一是学校高薪聘请的骨干教师；二是既是教师又是学校中层管理人员。有部分教师就直言，"能够参与到学校管理层的教职工，往往都是学校发展的受益者，或者既得利益者，很难客观地代表学校教职工发表意见和建议。"研究认为，并不能依此就认为所有民办学校均是如此，但此类现象也是客观存在的，必须予以重视。

四、改革主体间的利益博弈致使部分主体参与改革的积极性不高

W地区进行民办教育体制改革，本质上是对现有民办教育管理制度的重新建构和完善，对政府与民办学校、举办者与民办学校等各利益主体间的利益关系的重新确立。依据多重制度逻辑理论解释，在民办义务教育改革过程中，每一个利益主体的应对行为，均是其所处职责立场和利益间的博弈结果，[①][②]且此行为受政策推进变化而不断变化。

在W地区的系列调研过程中，对改革最为直观的感受就是区县教育管理部门和民办学校参与改革的积极性不高，整个改革推进源于上级管理部门的行政压力。

（1）区县（市）教育行政管理部门落实改革缺乏积极性，主要体现在如下两点：

一是区县（市）教育局未设置专门的民办教育管理机构和配置工作人员。截至2014年，W地区下辖各区县（市）近40%没有成立专门的民办教育管理科室和专职工作人员。部分区县（市）将民办教育的管理纳入"职成办"，有些区县的民办教育管理机构仅有1名工作人员，且同时管理职业教育、成人教育。

[①] 周雪光，艾云．多重逻辑下的制度变迁：一个分析框架[J]．中国社会科学，2010（4）：132-150．

[②] 刘国艳．教育改革的多重制度逻辑分析[J]．教育研究与实验，2014（4）：22-25．

| 第四章 | 改革实践：民办义务教育管理体制改革的地区经验

二是区县（市）教育局对上级部门的改革政策不认同。由于各区县（市）均有自身的实际情况，市改革政策不能一一呼应，所以区县（市）教管部门选择消极对待的方式执行改革。此类现象在 W 地区民办教育改革过程中还是多有存在的。以"民办学校教师参加事业单位保险"政策为例，HO 区（县）是外来人口相对较多的区县，该区民办学校生源流动性较大，且较多的学校属于子弟学校，多数民办学校对于教师参保没有积极性。HO 区（县）教育局曾就此向市教育局建议针对各区县实际情况修改此项政策的具体措施，但未得上级部门到重视，导致该项政策在 HO 区（县）的执行情况很差。

针对上述情况，研究者设计了一道针对民办学校管理者的问卷题目"您认为所在地政府对民办学校改革的重视程度如何？"。以此了解区县教育行政部门参与改革的积极性。数据显示，65.38％的民办学校管理者认为所在地的区县教育行政管理部门对民办教育改革的重视程度"一般"（见图 4-5）。

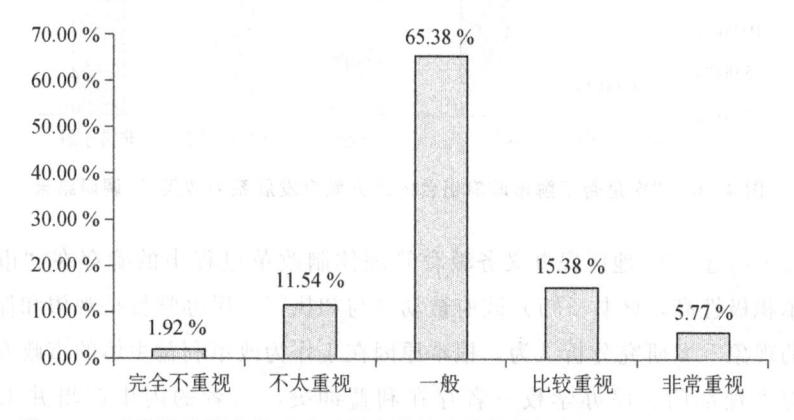

图 4-5 "您认为所在地政府对民办学校改革的重视程度如何？"调研结果

（2）民办义务教育学校主动参与改革的积极性不高。一般而言，民办教育改革最为重要的利益主体就是民办学校本身。而实际调研发现，W 地区民办义务教育学校参与改革的积极性偏低，

学校积极性不高可以从两个方面体现。第一，对 W 地区民办教育改革政策了解程度偏低（见图 4-6）。随机调查结果显示，民办学校教育管理者对于 W 地区民办教育改革政策熟悉程度偏低。其中，40.38％的民办学校管理者表示对政策并不是很熟悉。作为最重要的改革利益主体，对于改革政策不熟悉，这本身就表明民办学校对改革的重视不够，也就显示出其参与改革的积极性不高。在 W 地区 YP 区（县）召开的民办学校董事长和校长座谈会上，就有董事长表示并不知情市政府有专项经费用以资助民办学校教师参保的政策。第

二，部分学校对于W地区各项民办教育改革措施概不参与。此类学校多是规模较大，在地方上有良好口碑，教育质量过硬，生源有保障的民办学校。此类学校举办者认为政府的各项所谓的经费支持均是为了能够进一步控制民办学校而设立。因此，此类民办学校对于政府提供的购买教育服务资金，专项资助资金等均不主动要求，尤其是对于那些设立了前提条件的优惠政策均不争取。

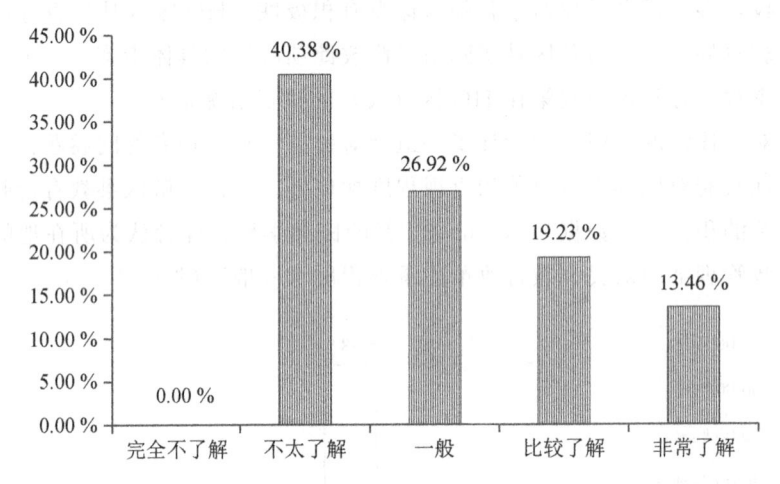

图4-6 "您是否了解市政府出台的民办教育发展系列政策？"调研结果

综上所述，W地区民办义务教育管理体制改革过程中的确存在"市级政府改革积极性高，区县（市）政府被动参与和执行，民办学校持观望和保守态度"的现象。本研究分析认为，根本原因在于作为改革利益主体的市政府、区县教育管理部门、民办学校三者存在利益冲突，三者的内生逻辑并未达成一致。

首先，市政府的改革逻辑。国家民办教育改革试点是W地区政府积极推进民办教育综合改革的动力之一，且中央各部门较为重视，改革本身具有一定的政绩效应。另外，W地区政府也希望借助改革的契机，整合地区民办教育资源，将数量庞大的民办学校纳入政府的管辖之下。

其次，区县（市）政府的改革逻辑。作为具体执行的区县（市）教育行政管理部门往往发挥"承上启下"的作用，很少有区县能自觉重视民办学校的发展。在现有行政管理体制下，管理者往往抱着"多一事不如少一事"的心态对待改革，且在县管教育的体制下，区县教育财政日益吃紧，改革是心有余而力不足。因此，区县（市）级教育行政管理部门更多的是被动参与改革和执行上级改革任务。

| 第四章 | 改革实践：民办义务教育管理体制改革的地区经验

最后，学校的改革逻辑。作为改革主要对象的民办学校，绝大多数的学校举办者对于政府插手民办学校管理是持抵触心理的。对于学校举办者而言，其仅是希望政府能为民办学校发展提供公平、宽松、稳定的政策环境，绝非希望政府插手民办学校的管理。所以，对于部分涉及学校管理权问题的改革政策，参与都往往较低。

毫无疑问，上述三者改革的逻辑有共同点，但更多的是差异，本质上是参与改革的各方在进行利益博弈，利益难以达成均衡就会导致各方参与度不够，积极性不高。如何进一步深化 W 地区民办教育改革，解决各利益主体之间的利益冲突很重要。

五、监管制度的不完善导致改革实施和效果难保障

民办义务教育管理体制改革不是一蹴而就的事情，而是"改革—发展—再改革—再发展"不断循环的过程。在此过程中，需要注重改革过程中的执行监督和效果评价的制度建设。

（一）监管制度的缺位致使部分政策措施难以得到贯彻落实

科学的政策需要坚定地贯彻实施才能保证政策实施的效果，而构建有效的监管机制是有效途径之一。纵观 W 地区民办义务教育管理体制改革，针对学校的登记制度、财务管理、办学管理均有明确的监管规定，然而对改革本身缺乏一个监管机制，更没有建立相应监督机构。

（1）各级教育行政管理部门缺乏监督导致改革政策的贯彻与否无从保障。正如前文所言，W 地区各项民办教育改革政策依靠各区县（市）教育部门的贯彻执行，但区县是否落实、落实程度如何则没有专门的监督部门予以监督。调研结果也显示，W 地区民办义务教育改革政策的落实更多的是依靠民办学校的自觉参与，并无正式的自上而下的监督制度。例如，W 地区对于满足"民办学校教师参加事业单位养老保险"改革的四项前提条件[①]的民办义务教育学校。当地政府将通过购买教育服务的方式，依据民办学校在校生人数，按照当地上年度生均教育事业费标准的 30％～50％给予民办学校相应的资金补助。这笔经费是用于资助教师参保的，但款项直接拨付到学校账户，而非教师个人账户。有区县（市）管理人员就提出，"民办学校四项前提条件的落实没

---

① W 地区针对民办学校教师要参加事业单位养老保险设立了四项前提条件：一是登记为民办事业单位法人的民办学校；二是足额缴纳教师社会保险费的单位应缴部分；三是落实当地民办学校教师最低工资制度；四是建立相应会计制度。

125

有相应的监督,如学校教师最低工资标准是否真的落实,学校举办者和教师共同虚报信息,帮助民办学校套取补助经费的可能性很大"。

(2) 监管机制的缺失降低了改革政策的权威性,也降低了区县(市)教育管理部门和民办学校对执行改革的重视程度。在一次区县(市)民办教育总结报告会上,市教育局负责人曾批评部分区县(市)的年度民办教育改革报告材料连续三年高度相似。"材料相似"背后恐怕不是撰写报告的不认真,而是区县(市)教育部门对改革重视度不够,也表明作为一项国家体制改革,其权威性受到削弱。

(3) 监管机制的缺失导致部分民办学校优惠政策被"折价执行"。W 地区民办教育改革政策在实施伊始,允许区县结合具体实际情况具体执行,但规定各区县(市)在执行相关政策时秉持"就高不就低原则",即当本地区优惠政策力度大于市级优惠力度,按照本地区标准执行,反之亦然。但调研发现 W 地区如下两项政策存在"折价执行"的现象。

首先,民办学校生均教育经费补贴计算口径不一致。市生均教育经费补贴标准是按教育经费"全口径"计算。YP 区(县)和 AR 区(县)在执行中则均按"生均预算内教育经费"计算,二者相差一半左右,部分民办学校举办者对此存在较大疑义。

其次,公办教师支教民办学校后待遇问题。W 地区政策规定"公办学校教师经组织委派到登记为民办事业单位法人的民办学校支教,其原有的公办教师身份、档案关系、工资和社会保险等均保持不变",相应的工资待遇由原单位承担,福利绩效则由所在民办学校负担,而实际中该项规定亦未得到贯彻落实,部分支援民办学校的教师(校长)反映"区县教育行政管理部门没有按照 W 地区政策规定拨付其公办教师工资",而是统一要求由民办学校支付。

由此可知,监督管理的作用之一是提高执行者的重视程度,强化其责任意识,缺乏监督的改革往往难以落实职责,政策本身的权威性也将大打折扣。

(二)改革缺乏一套科学有效的评价机制导致实施效果难评价

教育改革与发展有赖于教育实践,也有赖于对教育实践的正确认识和评价,尤其是对改革完整、全面、深入的评价。[①] 改革的实际成效、有无达到改革目标,还存在哪些亟待解决的问题,这一切都需要科学的评价机制,而 W 地区至今没有建立相应的评价体系。

(1) 民办义务教育没有专门的数据采集平台。在大数据分析时代,数据采

---

① 楚江亭. 关于构建我国教育发展指标模型的思考 [J]. 中国教育学刊, 2002 (2): 2-3.

集工作是构建科学评价体制的前提工作。W地区目前有关民办学校的数据采集依旧是混合在地区教育统计中，有关民办教育的统计口径完全是照搬公办教育，缺乏针对性，甚至根本没有专门的民办教育统计指标。无论是国家出版的教育统计年鉴，还是地方教育统计报表，W地区作为国家民办教育改革试点地区，数据统计工作尚且如此，其他省市可想而知，这也是民办教育改革缺乏监管体系的一种表现。

（2）改革效果评价靠经验式总结，缺乏科学的评价指标体系，降低了评价的实用性。据调查，W地区民办教育综合改革实施以来，除本次研究者参与的调研评估外，没有组织过大型评估。比如，W地区民办教育改革政策对地区民办教育产生什么样的实际影响，对于吸引社会资本投资民办学校起到怎么样作用等都没有一个客观的评价。地区民办教育改革实施情况如何全凭各区县教育管理部门的经验总结报告，此类报告虽可以对改革有个较为笼统的了解，但对深化民办义务教育改革实践指导价值有限。

第五节　调查结论与反思

一、调查结论

在对W地区民办义务教育管理体制改革实践各环节深度分析的基础上，本研究得到如下结论：

（1）发展民办学校是解决义务教育阶段"择校问题"的有效方式。我国已基本普及九年义务教育，实现了"人人有书读"的基本目标，而与"人人读好书"的目标还有较大差距。或潜或显的"择校问题"大量存在就是有力说明。"择校问题"和"个性化教育"是义务教育一直需要面对却难以解决的体制障碍，而民办学校对于上述问题的解决起到重要作用。W地区义务教育阶段也存在大量的潜在择校需求，但政策明文规定公办学校不允许择校，而民办学校则成为许多家长择校的对象。W地区民办学校之所以能起到此作用，关键在于当地民办中小学办学质量有保障，甚至在部分区（县），民办学校更受家长和学生的认可。因此，以"发展高质量民办学校解决择校问题"应当成为地区教育管理部门解决义务教育阶段择校问题的一个重要思路。

（2）民办教育的体制改革应从顶层设计着手，进行"一揽子"的制度建设或重建，而非对单一制度的修补和完善。本研究认为可依据吴敬琏、郭树清、周小川等提出的"整体改革理论"，建立以教育市场机制为基础对教育资源进行配置才能克服传统教育管理体制在竞争机制和动力机制上的缺陷，使教育资源得到有效的配置和利用。应突出建立和完善如下三大制度体系：一是自主经营、自负盈亏的民办学校参与体系，二是开放的、竞争性的教育市场体系，三是以市场调节为主的宏观管理体系。三者是缺一不可、相互制约的有机整体。

（3）利益相关者间的博弈充斥改革各环节，利益分配的不合理导致区（县）政府参与改革的积极性不高。民办义务教育改革本质上是对已有利益格局的再平衡过程。而区（县）政府作为改革"承上启下"的关键环节，其参与改革的积极性和态度很大程度上影响W地区各项改革政策的具体落实效果。然而，W地区整个改革过程中对于区（县）政府的利益关注严重不足，直接导致部分区县在落实改革政策上态度消极。改革中出现的基层管理者和学校举办者"消极参与""选择性参与""讨价还价式参与"等现象就是有力证明。上述问题在很大程度上"消解"了改革所产生的"政策红利"。

（4）"自上而下"的改革模式在保障改革执行力度和速度的同时，忽视了地区差异，降低了政策的针对性和适用性。W地区在所处省份中具有一定的典型性，而W地区11个区县的民办义务教育发展状况亦是千差万别。"一刀切"式的改革政策难以适用各地区的实际情况，其指导作用也就大为降低。研究分析认为应该按照W地区各区县民办学校发展实际情况制定和实施具体改革政策。依据发展趋势可将各区县民办教育分为三种类型：第一类是"起步早，规模大"，如YP区（县）、QL区（县）等；第二类是"起步晚，增长快"，如HO区（县）；第三类是"规模小，质量高"，如JY区（县）。对于"起步早，规模大"的区县，在政策上应予以放权或者提高标准，如YP区（县）早在2002年就开始实施民办学校教师补助政策，且其标准不低于当前的改革标准。因此，W地区现有的标准对于YP区（县）基本不适用，没有起到进一步促进的作用。而对于"起步晚，增长快"的地区，有必要考虑其发展起点低的事实，不能"揠苗助长"式的改革。例如，"教师最低工资标准"政策对于HO区（县）就不适用，因为该区县民办学校多数属于民工学校，民办公办学校教师工资水平差距比较大，如果按照政策所规定的"不低于公办教师工资的70%"来执行，无疑会极大地增加民办学校办学成本，该项政策在HO区（县）的实施效果差就是有力证明。因此，"自上而下"的改革模式需要充分考虑"自下而上"的舆情反馈。

（5）改革自身监管制度的缺失致使改革实施遭遇"消解"或"名存实亡"的危机。例如在产权与法人属性体制改革方面，实施营利性与非营利性的"二分类法人登记管理制度"，获得各改革主体的基本认同，但由于产权和会计审计制度配套不到位，分类管理制度事实上已经被"架空"，成为表面文章；在学校内部治理体制改革方面，强调建立现代学校法人治理结构，完善了学校内管理组织结构和权力分配体系，然而"管办分离"后的系列监督体制未能贯彻落实，导致学校法人治理结构不合理；在学校利益分配体制改革方面，坚持实施合理回报制度，并积极构建市县两级民办学校公共财政扶持体系，实施兼顾公益性，保障投资性"奖补结合"的民办学校利益分配制度，扩大民办学的社会效益和经济效益，但各利益主体间的博弈关系和利益不平衡导致学校举办者通过非法途径谋取经济利益的现象大量存在；在监督管理体制改革方面，大力推行民办学校监事制度，"完善内部、强化外部"的民办学校监管制度等，然而由于 W 地区民办义务教育管理体制改革本身缺乏"监管"，即对"管理"的再"管理"制度缺失，导致监管体制改革未能得到有效落实。

（6）改革政策应符合地区社会经济发展的实际情况。发展民办学校固然有其积极作用，但其作用的发挥和必要性都取决于地区教育发展的实际需求。研究认为，实施民办教育改革应正确理解两点问题。①国家要求发展民办教育，这是从国家层面而言，具有必要性。但国家层面的需求，并不一定是区县的实际需求。因此，对于区县教育管理部门而言，就应当充分论证本地区是否需要发展民办教育。例如，W 地区 TD 县作为一个岛屿众多的区县，其民办教育的市场很小，更多是需要政府提供教育保障，那么其地区教育发展政策就应当着重于公办教育的发展，就不能期望民办教育来填补地区教育短缺。②发展民办教育不等于抑制公办教育。研究过程中发现，部分区县管理者存在一些错误的发展观，如"发展民办教育就是超过公办教育""支持民办学校就是减少对公办学校的支持"等。毫无疑问，这不是我国民办教育体制改革的初衷。在处理民办和公办学校关系上，不是削峰填谷，而应锦上添花。如果对民办教育的支持是通过抑制公办学校的发展，那么对地区教育整体水平的提高无益，改革本身也就失去意义。研究还认为，实施民办教育体制改革，其根本途径是建立公办民办学校公平竞争的环境和体制机制，尤其是义务教育阶段，二者应是相互竞争，又相互平衡的关系。

二、研究展望

整体而言，本调查研究做了一定的创新工作，也取得了一定的研究成果。但依旧存在一些有待进一步深入研究的问题和不足之处。

（1）本研究以 W 地区为例，进行了系统研究，但个案研究存在其自身的局限性。因为区域差异是我国教育发展的基本特征，各地区之间的实际情况迥异。而民办教育又与地区经济水平、文化背景等密切相关，区域的差异会直接体现在教育上。然而，受制于现实条件，本研究未进行区域的比较分析，导致单一地区的研究结果不能完全适用其他地区的分析。

（2）由于研究者自身学术水平，以及资料、数据可获得性的限制，对民办义务教育管理体制改革的研究难免存在偏差。例如，部分章节由于官方数据的不匹配，尤其是缺乏完整的连续性统计数据，导致分析不够深入。同时，问卷数据的采集由于有W地区各级教育行政部门的介入，存在调查数据失真的可能性。另外，研究集中在管理体制改革政策执行层面，但改革效果的达成与民办义务教育学校微观层面因素也有一定关系，而由于条件不允许，本研究对此未能给予足够关注。

（3）本研究所界定的"管理体制"内含四个构成要素，包括学校产权与法人、学校内部治理、利益分配和监督管理。上述四个要素间存在相互作用的关系，导致改革的某一效果或者某一问题其背后原因可能与上述四者均有关联，而非单一个体制所引发。如何将四者间的影响剥离分析，暂缺数据和技术上的支持。

（4）民办义务教育学校的发展不同于其他学段的民办教育，其特征更加鲜明，尤其是义务教育的"义务性"要求。2020年以来，各层面针对义务教育和民办义务教育学校的发展出台了较多的政策文件，如《教育部等八部门关于规范公办学校举办或者参与举办民办义务教育学校的通知》《中共中央办公厅、国务院办公厅关于进一步减轻义务教育阶段学生作业负担和校外培训负担的意见》《教育部办公厅关于进一步做好普通中小学招生入学工作的通知》。上述政策必将影响民办义务教育学校的制度改革及其效果，本研究对系列政策间的相互影响和关系还缺乏深度研究，而这对于民办义务教育学校的发展至关重要。

第五章　因素分析：影响民办义务教育管理体制改革的因素

道格拉斯·C. 诺思（Douglass C. North）在其《制度、制度变迁与经济绩效》一书中将制度分为"正式制度（约束）"与"非正式制度（约束）"[①]，诺斯的制度分类理论为分析政策实施提供了分析工具和分析框架。根据已有理论和研究，本研究所言正式制度包括教育法律制度、教育组织制度和教育运行机制等，非正式制度包括教育信念、非权力影响力、人际关系、潜规则等。[②]

目前，W 地区民办义务教育管理体制改革事实上已经超越教育体制改革的范畴，涉及地区财政、社会保障、国土规划等多方面体制改革。这也是为什么 W 地区为推进改革试点工作顺利开展，建立了由分管副市长担任召集人，各有关部门（如教育局、税务局、工商局、国土局等）分管领导共同参与的"联席会议制度"的原因。事实也表明，民办义务教育体制改革不仅受教育系统内部的因素影响，也受到教育系统外部因素的制约。本章将根据上述因素分类方法，从"正式制度"和"非正式制度"两方面探讨影响民办义务教育管理体制改革实施及其效果的因素。

第一节　影响民办义务教育管理体制改革的正式制度因素

"制度"（institution）是指"在有关价值框架中由有组织的社会交互作用组成的人类行为的固定化模式"。[③] 本研究中所指的"正式制度"是指各级政府机构制定的一系列法律法规、规章政策等具有约束力的规范性文件和组织制度。具体包括民办义务教育管理适用的法律法规、实施改革的组织制度和公办

[①] 道格拉斯·C. 诺思. 制度、制度变迁与经济绩效 [M]. 杭行, 译. 上海：格致出版社，2014：43—55.

[②] 邓旭. 教育政策执行的制度分析框架 [J]. 现代教育管理，2010 (7)：36—39.

[③] 杰克·普拉诺. 政治学分析词典 [M]. 胡杰, 译. 北京：中国社会科学出版社，1986：77.

教育改革政策。

一、民办义务教育的法律法规

对民办义务教育产生重要影响的法律主要有三部：一是《中华人民共和国教育法》，二是《中华人民共和国义务教育法》，三是《中华人民共和国民办教育促进法》。W地区民办义务教育管理体制改革各项措施都必须符合上述三部法律的基本规定和精神，也是中央提出"任何改革都必须依法有据"的基本要求。当前，W地区民办义务教育管理体制改革过程中面临诸多法律困境，法律法规的不匹配已经严重制约了改革政策的实施及其效果的达成：一是对民办学校法律定位存在偏差，从而影响改革政策的适用性；二是各级各类法律法规间的冲突削弱了改革政策的法律权威性。

（一）民办学校法律定位偏差影响改革政策的适用性

《中华人民共和国教育法》（2021）第八条"教育活动必须符合国家和社会公共利益"；新修订的《中华人民共和国义务教育法》第二条同样规定"义务教育是国家统一实施的所有适龄儿童、少年必须接受的教育，是国家必须予以保障的公益性事业。"；同样，各版本《民促法》均明确规定"民办教育事业属于公益性事业，是社会主义教育事业的组成部分"。毫无疑问，上述法律规定，民办义务教育学校是名副其实的"公益组织"。然而这一法律定位与W地区，乃至全国民办教育实际现状有天壤之别。法律定位和事实状况间的这种定位偏差给基层民办教育管理者、改革者在执行改革政策时带来了困惑，而这困惑来源于"实事求是"与"依法有据"间的矛盾。这一"定位偏差"矛盾最为直接的后果就是制约基层管理者对待民办义务教育改革的态度。

（1）法律定位的偏差直接削弱政策的适用性。在W地区11个区县（市）民办教育科（室）科长、主任的座谈会上，所有的科长在汇报本地区民办教育改革进展中均提到"法律"的规定性对"现实"情况的不适用性导致基层管理者无法切实展开改革工作的问题。较为突出的如民办学校享受公办学校同等的教育税费减免待遇，但已制定的13项中有11项不适用民办学校。

（2）法律定位偏差导致基层管理人员"歧视性认识"变得有据可依。在W地区YP区（县）的座谈会上，一位部门副主任如是说，"我们县目前教育财政已经很紧张了，保障公办学校都有难度，为什么市领导还要求扶持民办学校"。毫无疑问，这种观点的错误显而易见，属于典型的歧视性认识。但问题不在于这种认识的正确与否，而是此类观点在基层教育管理者中的普遍存在和为什么存在。众所周知，任何改革首先都是认识上的革命，态度决定一切，民办义务教育管理体制改革亦是如此，管理者的认识会直接影响改革效果。研究者经过深度访谈，发现管理人员形成此种"歧视性认识"原因之一在于，我国民办教育绝大部分学校均属于投资办学，却多数登记为非营利性民办学校。而法律明确规定"任何组织和个人不得以营利为目的举办学校及其他教育机构"，就直接导致实际情况与法律规定之间相互脱节。而区县基层管理人员对民办教育实际情况都相对熟悉，就导致管理者尽管深知部分民办义务教育学校暗中营利，却要根据市级改革政策扶持民办学校，由此形成认知冲突影响管理者正确执行改革政策和对待民办学校。相关政策与法律法规间的冲突导致政策执行者在认识上存在混乱，其必然会影响执行政策的坚定性。

（二）法律法规间的冲突影响改革政策的合法性

正如前文所言，民办义务教育管理体制改革涉及面很广，不单单是教育改革，相关的工商管理、土地审批、税费征收等政策都需要配套落实。然而，民办教育长期被边缘化导致部门管理法治规章不配套，也是当前改革中上位法与下位法冲突、地区规定与中央规定冲突、部门与部门间的规定冲突的重要原因。民办义务教育改革相关优惠政策经常会因为部门间所依据的法律法规差异而难以落实，这在W地区的改革中同样存在。

（1）关于民办义务教育学校营利性与非营利性分类改革的合法性冲突。各版本《中华人民共和国教育法》均强调"任何组织和个人不得以营利为目的举办学校"，各版本《民促法》对此也同样明确规定，且在2010年《国家中长期教育改革和发展规划纲要（2010—2020年）》明确提出要"积极探索营利性和非营利性民办学校分类管理"和"开展对营利性和非营利性民办学校分类管理试点"。如果按照中央全面深化改革委员会第二次会议时强调"凡属重大改革都要于法有据"，[①] 这样的改革显然是不合法的，在实践中也有学者和部分管理人员对此产生质疑。

（2）关于民办义务教育学校税费优惠政策的冲突。W地区的民办教育改革政策依旧没有解决部门法规协调问题，尤其是税费优惠等问题依旧困扰民办学校发展。W地区将民办义务教育学校分为营利性与非营利性两大类，其中非营利性民办学校又分为"要求获得合理回报"和"不要求获得合理回报"两大类，且针对不同类别民办学校设计了不同的税费优惠政策。然而，改革实践

---

① 新华网：习近平主持召开中央全面深化改革领导小组第二次会议"把抓落实作为推进改革工作的重点 真抓实干蹄疾步稳务求实效"[EB/OL]．(2014-2-28)[2022-7-27]．http：//news.xinhuanet.com/politics/2014-02/28/c_119558018.htm.

中，分类登记并没实现分类管理，究其原因在于教育部门制定的分类管理政策未获得其他部门的支持，如税收部门、劳动保障部门。例如，W地区政策规定对于登记为民办事业单位法人的民办学校依法享有公办学校同等的税费优惠政策，但事实上，税务部门和财政部门并未在实际中执行，原因在于教育部门制定的相关规定与上述部门的部门规章存在冲突。又比如税收问题，我国2004年出台的《关于教育税收政策的通知》关于"学校企业所得税"的免征条件如是规定"对学校经批准收取并纳入财政预算管理的或财政预算外资金专户管理的收费不征收企业所得税"，而整个W地区的民办义务教育学校的收费均未纳入地区财政预算管理，也没有专项专户管理，就导致部分学校即使是非营利性学校也难以享受免征企业所得税。虽然教育主管部门对民办学校区分了是否要求获得合理回报，但税务等部门规章并未及时加以区分，导致很多优惠政策实际中很难得到落实。

总而言之，法律规章对于W地区民办义务教育管理体制改革实施效果的影响显著体现在：①法律规章对民办学校定位的偏差影响基层管理者理解和执行改革政策；②法律规章的部门协同不足导致民办义务教育改革"有法难依"，促使相关改革政策适用性降低，合理性受到质疑。

二、实施改革的组织制度

组织学理论认为公共政策执行本质上是一个组织过程[①]，尤其是政策执行过程一般都是在复杂的组织中进行[②]，那么组织制度就很重要。民办义务教育管理体制改革的实施离不开相关的组织制度。合理的组织制度"对政策实施起到强大的规约作用，不仅因为其为政策实施提供平台，且其本身就是政策实施的产物和结果，同时反过来影响教育政策的有效实施。"[③] 具体而言，组织制度包括组织结构、组织行为、组织动力等，任一环节的不到位都会制约政策实施及效果达成。

（一）实施改革的组织结构

我国教育行政管理体制是"自上而下""高度集权"的科层管理体系，任何一项改革的执行都离不开各级政府组织，[④] 而在W地区民办义务教育管理

---

① 金太军，钱再见. 公共政策执行梗阻与消解 [M]. 广州：广东人民出版社 2005：208.
② 米切尔. 现代国家的政策过程 [M]. 赵成根，译. 北京中国青年出版社，2004：129.
③ 邓旭. 教育政策执行研究：一种制度分析的范式 [M]. 北京：教育科学出版社，2010：124.
④ 孙铁民. 论干部管理制度创新与培养选拔中青年领导人才 [J]. 中共青岛市委党校青岛市行政管理学院学报，2001（4）：51.

体制改革中，这些组织亦是承担改革的具体部门，组织间的相互关系如何，将直接影响改革政策的执行效果。

研究通过考察W地区民办义务教育改革管理的组织结构，发现W地区民办义务教育管理体制改革主要依靠各级教育局民办教育管理处、科室负责。同时，外部社会支持系统依靠同级的其他部门配合协调。具体的组织结构如图5-1所示：

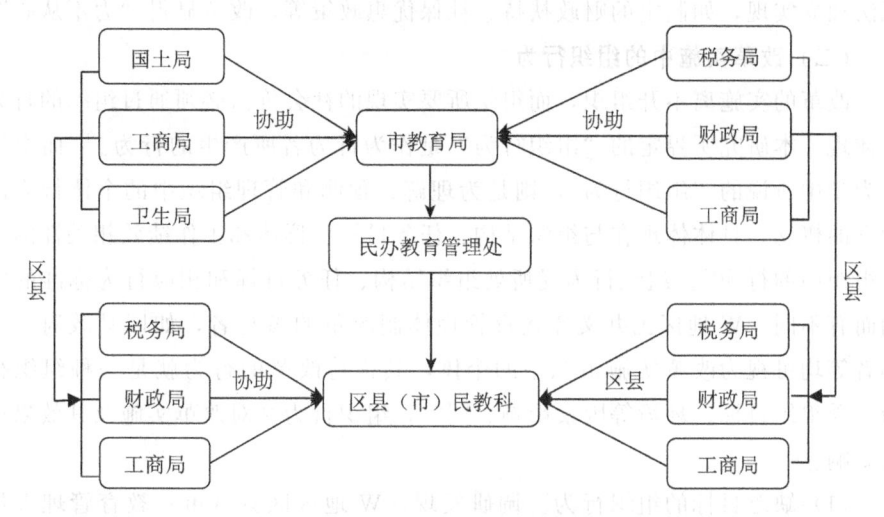

图5-1 W地区民办义务教育管理组织结构图

从图5-1的组织结构可知，W地区改革实施的组织结构由两部分构成：一是横向协调管理组织，即与市教育局同级别的"联席部门"，如负责管理学校注册登记的工商局、土地划拨审批的国土局等。这些部门在W地区民办义务教育改革中处于协助、配合地位，但又不直接受市教育局的指挥和领导；二是纵向执行组织，即教育系统的直接管理部门，如直接负责民办义务教育改革事务的"民办教育管理处"，以及与其对接工作的各区县（市）民办教育科室，二者间是一个直接隶属关系。

正如前文所言，民办教育改革本质上已经超越教育本身的范畴，涉及社会的方方面面，需要地区多部门的共同努力方能达成。而W地区民办义务教育改革的核心部门是"市教育局"。改革相关的文件、措施等实际上均由教育局拟定，再由各部门协调，最后以W地区政府的名义颁布。名义上市政府颁布的文件对W地区各部门均有约束效力，但实际上相关部门并没有严格执行。简而言之，就是作为与市教育局平行的其他部门并没有与市教育局保持改革的统一步调，依旧将民办义务教育改革认定为是教育系统的事情。尽管W地区政府成立了以副市长为领导的"联席会议",但该组织仅是一个松散的机构,更不用说各区县(市)级别的"联席会议"。

研究分析认为,W地区民办义务教育管理体制改革名义上有一个领导机构,但实际上是缺乏一个紧密的组织结构,尤其是作为一项综合改革,管理权和领导权的分配缺乏明确安排,制约了相关改革政策的实际执行和效果。虽然市教育局主管改革事宜,但缺乏对其他协助部门的指挥权,很多政策教育部门无法独立实现,如制定的财政扶持、社保优惠政策等,改革显得"力不从心"。

(二)改革实施中的组织行为

改革的实施离不开组织,而组织所要实现的社会价值必须通过组织的行为来体现。本研究所界定的"组织行为"是作为行为者所产生的行为。[①] 而组织行为学中所说的"组织行为",则是为理解、预测和管理组织中的个体行为而设立的概念。具体体现在与组织结构、任务目标、群体和工作绩效相关性的人在组织中的行为[②]。组织行为受所处组织结构、任务目标和相应行为标准的影响而有不同。W地区民办义务教育管理体制改革的参与者,如区县政府、举办者等均可视为改革实施组织中的个体,其执行改革的行为就是一种组织行为,受组织目标、环境等因素影响。同时,组织行为又对改革实施及其效果产生影响。

(1)缺乏目标的组织行为。调研发现,W地区区县(市)教育管理人员执行改革的过程中,其行为有两个突出特点:一是没有主动性,二是没有责任意识,更多地体现为"被动式"。研究者对W地区大部分区县(市)民办教育科室负责人都进行过深度访谈,发现很少的负责人能结合本地区实际情况讲解改革的目的,根本不知道本地区民办义务教育改革需要做什么,对具体的问题缺乏了解,更多的是在应付上级管理部门的检查,此类行为就是典型的无目的性行为。在W地区整个民办教育改革组织中,个体行为的无目的性十分普遍,也反衬出整个组织行为的无目的性。

(2)缺乏监督的组织行为。政策实施得好与坏,很大程度上取决于基层管理者的决策能力和执行能力。简而言之,管理者的素质和行为在很大程度上对政策能否有效执行起到决定性作用。调研发现,有些管理者对待民办学校的管理行为"简单粗暴"。所谓"简单"就是在不熟悉政策的条件下,想当然式回复民办学校办学中遇到的问题和困难,如曾有校长在听闻市教育局某领导解读

---

① 胡湛,刘永芳.组织行为的完全归因模型[J].心理科学,2009(1):154-157.
② Luthans F. Organizational Behavior[M]. NewYork:McGraw-Hill.Inc,2002:15-20.

"市财政对民办学校教师参保提供经费支持"时,竟然诧异地说"问过我们局里,我们区县好像没有"。而事实上,这是 W 地区改革政策中明确规定的,并由财政统一资助。还有一些管理者在面对诸如此类的问题时存在"踢皮球"现象。

综上所述,无论是组织行为的无目的性,还是无监督性,都表明 W 地区民办义务教育改革过程中组织制度急需完善。研究认为,需要建立一个良好的、高效的管理组织,既需要优化管理组织结构,梳理好权力管理体系,也需要规范好各类组织行为。建立一个明确的、统一的政策执行目标和执行标准与规范,对于促进改革实施效果具有积极作用。

三、公办学校的改革政策

公办学校与民办学校作为义务教育的两种基本形式,也是教育市场中最为重要的竞争对象,因此任何一方的改革都会直接改变教育市场的竞争格局。例如,允许民办学校教师参加事业单位养老保险政策,使得民办教师能够享受公办教师同等的养老待遇,在一定程度上提高民办学校教师招聘的吸引力,提高民办学校的竞争力。相反,公办学校的改革同样会对民办学校产生影响。基于本研究主题的需要,下文选取两则对当前民办义务教育管理体制改革起到重要影响的公办学校改革政策予以分析,即义务教育教师绩效工资改革、随迁子女入学的"两为主政策"。下文将以上述两项公办学校改革政策的实施为例,探讨公办义务教育改革政策如何影响民办义务教育管理体制改革的发展。

(一)义务教育教师绩效工资政策对民办学校改革与发展的影响[①]

2009 年 9 月,我国开始在义务教育阶段的公办学校进行教师绩效工资改革。改革的基本内容就是将我国义务教育教师"单一工资"体系改为"绩效工资"体系,旨在发挥绩效工资的激励作用。义务教育教师绩效工资改革实施以来,我国义务教育阶段教师工资整体获得较大增长,这促使教师工作积极性的提高[②],也促进了区域内教育均衡和教学质量的提高[③][④]。笔者曾就"绩效工资实施效果"问题通过随机抽样在全国 6 个省、直辖市(浙江、山东、江苏、重

---

① 周兴平. 教师和学校差异如何影响教师绩效工资实施效果——基于阶层线性模型 HLM 的实证分析 [J]. 教育科学,2013 (12):71-77.

② 范先佐,付卫东. 义务教育教师绩效工资改革:背景、成效、问题与对策——基于对中部 4 省 32 县(市)的调查 [J]. 华中师范大学学报(人文社会科学版),2011 (6):128-137.

③ 范先佐,付卫东. 义务教育教师绩效工资改革:背景、成效、问题与对策——基于对中部 4 省 32 县(市)的调查 [J]. 华中师范大学学报(人文社会科学版),2011 (6):128-137.

④ 薛海平,王蓉. 教师绩效奖金对学生成绩影响研究 [J]. 中国教育学刊,2013 (5):34-38.

庆、云南、贵州）的 36 个区（县）74 所中小学进行问卷调查。抽样调查结果显示，在公办义务教育学校里，"高职称"教师、"高职务"教师和"重点学校"里的教师对绩效工资改革的满意度最高。[①] 分析结果表明，绩效工资改革对于公办学校留住高职称、高职务的教师具有良好效果，尤其是对一些重点学校而言，效果更为明显。

公办义务教育学校绩效工资政策的实施对于 W 地区同学段的民办学校有何影响？本研究分析认为可能产生如下两点影响：

（1）增加民办义务教育学校招聘教师的难度，加速民办学校优质教师的流失。[②] 在 W 地区，师资保障是民办义务教育学校的弱项，缺乏教师，尤其是优质师资的不足是制约民办义务教育学校发展的重要原因。据了解，W 地区民办学校师资保障上存在两个突出问题：一是新教师招聘普遍较难，二是骨干教师流失普遍较多。上述两个问题一直是民办学校发展的顽疾，也是民办学校教师队伍不稳定的重要原因。而上述问题都在一定程度上与地区公办学校有必然联系，民办教师的招聘难、流失大，是因为处于竞争关系的公办学校优势明显。绩效工资政策的实施进一步扩大了公办学校的这种竞争优势。第一，公办学校具有"编制"优势，对新教师具有较大吸引力，实施绩效工资促进教师的工资待遇的提高，导致新教师更倾向选择公办学校。W 地区 AR 区（县）一民办学校校长曾提及"每年招聘的新教师，临开学时，总有一部分教师又通过考试被公办学校招去了，年年都需要抢教师"（2014 年 3 月 5 日 AR 区（县）Z 学校访谈记录），同时该校长强烈建议区县应该将公办学校和民办学校的教师招聘放在同一时间，以此防止民办学校已经招聘的教师又应聘到公办学校。第二，绩效工资政策提高了骨干教师的待遇，缩小了民办学校与公办学校教师工资间的差距，削弱了民办学校在工资待遇上的优势。而民办学校吸引"人才"的主要手段就是高工资待遇，现在公办学校实行"多劳多得，优劳优酬"的绩效工资，一定程度上强化了公办学校对骨干教师的吸引力，必然增加民办学校"招才纳贤"工作的难度。

（2）增加民办义务教育学校办学成本，挤压民办学校市场空间，增加民办学校办学风险。张宁锐通过调查研究发现，公办中小学绩效工资政策的实施对于民办中小学而言是一道严峻考验。[③] 除了上文提到的会加大民办学校招聘教

---

① 周兴平．教师和学校差异如何影响教师绩效工资实施效果——基于阶层线性模型 HLM 的实证分析［J］．教育科学；2013（12）：71－77．
② 张宁锐．绩效工资：民办学校的一道严峻考验［N］．人民政协报，2010－05－26（C2）．
③ 张宁锐．绩效工资：民办学校的一道严峻考验［N］．人民政协报，2010-05-26（C2）．

师和留住优质师资的难度,还会导致民办学校办学成本的提高,致使部分规模较小的民办学校面临关闭的危险。因为,民办学校为保持与公办学校竞争,需要通过提高教师工资待遇以吸引优质教师,才能保证生源。相反,教师工资待遇的增加,就迫使民办学校提高学费标准,过高的学费必然导致生源的减少,没有一定规模的学生,学校正常运转将难以为继。

综上所述,公办义务教育学校绩效工资改革对于公办学校具有积极作用,但对于域内民办学校的发展则是不利的。本书并不认为应该就此不实施绩效工资改革,而是建议在改革的同时,制定相关的配套措施,将其对民办学校的不利影响降至最低,如在教师招聘和公办民办教师流动方面出台一些积极政策,旨在保障民办学校教师的稳定性。

(二)农民工子女入学"两为主"政策对民办义务教育学校改革与发展的影响

2003年9月,国务院办公厅转发教育部等部门《关于进一步做好进城务工就业农民子女义务教育工作意见的通知》(国办发〔2003〕78号)正式提出"两为主"政策,一是农民工子女入学以"流入地"政府为主,二是农民工子女入学以公办中小学为主。从教育公平角度而言,"两为主"政策为农民工子女入学提供了机会和保障;但从教育市场公平竞争的角度而言,该项政策对于民办义务教育学校是不公平的,甚至会限制其发展。

我国义务教育资源不足是不争的事实,尤其是部分一线城市,在农民工子女大量涌入的背景下,公办学校已是满负荷运行,如果继续要求公办学校承担农民工子女入学的任务,这对于公办学校而言,无疑是不可持续的状况,过度消耗公办学校教育资源,必然降低教育质量。按照国家民办教育改革的精神,发展民办教育就是要发挥市场在教育资源配置中的主导作用。因此,应当鼓励民办中小学在解决农民工子女入学问题上发挥更大作用。然而,"两为主"政策的规定与民办教育改革宗旨不符合,这是以国家公权力干涉教育市场内在规律配置资源的作用。该政策不仅不符合地区公办学校发展实际,也不利于地区民办中小学的发展,对整个民办义务教育具有负面作用。"以公办中小学为主"的规定要求农民工子女入学"以公办中小学为主"直接剥夺了地区民办中小学招收农民工子女入学的权利,直接违反《民促法》"民办学校享有与同级同类公办学校同等的招生权"的规定,使民办中小学处于市场竞争中的不利地位。W地区目前有14所民工子弟学校,且都集中在HO区(县)、CL区(县)、AR区(县)等外来务工人员较多的区县,很明显,这些学校的生存和发展全依赖大量民工子女的就学需求。

当前,"两为主"政策对民办中小学的发展并未产生"毁灭性"打击,主要原因在于地区公办中小学无力承担大量农民工子女的入学需求。一是公办中小学已经实行义务教育，没有更多的经费用于承担民工子女的入学；二是公办中小学出于维护自身教育质量和教育声誉，抵触民工子女入学。对于要求就公办学校的学生设置各类门槛，如缴纳借读费、各类证明等，最终迫使农民工子女放弃就读。

研究认为，无论"两为主"政策是否已经对民办学校产生负面影响，但其相应规定肯定是不利于民办学校发展的。在公办义务教育资源丰富的地区，必将破坏教育市场的竞争秩序，损害民办学校的利益。因此，研究认为应酌情修改上述政策规定，将"以公办中小学为主"修改为"鼓励民办中小学积极参与接受农民工子女就学，政府提供必要经费支持"。

第二节　影响民办义务教育管理体制改革的非正式制度因素

个体在社会结构中扮演着一定的社会角色，其行为必然受所处社会规范的制约，从而影响其对某一价值理念的认识，这些带有鲜明个体特色和价值取向的社会规范便是非正式制度因素。相比正式的制度性因素，非正式制度性因素的影响更具渗透性、弥漫性。基于实地调研，本研究主要分析如下几项因素，包括教育管理者的观念认识、地区的社会经济文化和利益主体的博弈。

一、教育管理者的观念认识

本研究所论及的观念认识，专指教育行政部门管理者对民办义务教育的认知、态度，其本质上就是一种教育信念。根据《教育大辞典》的解释，所谓"教育信念"就是指"个体对一定教育事业、教育理论及基本教育主张、原则的确认和信奉。"[1] 从心理学角度来讲，信念是个体内心的一种无意识或先验的，对个体行为具有潜移默化作用的价值观。[2] 管理者对民办学校存在诸多"先入为主"的观念认识，而其中部分认识观念是一种非正确的歧视态度。民办义务教育管理体制改革首先是一场认知观念的改革，其次才是体制的改革。

已有研究和实地调研表明，W地区教育行政部门管理者虽然作为改革的重要参与者和推动者，但部分工作人员对民办教育依旧存在"消极"的认识，甚至是"歧视性"态度。研究认为在错误观念指导下的管理者无法真正理解和贯彻改革精神和政策，对改革实施及其效果难免会产生一定的负面作用。可以

---

[1] 教育大辞典编纂委员会. 教育大辞典（增订合编本）[Z]. 上海：上海教育出版社，1998：785.
[2] 陈向明. 实践性知识：教师专业发展的知识基础 [J]. 北京大学教育评论，2003 (1)：104—112.

第五章 因素分析：影响民办义务教育管理体制改革的因素

从如下两点进行分析。

（一）关于义务教育阶段民办学校应不应存在的认识

W地区民办义务教育改革虽然已经实施近十年了，部分区县基层管理者对"民办义务教育学校存在的合理性"还存在认识上的疑问。通过对W地区各区县（市）民办教育负责人进行问卷调查，发现各区县负责人在"您认为民办学校是否有必要存在"和"您认为民办义务教育学校存在的必要性如何"两问题上的回答结果存在明显差异（见图5-2）。在"民办教育是否有必要存在"的选项上，受访的区县（市）教育管理者中，18.2%的管理者认为"不太必要"，态度不明确的，即持"一般"观点的管理者占27.3%。半数以上的管理者（54.5%）则认为民办教育存在还是很有必要的。尽管对民办教育持认可态度的管理者还是占多数，但近五分之一的受访者认为"不太必要"依旧说明问题的严重性。在我国已经基本普及九年义务教育的前提下，民办义务教育学校是否同样有必要存在呢？调查数据显示，认为民办义务教育学校"比较必要及以上"的管理者占比为27.3%，态度不明确者占比36.4%，认为没有存在必要的比例也达到36.4%。

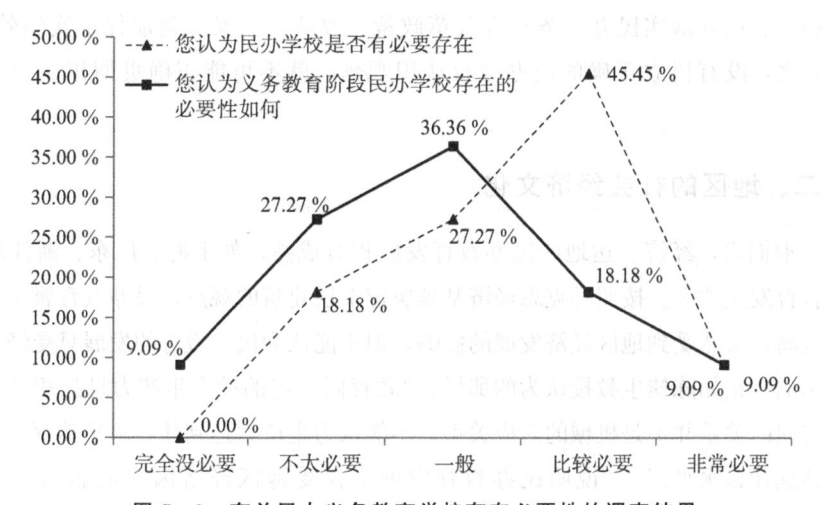

图5-2 有关民办义务教育学校存在必要性的调查结果

调查数据说明，对于民办教育，多数管理者态度是肯定的、积极的，而对于民办义务教育，持否定态度的人则要高得多。这主要是因为义务教育在我国是免费教育，而民办义务教育学校则是收费教育，二者存在明显的差异，尤其是义务教育，收费问题在认识上较为敏感。因此，要促进W地区民办义务教育改革需要树立"民办义务教育也是义务教育重要组成"的观念。

(二) 关于民办教育非区县（市）教育管理部门职责的认识

一直以来，对于"教育局"与"民办学校"关系存在错误的认识，即认为民办教育并非"教育局"的本职管理工作，公办教育才是"教育局"的分内之事。这种错误的角色定位导致部分管理者认为，教育局是公办学校的教育局，教育局局长也只是公办学校的教育局局长。毫无疑问，这样的观点是错误的，但是在基层管理部门却是普遍存在。其影响也是显而易见的。

研究认为，基层管理者出现此角色定位问题，既有历史原因，也与当前民办义务教育改革宣传政策有关系。2010 年，国务院将民办教育改革作为国家教育体制改革试点任务，在政策层面上给予了民办教育极高的地位，但是政策文本的转变不代表事实上的转变。政策执行者在实践中转变已有的认知观念却很难，实践中就会出现基层管理者尚未从认知上树立对民办义务教育的正确认识，就需要承担起改革所要求的各项民办义务教育改革任务，落实相关改革政策。由此，改革中就存在一种奇怪的现象，即对民办教育还保持怀疑态度和错误认识的管理者，由于职责所在必须贯彻上级管理部门下达的改革任务。这种内心的"反对"与实践行为上的"支持"形成鲜明的反差。如此条件下，如何要求政策执行者认真落实民办义务教育改革政策，改革政策又如何能保证实施效果。总而言之，没有树立正确的民办教育认识观念，就不可能正确贯彻相应的改革政策。

二、地区的社会经济文化

一般而言，经济发达地区民办教育发展相对成熟，如上海、广东、浙江均是民办教育发达地区。按照马克思经济基础决定上层建筑的观点，民办教育属于上层建筑范畴，必然受到地区经济发展的影响，但不能认为民办教育的发展只受经济水平的影响。正如陈桂生教授认为的那样，"教育同一定的社会生产力息息相关，但它们之间的关系并不是机械的对应关系。不能认为生产力达到什么水平教育一定或只能达到什么水平。"[①②]说明民办教育发展不仅受地区经济因素的影响，还受到其他因素的影响，如地区文化。顾明远研究指出，教育与文化有着密切的关系，文化对教育的影响比政治经济对教育的影响更深远、更持久。[③]

当前，对于"文化"的定义颇多，按照文化学的奠基者 E.B. 泰勒（E.B.

[①] 刘剑虹，刘燕舞. 教育与经济关系的实证分析：温州案例 [J]. 教育与经济，2006 (4)：13—16.
[②] 陈桂生. 教育原理 [M]. 上海：华东师大出版社，1993. 112.
[③] 顾明远. 教育的文化研究 [J]. 中国教育科学，2013 (2)：3—15.

Tylor)的定义:"文化或文明,就其广泛的民族学意义来讲,是一复合整体,包括知识、信仰、艺术、道德、法律、习俗以及作为一个社会成员的人所习得的其他一切能力和习惯。"[1][2] 该定义将文化解释为社会发展过程中人类创造物的总称,包括物质技术、社会规范和观念精神。[3] 本研究所分析的地区社会文化具体是指区县居民对教育的重视程度、居民的教育消费观念等。

W地区历来有重视教育的传统,这为民办义务教育发展提供了外在动力。W地区并不是所处省份经济最强的地级市,但其民办教育市场却是最成熟、规模最大的。这与W地区人民重教育不无关系。以YP区(县)为例,全县2011年人均GDP为29 729元,同期W地区平均水平为45 906元,属于W地区的欠发达区县。然而,该区县民办学校占地区总教育规模比高达40%左右。尽管相比公办义务教育学校,民办学校不仅要收费,而且费用不低。以该县的T民办学校(九年一贯制学校)为例,小学每学年学杂费为8 000元/生左右,初中段每学年学杂费11 000元/生左右。该校学费标准在同级民办学校中也属较高,但该校的生源却年年超出招生计划。实地考察发现,该区县经济虽不富裕,但居民对子女受教育问题十分重视,尤其是对接受优质教育。研究者曾随机走访过YP区(县)X镇的一户家庭,此家庭对于子女受教育问题的观点也是W地区居民重视教育的一个缩影。

> YP区(县)X镇的陈姓家庭,有子女3人,2女1子,家庭依靠经营超市为生。目前,大女儿就读本县一所民办高中,每学年学杂费为11 000元左右,二女儿和儿子就读上文提到的T学校,均就读初中段。如此计算,仅三个子女每年的学杂费就需要支出33 000元左右。对于普通家庭而言,此项开支负担还是很大的。就此问题访谈陈姓家长,其如此回答"我和他妈妈都没有太高文化,就靠做点小生意谋生,还是希望子女能有文化。给他们上好的学校,可以考更好的大学,以后就不用像我们一样那么辛苦。"(2014年3月4日YP区(县)访谈记录)

父母重视子女教育的出发点很实在,以子女日后的发展为目的。这样的教育观念在整个W地区很普遍的。分析认为,无论出发点如何,但客观上造就

---

[1] E.B.泰勒.原始文化[M].连树声,译.桂林:广西师范大学出版社,2005:28.
[2] 曾小华.文化定义现象述论[J].中共杭州市委党校学报,2003(5):56—62.
[3] 刘丽娟.文化资本运营与文化产业发展研究[D].长春:吉林大学,2013.14.

了 W 地区居民对教育的重视，为民办义务教育发展提供了条件。

此外，W 地区社会文化的开放性、包容性为民办义务教育发展提供了良好的外部环境。W 地区教育局的一位领导这样解释为何 W 地区能成为我国民办教育综合改革任务试点地区：首先，W 地区比较敢于探索，对外界的新事物、新思想都有很强的接受能力；其次，W 地区的人民群众有勇于拼搏和吃苦的精神，不怕输。民办教育改革是很复杂的改革，涉及很多部门的利益，也只有 W 地区才能承担。

当然，不能将 W 地区民办义务教育改革完全归结该领导所言的理由，但也不能忽视 W 地区社会文化所起到的必然影响。仅就 W 地区出台的一系列改革政策而言，相比其他地区绝对是最系统、最全面、力度也是最大的，多项制度都是国内首创。这种创新需要整个地区环境足够开放、包容。

最后，W 地区全民经商风气为民办义务教育发展提供了市场。无论是城市还是乡镇，W 地区居民都热衷于经商，且外出经商的比例较高。在大部分的经商家庭里，父母忙于经商而没有大量的时间照顾子女，往往愿意将子女送到寄宿制学校，周末或者月末才接回家。在义务教育阶段，学校不仅要承担教学任务，还需要承担生活管理的任务。家庭的角色一定程度上转移给了学校。公办学校较少有寄宿制的学校，这也为民办义务教育学校的存在提供了市场和生存空间。

综上所述，W 地区重视教育的社会氛围为民办义务教育发展提供了外在动力；开放的、包容的社会文化为民办义务教育管理体制改革提供了社会支持；全民经商传统为民办义务学校教育发展提供了市场。

三、利益主体的博弈关系

博弈论也称为"赛局理论或者对策论"，是应用数学领域的一个分支。博弈理论主要用于探讨参与者之间发生行为或相互作用时进行决策分析，并讨论均衡决策的结果。[①] 民办义务教育管理体制改革涉及多部门、多方面的利益关系。部门间、主体间的利益博弈存在改革的各方面。分析认为，W 地区民办义务教育改革中最主要的利益主体或政策参与者有市政府、区县（市）政府和民办学校，而三者间的利益博弈直接影响民办教育政策实施效果。

通过多次的教育部门座谈会、多部门座谈会和民办学校董事长（校长）座谈会，发现上述利益主体对于如何实行民办义务教育管理体制改革有自己的立

---

① 金常飞. 基于博弈视角的绿色供应链政府补贴政策研究 [D]. 长沙：湖南大学，2011：34.

场和理解，彼此间并非完全一致。对于 W 地区市级管理部门而言，期望通过改革将民办教育纳入现行政管理体系，突出的是对民办学校的"控制"；而区县（市）政府部门则处于上级政府和民办学校中间，既希望完成上级部门的改革任务，又不愿意过多承担改革责任，如提供配套财政、履行更多的监管职责等；民办学校则希望通过改革寻求自身的合法地位和更多自主权益，同时希望得到政府部门政策和经济上的支持，但绝不是失去"自主权"。

研究认为，各级政府间的利益关系是可以调和的，甚至能够趋于一致，但政府与民办学校间却不可能达到利益的完全一致。因为，政府间的利益关系建立在行政职权上，只要改革政策能合理分配管理权，二者即可达到利益一致。但在当前中国教育体制下，民办学校投资获利是举办者办学的主要动机和根本目的。这与政府希望强化对民办学校的管理初衷是有冲突的，如政府提供大量的财政资助，就会要求民办学校接受政府的管理。这就意味着民办学校要丧失部分办学自主权。这对于举办者而言，是难以接受的，但是举办者却又希望借助政府的资助获得合法的社会地位和发展平台。双方均希望通过各自途径于改革中寻求利益最大化，而不同的途径会形成不同的博弈关系模型。正是这种利益的不完全一致，导致政府、民办学校之间存在不同的利益博弈关系。因此，本研究归纳并分析了实践中存在的若干种博弈关系，并通过各类模型分析博弈是如何影响改革实施的。

（一）有效合作模式下的博弈关系

所谓"有效合作模式"即在市级政府与县级政府利益一致时，两级政府均认同当前的改革政策，并积极执行改革政策，同时民办学校认同并通力合作的模式。此模式的基本前提是民办义务教育改革政策能有效兼顾三方利益，从而调动各方参与改革的积极性。但从 W 地区实地调研情况来看，此模式太过理想化，尚无任一区县（市）能达到此种情况（见图 5-3）。

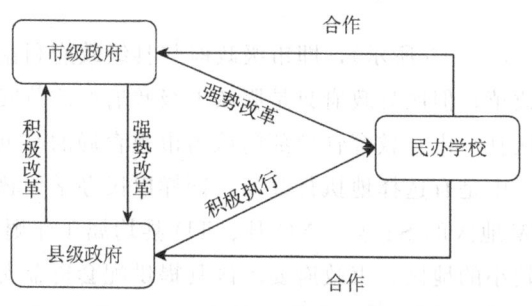

图 5-3 "有效合作模式"下的博弈关系图

(二) 选择性参与模式下的博弈关系

"选择性参与模式"与上述模式差异在于区县政府和民办学校是否认同上级政府的改革政策。尽管区县政府和民办学校参与改革，如果不是认同情况下的改革，参与也只会是消极的参与，其效果必然不同于积极参与的效果。根据W地区的调研结果，发现此模式在实践中存在两种情况，且两种情况均较为常见。

第一种情况（图5-4所示），即市级政府与县级政府利益一致，尤其是区县（市）教育管理部门认同上级政府的改革政策，但民办学校并不认同。此时，市级政府和区县政府都积极执行改革，而民办学校则是有选择性地参与改革。此模式在W地区各区县（市）中是比较常见的情况之一。以民办学校教师参加事业单位保险改革政策为例，QL县作为W地区财政收入富足区（县），对于此项改革相当支持，因此每年区财政在市级财政的基础上拨出500多万用于支持该项政策的实施。然而，本区县民办学校并非如政府那般积极，而是视地区政府的财政拨付情况选择性参与。从实际效果来看，在两级政府均认同改革政策的情况下，政策执行效果并不理想。其实施效果取决于两级政府支持的力度。

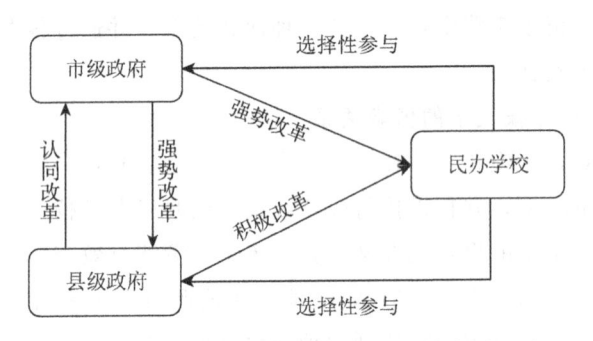

图5-4 "选择性参与模式一"下的博弈关系图

第二种情况（图5-5所示），即市级政府与县级政府利益不一致，尽管市级政府强势推行改革，但区县政府只是服从上级政府的改革安排，而非主动地参与改革。部分区县（市）教育管理部门认为市教育局的改革措施不符合地区实情，因此在实际中是有选择地执行改革。同样以民办学校教师参加事业单位保险改革为例，W地区的ST县、NC县、TD县均属于年财政收入不高，教育财政支出规模较小的地区，市政府要求区县提供配套资金支持改革，但上述三县每年虽有财政预算计划，但均无法落实到位，执行该项政策的积极性不高。而对于民办学校，财政无法配套到位，举办者参与改革的积极性不高。因此，政策的实施效果自然难以保证。

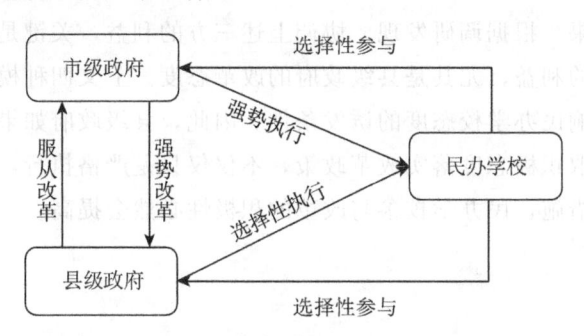

图 5-5 "选择性参与模式二"下的博弈关系图

(三) 消极对待模式下的博弈关系

所谓"消极对待模式"（图 5-6 所示）是指区县（市）政府与市级政府改革利益不一致，区县政府不认同市级政府的改革政策而消极对待，导致民办学校同样消极对待改革政策的模式。此类情况也是 W 地区较为常见的情况之一。

以民办学校教师参加事业单位保险改革为例。部分区县和民办学校对此都有质疑，其原因在前文已有论述，此处不赘述。两级政府之间就此项改革政策没有达成一致认同。当区县（市）政府不认同公共财政支持民办教师参加事业单位保险时，一是不及时提供配套财政，二是难以及时、完整地将此项优惠政策通知到民办学校。民办学校在没有得到政府足够的财政支持下，难以依靠自身的能力执行参保政策。所以，从下图 5-6 可以明显看出，虽然市级政府三令五申要求民办学校积极推进本校教师参保，但具体的政策实施还需地区政府的配合和落实，而区县（市）政府的消极执行显然影响民办学校参与政策的态度，毕竟区县（市）政府才是民办学校最直接的管理者，民办学校必然会考虑本地区管理部门的态度，区县政府执行政策不积极，民办学校也多会采取消极的观望态度。

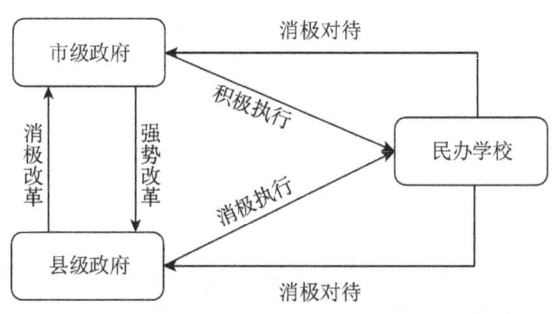

图 5-6 "消极参与模式"下的博弈关系图

市级政府、县级政府和民办学校三方对待民办义务教育改革政策的态度直接制约改革效果。根据调研发现，协调上述三方的利益，关键是要协调县级政府和民办学校的利益，尤其是县级政府的改革态度。上文四种模式中，县级政府的态度是影响民办学校态度的诱发条件。因此，县级政府如果能与市级政府立场一致，采取积极态度落实改革政策，不仅仅只是严格执行，而且是因地制宜地提供配套措施，民办学校参与改革的积极性必然会提高。

第六章 对策建议：民办义务教育学校有效改革的思考

通过对 W 地区民办义务教育管理体制改革实施的背景、效果和影响因素等分析可知，虽然 W 地区在改革实践中取得了较好的成效，但也还存在诸多亟待解决的问题。上述问题的解决对正处于"关键期"的民办义务教育管理体制改革具有重要意义。本章在前文研究的基础上，针对部分问题进行对策分析，力求为地区借鉴和采纳对策时提供最翔实的依据。

第一节 合理回报：一种"投资收益"测算标准和实施模式[①]

《民促法》(2002)首次从国家法律层面认可和支持的是民办学校"合理回报"政策，并在而后的《实施条例》(2004)和教育部 2010 年 9 月《关于进一步促进民办教育发展的若干意见》均再次明确了"合理回报"政策的重要性，并细化了其实施的基本要求。然而，"合理回报"政策并未得到地方政府的积极响应和切实推进。究其原因在于已有政策对"合理回报"的定义、计算方式、相关要素指标及取得方式等关键问题缺乏明确和可操作的规定。

从制定之初到颁布实施，民办学校"合理回报"政策一直饱受争议。学界对此的讨论也十分激烈，赞成之声与反对之音至今仍在持续。有学者对"合理回报"实施的合理性[②③]、实施条件[④]、回报的测算[⑤⑥]等进行了较为广泛的研

---

① 李玲，周兴平.民办学校"合理回报"标准测算及模式探析 [J].中国教育学刊，2014 (10)：50—53.
② 王文源.民办学校的合理回报与财产权制度构建 [J].教育发展研究，2005 (14)：26—29.
③ 吴开华.民办学校"合理回报"的立法困境与出路 [J].教育科学，2008 (1)：21—25.
④ 杨挺，周鸿.论民办学校产权之法律保护 [J].中国教育学刊，2005 (5)：12—15.
⑤ 徐志勇.试析我国民办教育投资回报的相关政策 [J].教育研究，2005 (9)：64—69.
⑥ 薛奕立.民办高校合理回报的经济学视角 [J].教育发展研究，2005 (12)：50—53.

究,并对实施"合理回报"政策将会导致的问题做了诸多探讨[①][②]。然而,已有研究缺乏对义务教育阶段合理回报标准的探讨,且现有标准没有区分民办学校的地区差异和校间差异,而上述差异在我国民办义务教育发展过程中较为突出。因此,本研究从地区民办义务教育发展实情出发,构建民办学校"合理回报"的测算指标体系,并设计不同的实施模式,为地区政府制定和落实民办学校"合理回报"具体政策提供参考建议。下文所讨论的"合理回报"是在承认民办学校举办者投资获利具有正当性的前提下设计的,而非一种奖励或扶持。

一、建立"合理回报"测算标准的理论及现实依据

(一)资本寻利性的内在要求

与其他行业相比,教育是公益属性与产业属性相结合的特殊行业。而随着知识经济时代的到来,教育的产业属性越来越明显。有研究就预测教育将是21世纪最大的产业[③]且已经吸引了规模巨大的社会资本投资。社会资本之所以大量流入教育领域,其根本原因在于资本具有"寻利性",即什么行业能够产生利润,就能够吸引投资。有研究结果已经发现投资教育的收益率远高于同期的银行储蓄利率和金融投资的收益回报。正因如此,我国民办学校中属于"捐资办学"仅占10%,而"投资办学"的则高达90%[④]。与欧美发达国家"捐资办学"占主导的情况不同,我国现阶段"捐资办学"缺乏良好的政策环境,也不具备相应的文化和社会土壤。因此,民办教育政策制定应当尊重国情。既然我国教育领域需要社会资本的投入,政府也希望吸引更多的资本投资教育,政策就应当承认资本寻利性特点。教育必须具有公益性,但不是无视资本寻利性的理由,政策制定者应在承认资本寻利性的前提下,合理引导和规范举办者获得办学回报,绝不是单一地禁止,否则,必然阻碍民办学校的健康发展和举办者投资的积极性和可持续性。

(二)民办学校举办者的现实诉求

研究人员曾多次实地走访民办义务教育学校,发现大部分民办学校举办者对于当前"合理回报"政策的实施情况显得很无奈。其突出表现在两方面:一是"合理回报"政策的贯彻不到位,虽然《民促法》赋予了举办者获得"合理

---

① 郑雁鸣.重庆市民办基础教育的现状、问题与发展建议[J].中国教育学刊,2006(7):24—26.
② 杜咪达.民办教育中的合理回报与教育公益性关系研究[D].上海:华东政法大学,2012.
③ 诸平、王蕊.关于发展教育产业的讨论——访北京大学刘伟教授[J].教育研究,1999(6):37—39.
④ 胡卫.关于民办教育发展与规范的思考[J].教育发展研究,2000(3):8—15.

回报"的权利，但地方政府对此并不积极，政策几乎被悬置；二是获得"合理回报"的前提条件苛刻，两类[①]学校在土地、税费等政策待遇上的巨大差异，使得绝大多数举办者选择登记为非营利性学校而放弃"合理回报"权利。实际上多数举办者希望"合理回报"政策能够贯彻落实。这既是对其投资合法性的肯定，也是鼓励其进一步投资的动力。然而，由于政策本身不科学和落实不到位，因此在合理权益未能获得保障的情况下，相当数量登记为非营利民办学校的举办者通过非正常途径获得回报。

由上可知，构建"合理回报"测算标准和模式具有三方面的基础：一是资本寻利性是客观规律，规律应当被认同；二是"投资办学"是我国现阶段民办教育的基本国情，国情应当被尊重；三是民办学校举办者存在要求获得回报的现实诉求，合理诉求应当被保障。上述三点正是本研究构建"合理回报"测算标准和模式必要性和可行性的重要基础。

二、制定"合理回报"测算指标及其计算方法

（一）指标选择的理论依据

"成本收益理论"中的收益法以成本预期收益和贴现率为基础估计未来收益的做法值得借鉴。对于民办学校而言，学校的收益具有持续性，且在收益期内贴现率能够获得可靠的估计。因此，用收益法对民办学校进行收益评估具有可行性。根据成本收益理论中短期成本的计算公式：$STC(Q) = FC+VC = VC(Q)+b$（式中 FC 表示平均固定成本，VC 表示可变成本），因此本研究将民办学校投资成本划分为固定成本和可变成本两大类。

民办学校举办者收益则根据银行贴现利息公式计算[②]。假设民办学校投资人不将资金投入学校，而是存入银行，可获得利息收益。如果选择投入学校，其也应当获得收益，这符合资本寻利要求。然而，由于民办学校投资属于预期获利，具有不确定性，为保障民办学校教师和学生的权益，且鼓励资本投资教育，政府需要对举办者投资的机会成本进行补偿。这与银行贴现概念的原理相一致。因此，本研究可以采用银行贴现利息方法测算民办学校举办者的合理回报的回报率。

---

① 两类民办学校是指"营利性学校（企业法人）"和"非营利性学校（民办事业单位法人）"。
② 贴现利息＝票据面额×贴现率×票据到期期限；银行贴现率（也称"贴现率"），是指中央银行借款给商业银行时所收取的利率。其基本公式为：贴现率 ＝ 一般贷款利率/(1＋贴现期)× 一般贷款利率。本研究中"1＋贴现期"恒定为12，即12个月（可按年贴现率计算）。

（二）指标体系的基本结构

根据成本收益理论和银行贴现利息公式，本研究需要确定民办学校举办者投资成本指标、公共财政资助指标及学校规模和质量衡量指标（见图6-1）。

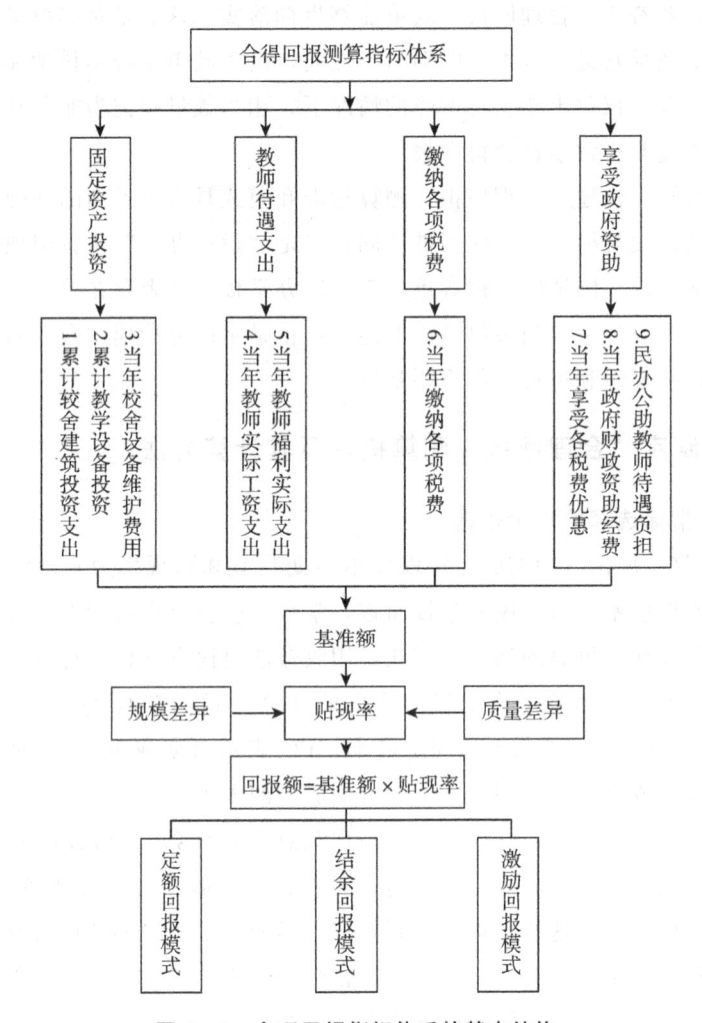

图6-1 合理回报指标体系的基本结构

根据上图确定的指标体系，并从固定成本和可变成本角度对上述民办学校办学成本进行划分，具体如下：

（1）固定资产投资包括三项指标，分别是办学以来的累计校舍建筑投资额、累计教学设备投资额和当年校舍教学设备维护费用。因为校舍、教学设备等固定资产具有一次投资，持续收益的特点，所以前两项采用累计指标。假如没有举办者的校舍设备等固定资产投入，学校就需要每年按照市场价格租赁场地设备等，而租金可视为校舍设备等的收益价值。

（2）教师待遇支出包括两项指标，分别是当年教师实际工资支出和当年教师各项社会福利实际支出。调查发现，部分民办学校存在一定比例的公办教师，而其工资福利等待遇部分地区是民办学校负担，部分地区是公共财政负担。因此，此项指标统计过程中应区分不同情况，以举办者实际教师待遇支出为准。

（3）缴纳各项税费按照当年民办学校实际缴纳的各项税费额为准。无论是营利性或非营利性民办学校都需缴纳一定的税费，而此项税费的多少因地区、学校不同有所差异，但均由民办学校负担，故应视为投资办学的成本。

（4）享受政府资助包括三项指标，分别是当年享受各项税费优惠（返补）额、当年政府财政资助经费和民办公助教师待遇负担额。政府公共财政对于民办学校的各项资助起到直接降低举办者办学成本的作用。因此，民办学校经营产生的收益部分是公共财政经费的产出收益，所以在统计民办学校基准额时，应减去此项资金投入。

（三）合理回报的测算方法

银行贴现利息的一般测算方法：贴现利息＝票据面额×贴现率×票据到期期限。根据模型中确定的民办学校各项成本指标，将上述公式变换为：

①合理回报额＝基准额（实际成本）×回报率（当年银行年贴现率）×时间[①]

1. 成本计算公式

②基准额＝（固定资产投资＋当年教师待遇支出＋当年缴纳各项税费）－享受政府资助额

③享受政府资助额＝当年享受各项税费优惠＋当年政府财政资助经费＋民办公助教师待遇负担额

将公式②、③分别代入公式①中，得到公式④：

④合理回报额＝[（固定资产投资＋当年教师待遇支出＋当年缴纳各项税费）－（当年享受各项税费优惠＋当年政府财政资助经费＋民办公助教师待遇负担数）]×回报率×1

2. 回报率的确定

基于民办学校作为教育事业必须兼顾社会公益性的特点，同时为了地区政

[①] 本内容发表时，W地区民办学校举办者获得合理回报一般按照"一年一结算"模式进行（当年结算），因此公式中"时间＝1"。

府可以监管和规范举办者的获利行为。本研究中举办者获得回报的回报率以当年银行的贴现率值为参照，并根据民办学校"规模差异"和"质量差异"设计成浮动"回报率"。同时，为保证此设计对吸引民间资本投入教育事业具有激励作用，其浮动范围可控制在 0 ％～110 ％。

规模差异根据民办学校在校生人数规模确定。一般认为民办学校规模越大，它对当地教育的贡献度越大，社会作用也更大。依此标准，不同规模的民办学校应划归不同档次的贴现率；质量差异根据民办学校的实际等级确定，如浙江省民办中学按照省一级、省二级、省三级标准进行评级。为避免过多的主观因素干扰，本研究建议直接按照各地区学校评级标准作为确定民办学校质量评定的指标。

民办学校贴现率最终要根据学校规模和质量等级确定。以民办初中为例（见表6-1所示），如A民办初中规模为1 001～2 000人档，那么可获得贴现率的20 ％。同时，A校又是省重点初中，又可获得贴现率的80 ％，综合A民办中学规模和质量指标后，确定其当年回报率为当年银行贴现率的100 ％，即当年A民办初中举办者可以按照当年银行贴现率的100 ％计算合理回报。

表6-1　不同规模和不同等级民办中学贴现率对照表

规模差异	贴现率％	质量差异	贴现率％
500人及以下	0 ％	省三级	10 ％
501～1 000人	10 ％	省二级	20 ％
1 001～2 000人	20 ％	省一级	40 ％
2 001～3 000人	30 ％	市区县级重点	60 ％
3 001人及以上	40 ％	省示范或重点	80 ％

（注：此对照表以民办初中为例，其他学段可根据地区实际情况酌情制定。）

三、构建因地制宜的"合理回报"实施模式

正如前文所言，我国民办义务教育发展状况存在巨大的地区差异，任何一种合理回报模式都无法兼顾所有地区实际发展情况。因此，笔者依据地区基础教育保障能力和民办教育发展实际状况设计适合相应地区实施的"合理回报"模式。下文将以A民办初中为例详细阐述三种模式的具体实施要点和步骤。

（一）激励回报模式

激励回报模式遵循"投入越多、办学质量越高、回报越大"的原则，最大限度地体现政府通过调控措施鼓励民间资本投资教育的决心。

实施的基本要点和步骤：①计算 A 民办学校举办者累计投资和当年投资的各项成本总额；②计算 A 民办学校当年获得的各项政府资助额；③以成本总额与当年获得的各项政府资助总额的差值作为 A 学校合理回报的基准额；④以当年银行年贴息率值作为回报率的基本标准，依据学校规模和质量差异确定具体回报率值；⑤依据"基准额×回报率"计算 A 民办学校当年合理回报额。

此模式最大优点是最大限度地将举办者投资获利心理和学校教育公益性要求有效结合起来，保障了民办学校教育的公益性。此模式适合在民办教育发展程度较高或公共财政保障教育投入较弱的地区实行。

（二）结余回报模式

本研究所提出的"结余回报模式"与此前《民促法》（2002）和《实施条例》（2004）政策规定的结余回报有所不同。原有政策的规定对于吸引举办者增加投资缺乏激励，且在政府监管不到位的情况下，会导致举办者为追求更多的办学结余，不合理地控制办学成本或虚报成本，如降低教学设备的配置、减少教师的福利待遇等，从而导致民办学校师生合法利益和教育质量受到损害。

本研究所提出的"结余回报模式"实施要点和步骤：①以 A 民办学校年终办学结余整体作为计算合理回报的基准额，而不是扣除其他相关费用之后的办学结余；②根据 A 民办学校办学规模和办学质量确定回报率；③当 A 民办学校年终没有办学结余时，无法获得合理回报。地区政府视情况给予一定的扶持奖励，此措施一定程度是为上保障举办者的办学积极性。

此模式在已有结余回报模式的基础上提高了举办者获得回报的比例，同样保留了回报对举办者不断提高学校管理水平、控制成本的激励作用。而回报率的确可以避免举办者过度追求办学结余的现象。此模式较为普遍，各类型区县均可受用。

（三）定额回报模式

所谓定额回报就是举办者每年按照固定的回报率计算合理回报。具体回报率由民办学校举办者与地区教育管理政府协商决定，但其依然以银行贴现率为标准。

实施的基本要点和步骤：①根据 A 民办学校举办者累计和当年投资总额、学校规模和质量评级来确定举办者是否有资格获得合理回报；②A 民办学校的合理回报基准额依据"激励回报模式"中的方法计算；③在确定 A 民办学校举办者具备获得合理回报资格的基础上，教育管理部门根据该学校办学规模和质量评级确定具体回报率,且在民办学校存续期间此回报率是固定的,也可每5年重新确定;④如果A民办学校办学规模不断减小,质量不断下降,且当其办学规模连续2年在500人及以下或办学质量连续2年评估不达标,可终止其获得合理回报资格,并督促其改善以重新获得合理回报的资格。如果该学校一直无法重新具备获得合理回报的资格,可终止其办学资格或由当地政府接管。

此模式的优点在于可以保障举办者获得稳定的合理回报,鼓励其不断提高学校的办学质量。然而,"稳定"本身也是此模式一大缺点,即对于举办者持续增加投资的吸引力不够,容易导致举办者"一次投资,终身获利"的心态。因此,此模式比较适合地区教育财政保障能力较强或民办教育发展较弱的区县。

本研究认为,在当前民办义务教育学校产权登记和会计制度还不是特别健全的条件下,不应该过快地要求民办义务教育学校放弃"投资回报",当然在现实中可能也不存在一个没有任何缺陷的"合理回报"模式。部分研究脱离中国民办教育实际情况,单纯借鉴西方发达国家的民办教育管理模式的做法可能过于理想化。然而,完全将民办教育推向市场又违背了我国现有教育法律法规的基本精神和教育的公益性要求。因此,能于其中寻求一种适度平衡的点是时下最可行的做法。本研究即是在"最理想"和"最现实"之间探索构建"最具操作性"的实施标准和模式。上述三种合理回报模式都通过"回报率"和"基准额"的确定方式为政府管理和引导民办义务教育学校发展提供了有效途径,突出体现了因地制宜的特点,避免"一刀切"的模式带来的弊端,因此也是"最具操作性"的。

第二节 科学评测:构建区域民办学校改革综合评价指标体系

教育改革与发展有赖于教育实践,也有赖于对教育实践正确的认识和评价,尤其是对教育完整、全面、深入的评价。[①] 当前,我国民办义务教育发展已由粗放的"规模扩张"向注重质量和特色的"内涵式"发展转变。民办义务教育管理体制改革业已进入关键时期,更加需要科学的评价机制为学校改革与发展提供科学决策的依据。只有明确民办义务教育发展中存在哪些不足,困难

---

① 楚江亭. 关于构建我国教育发展指标模型的思考[J]. 中国教育学刊,2002(2):2—3.

落在何处，改革才能对症入药，有的放矢，而这一切都需要做好"评估工作"。因此，构建区域民办义务教育改革综合评价指标体系及其机制有重要的现实意义。

一、民办义务教育改革综合评价指标体系的理论与模型

通过对已有文献分析发现，有学者构建了专项教育评估指标体系，[①] 也有学者构建了学前教育[②]、基础教育[③]、高中教育[④]、职业教育[⑤]及高等教育[⑥]等具体学段发展的评估指标体系；然而，针对民办义务教育发展评价指标体系的研究相对较少。不论是理论研究，还是实证研究，都与我国目前大力提倡民办教育发展的实际情况不相符，也不利于各级政府正确了解民办教育发展状况和及时调整相关政策措施。综上所述，构建区域民办义务教育发展综合评价指标体系，既符合国家教育体制改革精神，也是民办义务教育改革与发展的实践需求，亦是对现有研究的有力促进。

（一）指标体系构建的思路与方法

指标是一种评测准则，是对评价内容质的规定，这种评价准则是具体的、行为化的、可测量的和可量化的。[⑦] 本研究以 2010 年《国务院办公厅关于开展国家教育体制机制改革试点的通知》中有关"民办教育综合改革"的内容作为指标体系顶层设计的框架，以已有文献和各种政府工作报告中的理论论证，以及前期课题组在实地调查中民办学校举办者、管理者、教师、学生和家长等普遍关注的内容作为指标选取的依据。同时，结合大量实地调研所发现的问题，在多次征求民办教育研究专家、学者、学校举办者、一线民办教师及各级教育行政管理人员的意见后，利用主成分分析法对各指标进行确定和修正，构建了区域民办义务教育发展综合评价指标体系，具体指标结构如表 6-2 所示。

[①] 岳洪江，严全治. 我国地区教育程度指标差距问题研究 [J]. 教育与经济，2002 (3): 20-24.
[②] 庞丽娟，熊灿灿. 我国学前教育指标模型的现状、问题及其完善 [J]. 学前教育研究，2013 (2): 3-7.
[③] 王颖，张东娇. 我国基础教育阶段学校办学质量评估方案的元评估研究 [J]. 教育学报，2013 (1): 28-36.
[④] 高丙成，陈如平. 我国普通高中教育综合发展水平研究 [J]. 教育研究，2013 (9): 58-66.
[⑤] 宋小杰. 区域中等职业教育评价指标模型构建研究 [D]. 秦皇岛：河北科技师范学院，2012.
[⑥] 乔锦忠. 高等教育入学机会公平的指标模型研究 [J]. 教育学报，2009 (6): 69-73.
[⑦] 邬志辉. 教育指标：概念的争议 [J]. 东北师大学报（哲学社会科学版），2007 (4): 119-125.

表 6-2　区域民办义务教育发展综合评价指标体系

目标层	准则层	观测指标	值域
A1－教育环境	B1－学龄人口	C1－区域学龄人口总数（4~18岁）	绝对数
	B2－教育保障	C2－区域教育财政支出占财政支出比	0－1
	B3－教育消费能力	C3－区域城镇居民年均可支配收入	绝对数
		C4－区域居民年均教育类消费支出	绝对数
A2－师资保障	B4－教师数量	C5－民办学校专任教师数占区域专任教师总数比值	0－1
	B5－教师质量	C6－民办学校高学历教师数占区域高学历教师数比值	0－1
		C7－民办学校高职称教师数占区域高职称教师数比值	0－1
A3－经费保障	B6－经费来源	C8－区域民办学校预算内教育经费占区域总经费投入比	0－1
		C9－区域民办学校举办者经费投入占区域总经费投入比	0－1
		C10－区域民办学校学杂费收入占区域总经费投入比	0－1
		C11－区域民办学校政府税费经费投入占区域总经费投入比	0－1
A4－硬件资源配置	B7－校舍面积	C11－区域民办学校生均校舍面积与区域生均校舍面积比	绝对值
	B8－教学设备值	C13－区域民办学校生均教学设备值与区域生均教学设备值之比	绝对值
	B9－计算机台数	C14－区域民办学校生均计算机台数与区域生均计算机台数之比	绝对值
A5－教育规模	B10－招生数	C15－民办学校招生数占区域内招生总数比值	0－1
	B11－在校生数	C16－民办学校在校生数占区域内在校生总数比值	0－1
	B11－毕业生数	C17－民办学校毕业生数占区域内毕业生总数比值	0－1

（注明：表中所有"总数"，在未说明所指情况下，均指区域内民办义务教育学校相应指标的总数。）

（二）指标体系的结构与解释

本研究构建的区域民办义务教育发展综合评价指标体系分为目标层、准则层和指标层三层。目标层分为五个维度，包括教育环境（A1）、师资保障（A2）、经费保障（A3）、硬件资源配置（A4）和教育规模（A5）。准则层则由 11 项指标构成，具体包括 B1－学龄人口、B2－教育保障、B3－教育消费能力、B4－教师数量、B5－教师质量、B6－经费来源、B7－校舍面积、B8－教学设备值、B9－计算机台数、B10－招生数、B11－在校生数、B11－毕业生数。观测指标层则包括 17 项具体的指标。

（三）综合评价指数测算方法

首先，本指标体系"目标层"中"A1－教育环境"维度不纳入民办义务教育综合评价指数的集成，只作为解释评估结果的解释变量，而其他四项均将纳入综合评价指数。本研究认为，区域民办义务教育学校所处的教育环境并非民办教育发展本身，而是民办义务教育发展的基础，因此将其作为解释评价结果的指标。

其次，观测指标所有数据均以民办义务教育学校为基本单位，分别采集学校各项指标上的观测数据。

再次，本评估指标模型用于集成发展评价指数的 13 项观测指标（"教育环境"不纳入指数集成）均按简单加权平均赋予权重，然后按照如下公式集成发展各维度的评价指数：

公式（1）：准则层分项评价指数集成公式

$$I_{ijk} = \sum_{u=1}^{l} w_{ijku} X_{ijku}$$

公式（2）：目标层分项评价指数集成公式

$$I_{ij} = \frac{1}{m} \sum_{k=1}^{m} I_{ijk}$$

公式（3）：区域民办义务教育发展综合评价指数集成公式

$$I_i = \frac{1}{n} \sum_{j=1}^{n} I_{ij}$$

其中，I_{ijk} 是 i 区域第 j 目标层的第 k 准则层的分项指数，W_{ijku} 是 i 区域第 j 目标层的第 k 准则层的第 u 指标的权重，X_{ijku} 是 i 区域第 j 目标层的第 k 准则层的第 u 项指标的观测值；I_{ij} 是 i 区域第 j 目标层分项指数，I_i 是 i 区域民办义务教育发展指数。（说明：i 在指区域时，可以是省级、市级、区县级，相应的 W、X 就是对应区域的指标权重和指标。因此，本研究可以用于评估省级、市级、区县等区域民办教育发展状况。）

最后，在集成各维度发展指数的过程中，具体的指数计算如下：

（1）区域民办义务教育发展综合指数＝1/4×（师资保障发展指数＋经费保障发展指数＋硬件资源配置发展指数＋教育规模发展指数），其他学段类推；

（2）师资保障发展指数＝1/2×C6＋1/4*（C7＋C8）；

(3) 经费保障发展指数＝1/4×[C9+C10+(1−C11)+C11];

(4) 硬件资源配置发展指数＝1/3×(C13+C14+C15);

(5) 教育规模发展指数＝1/3×(C16+C17+C18)。

民办义务教育改革根本目的是促进教育资源的优化配置,通过激发市场办学的积极性和构建合理的竞争机制,倒逼公办学校改革,以此改变由国家包办教育、公办学校独大,导致办学体制僵化、办学质量低下的义务教育办学格局。因此,无论是民办学校独大,或者公办学校独大,都不是合理的办学结构。本研究假定公办民办学校的理想结构是各占0.5,所以综合评价发展指数并非越大越好,而是在0.00~0.50之间越大越好。如果超过0.5就可能存在地区公办教育缺失、教育管理部门不作为等潜在问题。

二、综合评价指标体系的实证：W地区的实践评价

采用所构建的综合评价指标体系和测算方法对我国W地区的11个县（市、区）70余所民办义务教育学校2011—2019年的统计数据进行实证分析,以检验该指标体系和指数集成方法对区域民办义务教育发展情况的评测效果。另外,由于W地区统计部门缺乏2011—2013年完整的硬件资源配置统计数据,故下文没有对该维度指标进行分析和集成。

（一）W地区民办义务教育学校师资保障发展指数分析

师资保障一直是W地区民办学校改革的重点内容,市政府先后在民办义务教育学校教师社保、职称评定、工资待遇等方面出台了一系列政策,对于域内民办义务教育学校师资队伍建设起到了较好的促进作用。对W地区民办义务教育学校师资保障的评估结果显示,2011—2019年W地区民办义务教育学校师资保障发展指数经历了"快速提高,缓慢增长,小幅回落"的变化趋势。

从表6-3数据可知,在相关政策的作用下,2011—2015年W地区民办义务教育学校师资保障水平呈逐年提高趋势,其发展指数由2011年0.026提高到2013年的0.240,此阶段有明显提高,此后开始缓慢下降,并趋于平稳。

从各区县发展趋势比较来看,除YP区（县）外,其他10个区（县）"师资保障"发展指数均经历2011—2013年"快速提高",2013—2015年"缓慢增长",2015—2019年"小幅下降"的变化趋势。分析认为,W地区民办中小学师资保障指数的变化趋势反映了部分区县民办学校师资保障政策存在后续乏力问题。

从各区县整体水平比较来看,ST区（县）、NC区（县）、CW区（县）三地的发展水平处于全市领先位置,2015年达到发展最高水平,指数分别达

到 0.309、0.292 和 0.281。

表 6-3　W 地区民办义务教育师资保障发展指数

区县	年份				
	2011 年	2013 年	2015 年	2017 年	2019 年
W 地区	0.026	0.227	0.240	0.235	0.234
CL 区（县）	0.010	0.072	0.079	0.078	0.075
HO 区（县）	0.050	0.211	0.231	0.228	0.220
WL 区（县）	0.016	0.163	0.179	0.176	0.173
AR 区（县）	0.044	0.240	0.263	0.260	0.260
QL 区（县）	0.021	0.234	0.257	0.253	0.244
JY 区（县）	0.050	0.170	0.186	0.184	0.177
YP 区（县）	0.018	0.195	0.214	0.200	0.203
NC 区（县）	0.025	0.266	0.292	0.288	0.277
ST 区（县）	0.039	0.282	0.309	0.305	0.294
CW 区（县）	0.024	0.258	0.281	0.279	0.269
TD 区（县）	0.000	0.000	0.000	0.000	0.000

（数据来源：根据 W 地区教育事业基表数据整理；表中"TD"区（县）在义务教育阶段没有民办学校，故相应指标值均为"0.000"。）

（二）W 地区民办义务教育学校经费保障发展指数分析

从下表 6-4 数据可知，W 地区民办义务教育学校"经费保障"发展指数呈"快速提高，缓慢增长，波动起伏"的变化态势，发展指数由 2011 年 0.113 提高到 2013 年的 0.178，虽有所提高，但提高幅度有限。2013—2015 年有所提高，但幅度非常小，仅有 0.006。2015—2017 年则下降了 5.43%。2017—2019 年间又略增了 0.001，变化趋势表明 W 地区民办义务教育学校在经费保障上存在明显的年度差异。

从各区县发展趋势比较来看，W 地区 11 个区县的表现可分成三种形态：一是"快速提高，缓慢增长，小幅降低"，包括 QL 区（县）、ST 区（县）、JY 区（县）等 5 个区（县）；二是"缓慢增长，波动起伏"，包括 YP 区（县）、NC 区（县）等 4 个区（县）；三是"明显下降，稳定变化"，包括 AR 区（县）、WL 区（县）等 2 个区县。民办学校经费保障发展指数呈"先增后降"的趋势，分别是 HO 区（县）、AR 区（县）和 ST 区（县）。

横向比较而言，QL 区（县）、ST 区（县）和 NC 区（县）的发展指数最高，趋势最好，发展指数分别达到 0.250、0.236 和 0.219。

表 6-4 W 地区民办义务教育经费保障发展指数

区县	2011 年	2013 年	2015 年	2017 年	2019 年
W 地区	0.113	0.178	0.184	0.174	0.175
CL 区（县）	0.022	0.040	0.041	0.039	0.039
HO 区（县）	0.044	0.053	0.055	0.052	0.052
WL 区（县）	0.060	0.031	0.034	0.030	0.030
AR 区（县）	0.104	0.090	0.095	0.088	0.092
QL 区（县）	0.178	0.241	0.250	0.236	0.237
JY 区（县）	0.133	0.194	0.201	0.190	0.186
YP 区（县）	0.161	0.172	0.180	0.168	0.171
NC 区（县）	0.202	0.209	0.219	0.204	0.205
ST 区（县）	0.169	0.228	0.236	0.223	0.220
CW 区（县）	0.064	0.166	0.169	0.162	0.163
TD 区（县）	0.000	0.000	0.000	0.000	0.000

（数据来源：根据 W 地区教育事业基表数据整理；表中"TD"区（县）在义务教育阶段没有民办学校，故相应指标值均为"0.000"。）

（三）W 地区民办义务教育学校规模发展指数分析

民办义务教育学校"教育规模"指数能够反映地区义务教育阶段公办民办学校竞争格局，反映民办学校整体的市场竞争力。从表 6-5 数据可知，W 地区民办义务教育学校"教育规模"发展指数近十年呈"先快速增长，再小幅波动变化"的变化趋势，发展指数由 2011 年 0.107 快速提高到 2015 年的 0.210，2015—2018 年小幅度下降，2017—2019 年又小幅度提高。结合 W 地区统计报表数据分析，W 地区民办义务教育学校在校生数从 2011 年的 87 733 人增加到 2019 年的 148 271 人，整体办学规模扩大一倍多，一定程度上说明民办学校竞争力在不断提高。

从各区县发展趋势比较来看，W 地区 11 个区（县）的民办义务教育学校"教育规模指数"形态各异，大体可以分为三种类型：一是"W 型"变化趋势的有 2 个区县，分别是 HO 区（县）和 CW 区（先）；二是"平缓型"有 3 个区县；年度变化很小，整体保持平稳，分别是 CL 区（县）、QL 区（县）、NC 区（县），三是"平缓陡增型"有 4 个，都表现为 2011—2017 年小幅波动，2019 年快速提高趋势，分别是 ST 区（县）、YP 区（县）、AR 区（县）、JY 区（县）。

数据显示，WL 区（县）的民办学校教育规模指数最高，且 2011—2019

年处于 W 地区首位，2019 年最高，指数为 0.221，说明该区县的民办义务教育学校发展较好。

表 6-5　W 地区民办义务教育规模发展指数

区县	年份				
	2011 年	2013 年	2015 年	2017 年	2019 年
W 地区	0.107	0.118	0.210	0.188	0.212
CL 区（县）	0.093	0.106	0.100	0.098	0.107
HO 区（县）	0.149	0.119	0.127	0.119	0.128
WL 区（县）	0.188	0.224	0.289	0.176	0.154
AR 区（县）	0.034	0.047	0.034	0.025	0.021
QL 区（县）	0.142	0.149	0.150	0.158	0.162
JY 区（县）	0.057	0.086	0.086	0.073	0.066
YP 区（县）	0.107	0.106	0.119	0.120	0.125
NC 区（县）	0.059	0.071	0.101	0.129	0.133
ST 区（县）	0.163	0.173	0.182	0.185	0.193
CW 区（县）	0.135	0.089	0.090	0.089	0.089
TD 区（县）	0.000	0.000	0.000	0.000	0.000

（数据来源：根据 W 地区教育事业基表数据整理；表中"TD"区（县）在义务教育阶段没有民办学校，故相应指标值均为"0.00"。）

上述数据分析结果显示，虽然民办义务教育各项指标占 W 地区所有民办教育比重最低，但其发展趋势确是最好，也是发展最快的学段。

（四）W 地区民办义务教育发展综合指数分析

"综合评价指数"是将前述师资保障、经费保障和教育规模三项分维度的数据按照一定权重进行集成的，反映的是地区民办义务教育学校综合竞争力。

整体来看，W 地区民办义务教育发展综合评价指数由 2011 年的 0.085 持续提高到 2019 年的 0.175，整体得到不断提升，累计提高幅度为 0.090，表明 W 地区民办义务教育学校的综合实力持续提升。但从变化的趋势分析来看，2015 年是 W 地区民办义务教育发展综合指数最高值，2015—2019 年小幅下降，保持稳定，也说明改革促进了 W 地区民办义务教育的发展，但存在可持续性动力问题。研究分析认为，政策红利带来的教育发展可以在短期内得到体现，但是长期可持续化的发展需要深度的、系统的体制机制改革。

从各区县发展趋势比较来看，W 地区 11 个区县中 8 个区县综合指数呈连续提高趋势，提高最快的是 ST 区（县），由 2011 年 0.114 提高到 2019 年的

0.245。在大部分区县中，该发展指数都出现过波动起伏，尤其是先增后降的趋势，差异在于增降的年份不同。从各区县整体发展水平比较来看，截至2019年，在有民办义务教育学校的区县中，ST区（县）综合指数水平最高，达到0.245，CL区（县）最低，仅为0.073（见表6-6所示）。

表6-6 W地区民办义务教育发展综合指数评测情况

区县	2011年 指数	2011年 排序	2013年 指数	2013年 排序	2015年 指数	2015年 排序	2017年 指数	2017年 排序	2019年 指数	2019年 排序
W地区	0.085		0.174		0.179		0.175		0.175	
CL区（县）	0.042	10	0.073	10	0.073	10	0.074	10	0.073	10
HO区（县）	0.081	6	0.131	6	0.148	7	0.132	8	0.129	9
WL区（县）	0.088	5	0.139	8	0.137	8	0.142	7	0.141	8
AR区（县）	0.060	9	0.116	5	0.131	9	0.131	9	0.148	7
QL区（县）	0.114	2	0.208	2	0.219	2	0.212	2	0.209	2
JY区（县）	0.080	7	0.150	9	0.149	6	0.153	6	0.183	4
YP区（县）	0.095	3	0.158	4	0.169	5	0.157	5	0.182	5
NC区（县）	0.095	3	0.182	3	0.191	4	0.187	3	0.184	3
ST区（县）	0.114	1	0.228	1	0.239	1	0.233	1	0.245	1
CW区（县）	0.074	8	0.171	6	0.197	3	0.176	4	0.173	6
TD区（县）	0.000	11	0.000	11	0.000	11	0.000	11	0.000	11

（数据来源：根据W地区教育事业基表数据整理；表中"TD"区（县）在义务教育阶段没有民办学校，故相应指标值均为"0.00"；评估结果在0.00－0.500以内，指数越大，代表区域民办教育发展越好。）

综上所述，本研究所构建的区域民办义务教育发展综合评价指标体系及其测算方法经过对W地区的实证检验，较好地反映了W地区的实际情况也说明其合理性和有效性。依据本研究评价模型测算的结果已经被W地区教育管理部门采纳。因此，本研究认为不仅在W地区，在全国都应该建立一个可操作的民办教育改革与发展的综合评价机制，对于教育管理部门而言有助于提高对域内民办教育发展情况的监测，也可为民办教育改革决策提供依据，提高决策的科学性。

第三节 制度保障：完善内部治理和外部监管的制度体系

民办义务教育学校"管办分离"核心要求就是学校投资者"举办学校"与"管理学校"的职能相分离。其突出表现在以下两个方面：一是所举办的学校不再属于举办者"个人所有",而应成为具有独立学校法人地位、独立享有权利和义务的社会组织,并按照相应的法律规章展开活动,实质上是将学校的"所有权"和"管理权"分开,将举办者的利益与学校法人的利益分开,真正保障民办学校的公益性作用;二是建立独立的民办义务教育学校监督管理机构(监事制度),由该机构监督管理民办学校各项办学等事宜。

为保障民办义务教育学校各利益主体的合法权益,尤其是受教育者的合法权益,W地区要求域内民办义务教育学校必须建立独立的学校内部决策机构、执行机构和监督机构。然而,由于外部监督的不到位,相关制度未能得到贯彻落实,因此针对此问题,本研究提出落实"所有权"和"管理权"相分离政策,促进民办学校内部法人治理结构的完善。

一、建立并完善民办义务教育学校内部"管办分离"职权和联动体系

(一)建立并完善民办义务教育学校内部"管办分离"职权体系

民办义务教育学校"管办分离"的就是投资学校的"举办者"与管理学校的"执行者"的职能相分离。简而言之,就是民办学校举办者不能同时独立管理学校,应当按照学校法人治理要求实施"校长治校"。

实现民办义务教育学校"管办分离"首先在于建立一套科学可行的权力分配组织体系。在W地区已有制度建设的基础上,根据实践中存在的问题,本研究提出如下改善建议:

第一,明确民办义务教育学校决策机构和执行机构的职权,避免职能的重叠。按照W地区《关于加强民办学校现代制度建设的实施办法(试行)》的规定,学校举办者不能同时担任董事长(决策机构)和校长(执行机构),即所谓的"所有权"和"管理权"不能同时独揽。事实上,W地区民办义务教育学校举办者即是董事长,又是校长的现象还是存在,其原因就在于学校决策机构与学校执行机构的职权存在交集,二者的职权划分不够明晰,导致董事长和校长间的职权重叠,如教师的引进,这既属于学校执行机构的职权事项,也可属于学校重大事项。诸如此类的事项,W地区已有的规定不够详细,对于管办分离后的各部门职权缺乏关注。

第二,强化民办义务教育学校决策机构和执行机构的独立性。按照W地区的改革规定,民办义务教育学校要建立决策机构、执行机构和监督机构(监事制度),形成决策、执行、监督相对独立、相互支持的学校内部法人治理结构,三者应属于平行关系。但改革实践中,执行机构和监督机构事实上

处于决策机构的领导和管辖之下，根本无独立性可言，也就导致校长的管理行为和"监事"的监督行为处处受董事长的牵制，难以按照学校管理章程履行职能。

综上所述，建立"管办分离"的职权体系，一是要对各部门职权进行明确的界定，二是各部门间必须保持相对的独立性。这是完善民办义务教育学校法人治理结构的前提条件。

（二）管办分离的学校治理模式需要处理好部门与部门的"联动"关系

本研究所探讨的"管办分离"是指民办学校内部的治理结构，而所谓的"部门"既包括学校决策、执行和监督机构，也包括社会或者政府组织等学校外部机构。在我国当前的教育管理体制下，社会和政府对民办学校运行具有监管职能。民办学校管办分离后，既要赋予学校独立办学的空间，又不能忽视外部监督管理的作用，如何处理好内部自主与外部监督的关系就是"联动"关系。

正如前文所述，W地区民办义务教育学校办学"自主权"受到行政部门"管理权"的限制，导致民办学校办学自主权难获保障。研究分析认为，原因之一是基层管理者对改革的认识不到位，对民办学校的歧视性态度依旧存在，而另一个重要的原因就是民办学校内部治理结构与外部组织的联动不足。本研究建议建立下述两个机制以促进部门间的联动关系：

一是民办学校"管办分离"要建立部门保障机制。为了保证"管办分离"后民办教育各管理机构的顺利运行，必须建立起相应的保障机制。学校举办者投资办学必然有获取经济利益的动机，现有法律规章将民办学校定义为非营利性组织，必然导致举办者通过将学校管理权独揽的方式为自己谋取利益。事实上，一些民办学校确实存在此类现象。因此，在督促民办学校建立"管办分离"的法人治理结构的同时，政府部门必须通过自身的权力保障民办学校各职能机构的权力行使，如将"管办分离"的制度建设作为民办学校注册登记条件之一，也可将"管办分离"的考核纳入学校等级评定和申请补助资金的范畴。

二是民办学校"管办分离"要建立部门协调机制。之所以要建立管办分离后的部门协调机制，其出发点是为避免过度强调部门的分离和独立，而忽视部门作为整体机构的相互协作，从而导致形成"分而散，散而乱"的低效管理组织结构。按照W地区的改革要求，学校自设的监督机构应当负起协调二者之间的职责。

二、建立民办义务教育学校"多部门、多环节"的多元监督管理体制

教育体制改革需要科学、合理的顶层制度设计，更需要政策的贯彻落实。政策实施是理论联系实际的关键环节，而有效的监督机制是保障政策落到实处的有力措施。民办义务教育管理体制改革是一项综合改革，需要建立多部门参与，多环节监督的多元监督机制。不仅是W地区，全国层面的民办教育改革政策中虽规定了监督管理的主体，却没有制定相应的监管机制，是导致当前改革实践中出现"管理架空"局面的重要原因。规范民办义务教育管理体制改革的实施，必须建立与之相应的监督机制。从W地区已出台的各项改革措施中可以发现，教育管理部门对民办学校的监管工作还是比较重视的，对民办学校内部自我监督和外部的行政监督都做了相应的规定。然而，分析认为，W地区已有的监督管理机制，一是各环节相互孤立，二是监管方式相对单一，难以形成有效的监管体系。民办义务教育管理体制改革涉及多主体的利益，多元监督机制不仅能强化政策实施各环节的监管，还能调动各利益主体参与改革的积极性。

(1) 从国家层面明确教育行政部门、学校监事部门、举办者等管理主体的职责，明晰权利与义务，落实好管理的责任意识。实地调研发现，尽管W地区针对民办义务教育学校制定了相应的管理条例，建立了管理部门，但是管理主体的角色和职责没有落实到位。这与长期以来教育行政部门未将民办学校纳入部门管理职责范围之内有重要关系，导致管理者的管理意识淡薄。

(2) 建立民办学校专门的监督管理机构。由于民办学校的管理涉及多个部门，所以并非教育部门所能独立处理。目前，对于民办学校的监管采用的是"分业务、分部门"的零散管理，该设计容易导致民办学校在具体问题解决上无法确定谁才是主管单位，且部分管理事项存在部门交集，因此整个管理容易出现监管上的懈怠和不作为问题。本研究建议在地区教育部门内设立专门的监管机构，由教育局总领监管职责，然后会同各部门共同解决，或成立单独的监管机构，专门监督管理民办学校，其职责只是监管，而非业务管理。如此制度设计有助于明确民办学校的监管职责，防止部门间的相互推诿。

(3) 构建一个多元监督机制。所谓"多元"，一是指多部门、多主体共同参与，二是内部、外部共同监管的监督机制。依据W地区的改革实践和经验，本研究提出建立由教师监督、行政监督、社会监督构成的"多元监督模式"。

为更详细地阐述多元监督的思想，下文以"民办学校管理章程"制定与执

行的监督为例（见图6-2）。

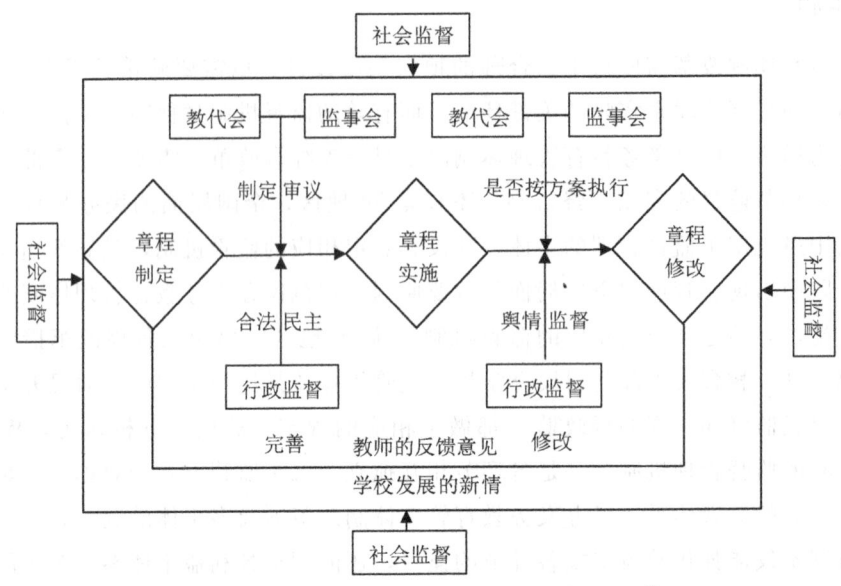

图6-2 民办义务教育学校多元监督体系图[①]

首先，在章程制定环节，董事会（理事会）制定学校章程法案必须交由教职工代表大会进行民主讨论和表决通过，并且公示之后才能实施，这是发挥民办义务教育学校内部监督的第一步。同时，学校监事会和教育行政管理部门必须监督民办学校章程的制定程序是否合法、民主，对于学校举办者"一言堂"式的管理方案要予以行政干预，督促学校通过民主的方式制定符合本校管理章程。家长委员会有权要求学校对相应章程进行公示和解释，这是社会监督的一部分。

其次，在章程实施环节，监事会和教职工代表大会等校内监督机构可以依据教代会审议通过的方案质疑实际过程中的方案，要求做出解释或修改，也可以反馈到教育行政管理部门。

最后，在章程修改环节，教育行政部门应当根据学校章程实施中所反映出来的实际问题督促学校决策机构进行修改完善，并交由教职工大会讨论，所有流程按照初始的制定程序执行。

---

① 本体系思想在《中国义务教育发展报告2012年》（宋乃庆主持），由笔者主笔的"义务教育教师绩效工资调研报告"中阐述过。

168

三、建立民办义务教育学校信息公开制度，规范民办教育市场

本研究中"信息公开制度"是指民办义务教育学校各类办学信息实行公开、透明的公布制度。民办学校是依靠市场来办学，但是纯粹依靠市场办学有其内在的弊端，如供需双方信息不对称、市场调节失灵等。建立信息公开制度是维护教育市场的合理秩序，促进民办学校间的公平竞争，保障受教育者的合法权益的重要途径。如何做好民办义务教育学校信息公开制度的建设，本研究分析认为需做好如下两点：

（1）建立和完善民办义务教育学校信息发布平台。由地区教育管理部门负责将域内民办义务教育学校提供的翔实信息发布在平台上，并负责维护与更新。信息内容包括学校举办者信息、硬件资源、师资队伍、教学质量（学校评估等级）。这样有助于教师、家长真实了解民办学校的办学信息。现有的网站平台公布的信息不够全面，更多的是会议、管理政策、招标等，应进一步根据需要细化。

（2）建立虚假信息学校的惩罚制度。在 W 地区曾出现民办学校通过虚假广告信息进行招生，如提供不实的教学条件、师资条件信息吸引学生入读。对于此类学校也要进行惩罚，并及时公布处罚信息，规范民办教育市场。

总而言之，建立民办义务教育学校信息公开制度，旨在增加教育市场的透明度，杜绝一切"黑箱"操作，规范域内民办教育市场。此项措施可以与下文建立民办义务教育决策信息数据库的措施联合实施。

四、建立民办教育决策数据库系统追踪民办教育改革与发展情况

当前，我国还没有建立专门的民办教育信息数据库。W 地区尽管实施民办教育改革多年，但此项工作一直没有开展。研究者在调查过程中发现区县教育管理者对于域内民办义务教育学校发展的切实状况缺乏详细的了解，以致制定的政策不符合实际，而翔实信息对于政策决策而言是至关重要的。基于此，本研究提出依据 CIPP 评价理论（背景评价 context evaluation、输入评价 nput evaluation、过程评价 process evaluation、结果评价 product evaluation）构建民办义务教育信息数据库，服务于政策决策，同时为科学有效地追踪民办义务教育改革与发展提供依据。

（1）参考公办学校教育统计口径制定符合民办义务教育监测的统计指标。W 地区作为全国民办教育发展水平较高的地区，又是民办教育改革的试点地区，民办学校的数据采集依旧十分零散，不成体系，这与全国教育统计工作大

环境分不开，所以建立决策信息数据库的前提是制定科学统计指标。

（2）依据 CIPP 评价理论模型，即"背景—投入—过程—产出"的逻辑建立决策信息数据库（见图 6-3）。从下图可知，本研究构建的决策信息系统基本框架主要由三部分组成，分别是信息模块、权限模块和功能模块。其中，"信息模块"是指图中的背景信息、投入信息、过程信息和产出信息栏，此模块将 CIPP 评估模型的四大"目标层"纳入系统设计，用于分版块呈现评估信息。"功能模块"是指图中基本信息、集成指数、对比分析和生成图表栏，此模块是本决策信息系统的核心模块，也是服务于决策的主要模块。"权限模块"是指图中分地区、分学段栏，此模块将系统中所有的民办学校可按照地区（省、地级市、区县等）分别呈现，也可以按照不同学段分别呈现。此模块可以使研究人员在信息分析过程中更具针对性。

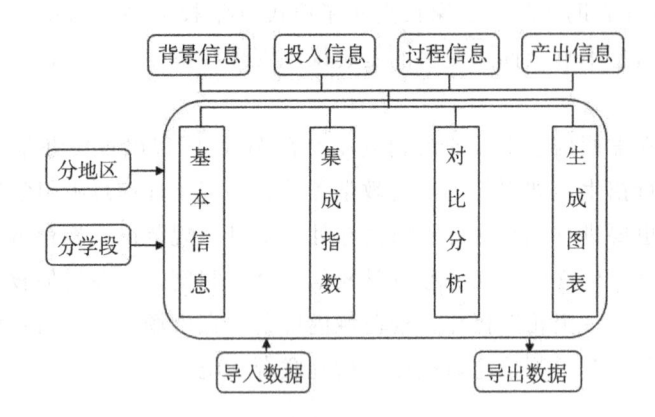

图 6-3 决策信息数据库模块结构图

（3）制定年度发展报告制度，发挥决策信息数据库的追踪评估功能。地区教育管理部门依据所建立的信息数据库每年出版本地区民办义务教育改革与发展的报告。一是督促教育管理部门积极维护和使用数据信息，二是树立民办义务教育改革绝非一改了之的事情，而是长期的、系统的改革工程，必须做好改革效果的追踪评估工作。

第七章　转型发展：新时期民办义务教育学校发展与转型

我国民办教育的发展受政策影响非常明显，一定程度上可以说是"政策主导型"而非"市场主导型"。随着"公民同招"政策、"公参民类学校'民转公'"政策，以及2021年颁布实施的《实施条例》等一系列民办教育新政的颁布实施预示民办义务教育学校已经进入一个新的发展阶段。

第一节　新时期民办义务教育学校发展的政策背景

一、"公民同招"政策对民办义务教育学校发展的影响

中共中央、国务院印发《关于深化教育教学改革全面提高义务教育质量的意见》（中央〔2019〕26号），文件提出对当前义务教育招生改革进行部署，并对民办学校与公办学校同步招生做出明确规定。而后，"公民同招"开始在部分省份开始试点实施。2022年《教育部办公厅关于进一步做好普通中小学招生入学工作的通知》（教育厅〔2022〕1号）要求各地区全面落实公民同招。所谓"公民同招"是指义务教育阶段公办民办学校实行同步招生。其基本要求是公办民办学校同步报名、同步开展录取、同步注册学籍。

缘何要实施义务教育阶段"公民同招"。此政策是我国进一步规范民办教育市场的一项重要举措，也是义务教育均衡化发展的重要措施。之所以要实行"公民同招"：一是近年来公办学校生存空间被民办学校挤压，竞争力不足[1]；二是部分民办学校"掐尖招生"，破坏了教育公平，导致招生工作的无序竞争[2]；

---

[1] 罗义安."公民同招"是民校热的"退烧药"[N].中国教师报，2019-05-15（3）.
[2] 赵晨熙.试看"公民同招"落地[J].法治与社会，2020（8）：53—54.

三是"生源失衡"是公办民办学校教育结果失衡的重要原因[①]。如此,合理管控学校招生就显得必要且及时,但该政策初衷绝非打压民办学校或限制民办学校发展,而是希望借助该政策促进教育公平[②]。正如学者认为,"公民同招"只是为公办学校和民办学校良性竞争营造出一个公平的环境,是一种起跑线上的教育公平[③]。但政策的应然与实然总是存在差异,"公民同招"政策确实对公办学校和民办学校的发展产生了比较大的影响,尤其是取消了民办学校招生的部分特权,与公办学校在统一起跑线上招生,在一定程度上削弱了民办学校的竞争力,尤其是对一些依靠生源质量发展的民办学校,会在短期内出现办学质量起伏。虽然党中央一再明确,我国教育需要"有质量的公平",要努力帮助公办学校赶上去,但绝不是把民办学校拉下来。但如何保障既有民办学校办学特色和办学质量不因新政的实施而出现倒退是政策实施必须考虑的风险之一。

民办义务教育学校如何与"公民同招"政策相互适应。民办教育在各省、自治区、直辖市的发展成熟度不尽相同,即使在同一省内,各地区的民办学校发展面临的社会环境也迥然不同,义务教育阶段的民办学校也不尽然都是"名校"。民办学校发展直接受到诸如地区经济、人口、教育水平等因素的影响,综上所有的因素共同作用形成适合本地区公办民办教育发展的"教育生态关系"。因此,任何新的政策要出台并实施,理论上都要符合地区教育生态的特征,"公民同招"政策亦不例外。例如,在经济发达地区,民办义务教育学校发展相对成熟,规模也更大,那么"公民同招"政策的实施将面临更为复杂的教育环境。相反,在民办义务教育并不发达的地区,"公民同招"政策的影响相对较小,牵扯的关系比较单一。研究认为,所有教育生态与政策之间的关系均可概括为如下两种:①促进关系,在公办民办学校竞争无序的地区,该政策可以有效净化教育市场,构建制度化的规范招生秩序;②冲突关系,在地区公办民办学校长期和谐相处的情况下,公民同招政策的实施有可能成为打破和谐的"导火索",至少在短期内域内的公办民办学校相处模式将面临不断地调整。

长期来看,"公民同招"政策是有助于义务教育和谐发展的,但短期可能

---

① 孙军,程晋宽.义务教育学校"公民同招"制度的设计与推进[J].中国教育学刊,2020(7):44-49.
② 刘世清,严凌燕.把教育公平作为国家基本教育政策[J].中国教育学刊,2019(9):11-15.
③ 倪娟.从"教育之制"到"教育之治":"公民同招"政策要义及实施风险防范[J].中国教育学刊,2020(12):30-34.

会面临一些潜在的实施风险和阻碍。例如：部分民办学校在长期办学中积累的教育资源和教学模式，可能因为生源改变而出现办学效果明显下降，优势教育资源损失的现象；也有可能对地区丰富的教育选项造成破坏，导致教育质量不达预期的问题；民办教育为民众提供了多元化的教育选择，其价值是不容忽视的。在杜绝民办学校招生"掐尖"的同时，也要考虑民办学校生存的空间和两类学校办学性质差异的问题。"公民同招"政策初衷在于通过管控生源促进教育均衡，保障教育公平，优化地区教育生态，为政策实施与地区教育生态之间的协调关系构建良好的生态环境做出重要保障，防范可能出现的实施风险。

教育问题从来都不仅仅是教育内部的问题，而是一项复杂的社会问题。"公民同招"政策是促进教育公平的有力手段，但不是万能的，而制度之威，在于实用与有效。影响招生公平的因素有很多，"公民同招"政策出台可以解决一个或者几个问题，但不可能解决所有问题。政策作用的最大化就是完善政策体系，建立有效的配套措施以规避可能存在的政策漏洞或风险。

二、"公参民"学校转制政策对民办义务教育学校发展的影响

2021年教育部等八部门发布《关于规范公办学校举办或者参与举办民办义务教育学校的通知》（教发〔2021〕9号）要求各地严格界定并实施"公参民"类学校"民转公"政策。该政策的实施无疑对现阶段部分民办义务教育学校产生显著影响，尤其是对长期以来存在的"民办公助""公办民营"等学校的发展提出了转型发展的要求，对当前存在的此类学校和民办义务教育学校的发展与格局产生较大影响。

（1）厘清身份，规范民办教育市场秩序。为什么要实施义务教育阶段"公参民"学校的"民转公"政策？此类学校的存在本质是我国义务教育资源不充分、不丰富问题的具体表现之一，是20世纪90年代政府公共教育经费投入不足的历史性政策产物[①]。从产生之初，公参民学校就存在"公民不分"的身份界定问题，一方面是大量的公共资源的投入，另一方面是面向市场化办学的模式。"双重身份"让其在与其他纯粹的民办学校竞争中天然获得"不公平竞争优势"，对整个义务教育阶段的办学秩序具有破坏性、干扰性。

（2）强化监管，完善民办教育市场法制体系。随着民办教育市场规模越来越大，尤其是民办教育已经成为我国社会主义教育事业重要组成部分。在既有

---

① 杨烁星. 义务教育阶段"公参民"学校问题及其规制[J]. 教学与管理，2022（16）：18.

法律框架体系内要逐步解决不合法、不合规的办学现象。下述制度文件可以体现国家对于义务教育阶段"公参民"学校的办学监管要求的变化,制度要求的变化背后是不断强化的民办教育市场监管和日益完善的民办教育管理法制体系(见表7-1)。

表7-1 公参民类学校的改革制度要求(节选)

年份	制度文件	对义务教育阶段"公参民"学校的规定
1998年	《关于义务教育阶段办学体制改革试验工作的若干意见》	"必须符合独立法人,独立校园、校舍,独立核算,独立办学"
2004年	《中华人民共和国民办教育促进法实施条例》	"具有独立法人资格,与公办学校相分离的校园和教育教学设施,独立的财务会计制度,独立招生"
2021年	《中华人民共和国民办教育促进法实施条例》	"实施义务教育的公办学校不得举办或者参与举办民办学校。地方人民政府不得利用国有企业、公办教育资源举办或者参与举办实施义务教育的民办学校"

第二节 新时期民办义务教育学校发展与转型

进入新时期以来,民办义务教育学校的发展无论是办学规模,还是办学质量都有大幅提高,同时其"民办学校"和"义务教育"双重属性之间的矛盾也愈发凸显,尤其是公办学校认为民办义务教育学校没有处理好这一矛盾关系已经影响到了义务教育的正常发展,提出了诸多批评[①]。面对政策干预、面对公办学校竞争,民办义务教育学校需要清楚认识自身所面临的"新挑战"和"发展方向"。

一、新时期民办义务教育学校发展面临的"新挑战"

(一)更为严苛的教育市场准入制度

根据中央文件精神和要求,《民促法》新条例对义务教育阶段民办学校的发展提出了更为严苛,也更为规范的市场准入要求。简要概括为"三不准""两禁止""一同步"[②]。新条例的新要求在一定程度上规范了义务教育阶段民办学校的准入要求,尤其是对曾经较为常见的"名校办民校""公办民营""民

---

① 王一涛. 义务教育"公民同招"政策的制定、执行与路径优化——兼论我国民办教育政策变迁[J]. 教育与经济,2021(5):59-60.
② 董圣足. 推进民办义务教育转型发展的路径与策略[J]. 人民教育,2021(22):55.

办公助"等义务教育办学形式严令禁止。这对于净化民办教育市场和构建更为公平、健康的地区义务教育生态关系大有裨益。一是清晰界定民办学校的边界，避免了大量利用政府教育资源行民办教育之实的学校存在，净化民办教育市场。前述"名校办民校""公办民营""民办公助"等形式的民办学校是在特定国情下的扩大教育资源和办学形式的积极探索，与民办学校"指国家机构以外的社会组织或者个人，利用非国家财政性经费，面向社会依法举办的学校或其他教育机构"的界定具有本质区别。二是规范民办教育竞争，构建公平、有序竞争关系，如"公办民营"学校大量的教学场地、基础建设等都是地方政府投入，甚至相当比例的师资都是编制内教师，与其他纯民办学校相比，此类学校的办学成本极低。同时，因为有"政府"背景，此类学校在招生、教师招聘上具有更多的优势和吸引力。毫无疑问，对于域内其他民办学校就构成了不公平竞争。

（二）更加凸显的义务教育之"教育公平"属性

教育市场选择行为本身与教育并不矛盾，但是因为义务教育的"公共产品"属性内在要求义务教育学校必须体现"保公平"的要求。所以，随着我国社会主义现代化建设逐步深化，客观上要求国家通过公共产品的形式提供义务教育，保障所有孩子都有机会接受义务教育[①]。因此，义务教育阶段民办学校的体量应该维持在何种程度事关义务教育体现服务公平的指标。根据《中国教育统计年鉴2020》数据统计，截至2020年底，在小学阶段，全国共有民办普通小学6 187所，占比约3.92%，在校生数966.03万，占比9.01%；在初中阶段，共有民办初中6 041所，占比约11.44%，在校生数718.96万，占比14.63%。整体来看，民办学校在义务教育阶段占比并不大，但相比2000年以来，无论是学校数，还是在校生数都有大幅度提高。客观上已经进一步挤压了义务教育公办学校的发展空间，甚至在部分地区民办学校成为"优质教育"的代名词。在此背景下，部分底层社会民众，尤其是教育经济负担能力弱的家庭无法享受到优质的义务教育。因此，国家出台多项政策要求严控义务教育阶段民办学校发展，突出强调严格落实政府义务教育保公平责任，优化义务教育公民办学校结构。

（三）更需彰显的"素质教育"之教育"双减"要求

长期以来，民办教育吸引生源的关键因素是"教学质量高"，而教学质量

---

① 王一涛．义务教育"公民同招"政策的制定、执行与路径优化——兼论我国民办教育政策变迁[J]．教育与经济，2021（5）：59.

高的直接反映指标便是学生考试成绩优秀。这对于地区社会民众具有很强的说服力和吸引力。笔者多年走访大量民办中小学发现，除极少比例的民办学校外，绝大部分民办学校均是通过加大学生学习量（如补习、超前学习等）来提高学生成绩。这与我国一直强调的义务教育阶段素质教育背道而驰。当然，公办学校也存在同样的问题。2021年7月24日，中共中央办公厅、国务院办公厅印发了《关于进一步减轻义务教育阶段学生作业负担和校外培训负担的意见》（以下简称"双减"）。"双减"成为当下中小学改革的重点任务。对于民办义务教育学校而言，急需改变以往追求教学成绩的教学模式。如果"成绩不显"该如何与公办学校竞争，该如何继续吸引优质生源入学，这都是当前民办义务教育学校不得不面对的新挑战。

二、一所"打工子弟民办小学"的发展与转型

（一）学校办学基本情况

【案例：G小学】

G小学创办于2007年9月，是浙江省A市市本级唯一一所民办小学。学校建筑面积5 523平方米。学校面向招收在W地区打工的外来务工人员子弟。截至2022年2月，全校共有15个班级，学生537名，生源构成复杂，来自23个省（市）、自治区。专任教师31名，本科学历16人、专科学历15人。学校董事会成员（管理人员）4人，职工5人，其中学校聘请了A市市级名校长作为学校专职校长，负责全校行政管理工作。

学校建有全塑胶操场1个，篮球场2个，有计算机教室2间，音乐舞蹈教室1间，科学实验室1间，学生餐厅一处，图书室一间，每个班级都配齐了电教设备。学校按照标准化要求管理，制定科学合理的发展规划，指导学校办学行为。把"人人争当好少年"作为引导孩子成长的途径，围绕孩子的健康成长开展工作。

G小学是一所典型的"打工子弟学校"，在校生100％都是W地区市外来务工随迁子女，且以外省人口居多。学生构成非常复杂，民族成份也很多样。G小学的创办本身即是为了满足所在工业区工人的子女入学所需。创办之时，W地区公办学校资源本身相对匮乏，为便于管理创办G小学，其定位是非营利性民办小学。随着招收学生规模不断扩大，以及国家"两为主"、义务教育免费等政策的出台，W地区开始对G小学提供一定的财政支持，包括通过购买学位的形式给予学校每名学生800元/学年的公用经费资助。

G小学办学初始教学质量起点并不高，尤其是生源的多样性和复杂性，进

一步加剧了教育教学的管理难度。在较长的时间里教学成绩在全区小学段排名靠后。如何提高教学成绩成为重要管理议题。

（二）学校特色发展

尽管G小学立足为随迁子女提供入学需求，但随着办学规模的增长，学校也在不断思考办学定位和转型发展。客观上，G小学与辖区内公办小学相比，无论在师资，还是办学硬件资源，又或是生源质量等都存在较大差距。但"民办"不代表"低端"，学校一直希望发展成一所具有办学特色的民办小学。经过十余年的探索与实践，尤其是在校情基础上，学校发展逐步在如下两个方面体现特色。

1. 随迁子女心理健康教育

G小学生源主体即是所在工业区的外来务工人员家庭的随迁子女，此类生源存在较为明显的心理健康问题，其主要原因：一是家庭教育明显缺失，务工人员家庭因工作因素，基本没有时间顾及子女的家庭教育，对子女教育唯结果论、唯成绩论的思想较为严重；二是家长教育背景不佳，家长客观上没有能力参与到子女的教育中来，在家庭教育缺失的同时，家校合作与沟通也不顺畅。

针对生源的切实情况，G小学开展"爸妈课堂，家长进课堂"的心理健康教育课程，探索从家庭教育源头解决学生心理健康问题：一是全部教师学习心理咨询，考取心理咨询师证书，要求每名教师必须掌握心理咨询的技能；二是每周开一次心理健康课程或心理健康活动，把心理健康教育常态化和日常化，积极引导家长走进课堂，分享"我眼中的孩子""我期望中的孩子"；三是创设校园环境，将心理健康教育打造成可视化、可体验的校园文化；四是定期开展家校活动，主题包括亲子活动、角色游戏、感恩教育等，如"当一天妈妈或爸爸""家庭教育课堂"等。

2. "围棋"特色学校

通过十余年时间的探索，G小学逐步开发以"围棋"为特色的校本课程，并将其升华为学校的"校园文化"。经过不断探索实践，学校于2021年4月申报了全国围棋特色学校，并得到当地政府的大力支持，包括市棋院、市妇七联合会等机构先后源源不断地捐赠围棋设备、器材、书籍等，还派出职业围棋人员来校指导围棋课。学校专门成立围棋社团，两年来实现了20多个学生成功晋级入段。它不仅使校内留守儿童、困难学生受到围棋文化的熏陶，还学到一技之长——下围棋，更重要的是潜移默化了"以棋报国，珍重责任，从尚棋品，团结制胜"的品格。学校在辖区政府的支持下，有100多个学生参加学围棋，开设了二个班级（分别是基础班和提高班），还有10多名老师也参加学围棋。学校围棋特色先后得到国家围棋队的关注，并先后有多位世界围棋冠军来校参观和指导，"围棋"已经成为G小学的一张特色名片。

（三）学校发展与转型

2021年根据教育部等八部门发布《关于规范公办学校举办或者参与举办民办义务教育学校的通知》要求，G小学全面"民转公"成为所在辖区公办小学。本次民转公是G小学办学历史的一次体制转型（身份转型），是办学特色转型之后的重要发展契机。然而，G小学的转型发展也面临较多的制度难题，尤其是教师身份的改变：

（1）教师身份的转型。G小学31名专任教师分别按照"能留则留，分类管理"的原则转公办教。一是小学聘请的原先公办学校退休教师按照退休政策退休，不再聘用；二是本科学历教师且拥有相应教师资格证，择优考核入编；三是专科学历教师等按照既有合同形式完成聘请教学工作后续不再聘用，教师个人也可以选择提前结束劳动合同。

（2）学校管理的转制。G小学性质为非营利性民办学校，学校由"校董事会"管理，内设"董事会主席"一名常态管理学校，聘请专职"校长"一名作为学校日常行政管理负责人。因学校办学规模和教师规模较小，未设置副校长职务。根据辖区教育局的安排，G小学转制后成为完全公办小学，由辖区教育局人事安排校长和副校长人选，通过招聘和W地区中小学教师招聘、选调教师到G小学任教。

（3）学区的调整。G小学既有的招生主要是面向外来务工人员，其学区的划分是不明确的。招生数量多少一方面受辖区教育局招生名额的多少，另一方面受本地区外来务工人员的规模影响。简而言之，G小学是一所针对性招生的民办小学。民转公之后，G小学的学区划分除原有工业区外来务工人员子女外，增加了附近3个居民区，即增加了生源的基数。

（四）转型发展面临的困难

尽管G小学顺利完成了民转公的转型，但是学校发展的前途依旧面临诸多发展困境。

（1）民办学校转公办学校，如何获取家长、社会的身份认同。尽管G小学在十几年的办学过程中取得了一些成绩，在辖区内也有认知度，但是民办小学的身份和生源质量都是影响其社会声誉的不利因素。如今，转制成为公办小学，学区内的家长是否认可，是否会选择都还是未知的。

（2）办学历史和办学文化的断层，如何塑造合适的校园文化。教育不仅仅需要基础建设等硬件的投入，更需要适配的校园文化，尤其是教育教学文化。在管理层和主体教师基本离开后，G小学原有学校文化需重新建立。

参考文献

一、图书

[1] 袁桂林. 基础教育改革与发展［M］. 长春：东北师范大学出版社，2002.

[2] 钱源伟. 基础教育改革研究［M］. 上海：上海科技教育出版社，2003.

[3] 夏征农，陈至立. 辞海（第六版彩图本）［M］. 上海：上海辞书出版社，2009.

[4] 刘鹏照. 民办义务投资财政贡献研究［M］. 北京：经济科学出版社，2007.

[5]《浙江民办教育年鉴》编写组. 浙江民办教育年鉴［M］. 浙江大学出版社，2004.

[6] Halsey, A. H.. Education, economy, and society: A reader in the sociology of education［M］. Michigan, MI: Free Press of Glencoe, 1961.

[7] Archer, Margaret S. Social Origins of Educational Systems［M］. London: Sage, 1979.

[8] David B. Truman.. The Governmental Process: Political Interests and Public Opinion［M］. N. Y: Knopf Press, 1971.

[9] Staffan Lundh. Pre-school in transition-A national evaluation of the Swedish pre-school［M］. Stockholm : Elanders Gotab Stockholm Printed, 2004.

[10] E. B. 泰勒. 原始文化［M］. 连树声，译. 桂林：广西师范大学出版社，2005.

[11] Lieberman, Myron. The Teacher Unions: How the NEA and AFT Sabotage Reform and Hold Students, Parents, Teachers, and Taxpayers Hostage to Bureaucracy［M］. New York: Free Press, 1997.

[12] 尹伯成. 西方经济学简明教程［M］. 上海：上海人民出版社，2003.

[13] 臧旭恒. 产业经济学（第四版）［M］. 北京：经济科学出版社，2007.

[14] 康奈尔. 二十世纪世界教育史［M］. 张法现, 译. 北京: 人民教育出版社, 1990.

[15] 欧文斯. 教育组织行为学［M］. 窦卫霖, 译. 上海: 华东师范大学出版社, 2001.

[16] Paul J. DiMaggio & Walter W. Powell, Introduction Chaper of The New Institutionalism in Organization Analysis［M］. Chicago: The University of Chicago press, 1991.

[17] 柯政. 理解困境: 课程改革实施行为的新制度主义分析［M］. 北京: 教育科学出版社, 2011.

[18] Scott, W. R . etal. Institutional Change and Healthcare Organizations［M］. Chicago: University of Chicago press, 2000.

[19] Scott, W. R . Institutions and Organizations［M］. 2rd ed. London: Sage Publications, Inc. , 2001.

[20] 道格拉斯·C. 诺斯. 制度、制度变迁与经济绩效［M］. 杭行, 译. 上海: 格致出版社. 上海人民出版社, 2014.

[21] Cremin L A. Public Education［M］. New York: BasicBooks, 1976.

[22] 吴开华, 安杨. 民办学校法律地位［M］. 南京: 江苏教育出版社, 2011.

[23] 张铁明, 王志泽. 中国民办教育及制度建设［M］. 广州: 广东教育出版社, 2010.

[24] 陈桂生. 教育原理［M］. 上海: 华东师大出版社, 1993.

[25] 詹姆斯·N. 罗西瑙. 没有政府的治理［M］. 张胜军, 译. 南昌: 江西人民出版社, 2001.

[26] Luthans F. Organizational Behavior. 9thEdition［M］. NewYork: McGraw-Hill. Inc, 2002: 15－20.

[27] David L. Rados. Marketing for Nonprofit Organizations［M］. South Carolina : Greenwood Publishing Group . Inc, 1996.

[28] 张铁明. 中国民办教育的财政贡献及政策建议［M］. 广州: 暨南大学出版社, 2012.

[29] 普拉诺. 政治学分析词典 (中译本)［M］. 胡杰, 译. 北京: 中国社会科学出版社, 1986.

[30] 金太军, 钱再见, 张方华, 等. 公共政策执行梗阻与消解［M］. 广州: 广东人民出版社 2005.

[31] 米切尔. 现代国家的政策过程 [M]. 赵成根，译. 北京：中国青年出版社，2004.

[32] 邓旭. 教育政策执行研究：一种制度分析的范式 [M]. 北京：教育科学出版社，2010.

二、报告、电子资源、报刊

[1] 国家教委. 关于社会力量办学的若干暂行规定 [EB/OL]. [2022-07-27]. https：//www. zhidao. baidu. com/question/40033321799544605. html

[2] 新华网：习近平主持召开中央全面深化改革领导小组第二次会议"把抓落实作为推进改革工作的重点 真抓实干蹄疾步稳务求实效" [EB/OL]. （2014-2-28）［2022-7-27］. http：//news. xinhuanet. com/politics/2014-02/28/c_119558018. htm.

[3] 中华人民共和国教育部. 教育发展统计公报 [EB/OL]. [2022-07-27]. http：//www. moe. gov. cn/jyb_sjzl/sjzl_fztjgb/.

[4] 张宁锐. 绩效工资：民办学校的一道严峻考验 [N]. 人民政协报，2010-05-26（C2）.

[5] 罗义安. "公民同招"是民校热的"退烧药" [N]. 中国教师报，2019-05-15（3）.

[6] Leif Pagrotsky (Ministry of Education, Research and Culture) (2005). A changing world [R/OL]. (2013-5-3)[2022-7-27]. Ministry of Education, Research and Culture, http：//www. sweden. gov. se.

[7] Sam Dillon. Stimulus Plan Would Provide Flood of Aid to Education [EB/OL]. (2009-01-28) [2013-05-02]. http：//www. nytimes. com/2009/01/28/education/28educ. html?_r=1，2013-5-2.

[8] Jhon Browne, etal. Securing a Sustainable Future for Higher Education in England. [EB/OL]. (2010-10-12) [2013-5-6]. http：/www. independent. gov. uk/brown report.

[9] U. K. Department for Education. The Importance of Teaching：The Schools White Paper 2010 [R]. The Stationery Office Limited Printed，2010.

三、学位论文

[1] 康玉童. 促进我国民办教育发展的对策研究 [D]. 长春：东北师范大学，2007.

[2] 康永久．教育制度的生成与变革——新制度教育学论纲［D］．武汉：华中师范大学，2001.

[3] 潘新民．基础教育改革渐变论［D］．北京：北京师范大学，2010.

[4] 张春宏．县域义务教育评价指标体系研究［D］．长春：东北师范大学，2007.

[5] 安晓敏．教育公平指标体系研究［D］．长春：东北师范大学，2008.

[6] 王慧．建国以来我国基础教育行政体制分权化演进轨迹与现状研究［D］．西安：陕西师范大，2013.

[7] 沈有禄．我国部分公立高校"教育股份制"创新研究［D］．沈阳：沈阳师范大学，2005.

[8] 谷静．转型期俄罗斯农村基础教育体制变革研究［D］．长春：东北师范大学，2007.

[9] 平晓丽．公共治理视野下的民办教育行业管理［D］．宁波：宁波大学，2012.

[10] 郭朝红．影响教师政策的中介组织研究［D］．上海：华东师范大学，2004.

[11] 龚兵．从专业协会到教师工会［D］．上海：华东师范大学，2005.

[12] 周小虎．利益集团视角下的美国教师组织对教育政策影响的研究［D］．长春：东北师范大学，2006.

[13] 韩业伦．民办中小学教师队伍现状研究［D］．济南：山东师范大学，2006.

[14] 邵晓强．义务教育民办学校教师流失现状分析及对策［D］．上海：华东师范大学，2008.

[15] 赵伟．青岛市民办学校教师流动现状及对策研究［D］．济南：山东师范大学，2007.

[16] 刘琦艳．民办中小学教师专业发展的学校保障问题研究［D］．广州：广州大学，2008.

[17] 王传瑜．民办中小学财务管理的问题与对策研究［D］．上海：华东师范大学，2010.

[18] 于晓旭．政府扶持与奖励民办教育的机制研究［D］．大连：大连理工大学，2005.

[19] 杜咪达．民办教育中的合理回报与教育公益性关系研究［D］．上海：华东政法大学，2012.

[20] 李妍妍. 独立学院"合理回报"政策目标与执行偏离问题研究 [D]. 成都：四川师范大学，2011.

[21] 虞晓贞. 民办学校的管理体制 [D]. 上海：华东师范大学，2001.

[22] Diss. Ficaj, Margaret Y. Michigan Private School Decision-Makers' Federal Funding Participation Decision and External Environmental Influences in Education [D]. Phoenix：University of Phoenix，2011.

[23] Diss. Mauseth, Kira B. The influence of perceived organizational support and school culture on positive workplace outcomes for teachers in private schools [D]. Seattle Pacific ：University of Seattle，2008.

[24] Diss. Seftor, Neil Sebastien. Private schools and the market for education：An analysis of objectives, equilibria, and responses to government policy [D]. Virginia ：University of Virginia，2001.

[25] 杨天化. 民办义务教育的功能性研究 [D]. 北京：财政部财政科学研究所，2011.

[26] 林荣日. 制度变迁中的权力博弈——以转型时期中国高等教育制度为对象 [D]. 上海：复旦大学，2006.

[27] 黄本新. 义务教育民办学校存在的合理性研究 [D]. 长春：东北师范大学，2012.

[28] 方青. 供应链企业合作利益分配机制研究 [D]. 武汉：武汉理工大学，2004.

[29] 张娜. 基础教育产权制度研究 [D]. 上海：华东师范大学，2007.

[30] 杨琼. 学校法人治理问题研究 [D]. 上海：华东师范大学，2007.

[31] 刘丽娟. 文化资本运营与文化产业发展研究 [D]. 长春：吉林大学，2013.

[32] 金常飞. 基于博弈视角的绿色供应链政府补贴政策研究 [D]. 长沙：湖南大学，2011.

[33] 宋小杰. 区域中等职业教育评价指标模型构建研究 [D]. 秦皇岛：河北科技师范学院，2012.

四、期刊

[1] 方华. 发展民办高等教育是"穷国办大教育"的重要举措 [J]. 教育探索，2001（4）：79—80.

[2] 胡卫. 中国民办教育发展现状及策略框架 [J]. 教育研究，1999（5）：

68—74.
[3] 袁振国. 教育评价的十大问题 [J]. 上海教育科研, 1986 (3): 66—68.
[4] 顾佳峰. 制度变迁与中国高等教育发展实证研究 [J]. 黑龙江高教研究, 2007 (11): 5—7.
[5] 忻福良, 陈洁. 对民办学校实行分类管理的调研与思考 [J]. 教育发展研究, 2009 (18): 11—14.
[6] 王誉. 我国民办教育改革的合理路径探析——以温州市民办教育综合改革试点工作为例 [J]. 教育发展研究, 2013, 33 (3): 20—25.
[7] 李森, 张家军. 试论我国古代私学的发展 课程设置及其现实意义 [J]. 达县师范高等专科学校学报, 2000 (1): 102—106.
[8] 吴霓. 从古代私学的发展看中国文化重心南移现象 [J]. 北京大学教育评论, 2005 (3): 26—31; 57.
[9] 张国生. 我国历史上的"民办学校" [J]. 教育, 2010 (3): 48—50.
[10] 夏正江. 对民办教育的理性思考 [J]. 社会, 1996 (6): 8—10.
[11] 邸鸿勋, 张定. 民办教育的概念性质与功能 [J]. 国家高级教育行政学院学报, 2000 (1): 67—69.
[12] 周冰. 论体制概念及其与制度的区别 [J]. 中国经济问题, 2013 (1): 9—15.
[13] 厉以贤, 徐琦. 社会经济发展·人·教育 [J]. 中国教育学刊, 1988 (5): 1—6.
[14] 孙绵涛, 康翠萍. 教育机制理论的新诠释 [J]. 教育研究, 2006 (12): 22—28.
[15] 孙绵涛. 关于体制改革与机制创新关系的探讨 [J]. 华中师范大学学报 (人文社会科学版), 2009 (4): 121—127.
[16] 王欣. 从系统的观点看我国高等教育体制改革 [J]. 高等教育研究, 1994 (2): 35—39.
[17] 许杰. 教育分权: 公共教育体制范式的转变 [J]. 教育研究, 2004 (2): 10—15.
[18] 蒲蕊. 公共利益: 公共教育体制改革的基本价值取向 [J]. 教育研究与实验, 2007 (1): 34—37.
[19] 魏杰, 王韧. "二元化"困境与中国的教育体制改革 [J]. 学术月刊, 2006 (8): 22—27.
[20] 李江源. 教育制度的现代转型及功能 [J]. 教育理论与实践, 2004 (1):

14-18.

[21] 钱津. 论人力资本与教育体制改革 [J]. 理论参考, 2003 (8): 4-6.

[22] 靳希斌. 教育产权与教育体制创新——从制度经济学角度分析教育体制改革问题 [J]. 广东社会科学, 2003 (2): 74-80.

[23] 梁润冰. 我国教育体制改革的路径分析 [J]. 复旦教育论坛, 2004 (2): 72-74.

[24] 李云星, 李政涛. 新世纪十年中国基础教育改革方法论的演进 [J]. 杭州师范大学学报 (社会科学版), 2011 (6): 22-27.

[25] 徐纬光. 社会形态、政治权力和教育体制——当代中国教育体制改革的逻辑 [J]. 复旦教育论坛, 2004 (4): 21-25.

[26] 叶澜. 21世纪社会发展与中国基础教育改革 [J]. 中国教育学刊, 2005 (1): 6-11.

[27] 王香丽. 20世纪80年代至90年代中期中国高等教育体制改革——成绩、动因和特点 [J]. 广东工业大学学报 (社会科学版), 2011 (4): 6-10.

[28] 孙绵涛. 关于教育政策内容分析的探讨——以中国1978年后教育体制改革政策内容的分析为例 [J]. 教育研究与实验, 2007 (3): 39-45.

[29] 张乐天. 城乡教育一体化: 目标分解与路径选择 [J]. 复旦教育论坛, 2011 (6): 63-67.

[30] 黄晓勇, 张菀洺. "十二五"时期我国教育体制改革与科教兴国战略研究 [J]. 中国社会科学院研究生院学报, 2010 (2): 13-20.

[31] 劳凯声. 公共教育体制改革中的伦理问题 [J]. 教育研究, 2005 (2): 3-11.

[32] 劳凯声. 教育体制改革与改革伦理问题 [J]. 首都师范大学学报 (社会科学版), 2011 (4): 1-16.

[33] 孙铁民. 论干部管理制度创新与培养选拔中青年领导人才 [J]. 中共青岛市委党校青岛市行政管理学院学报, 2001 (4): 51.

[34] 杜育红, 梁文艳. 教育体制改革30年的辉煌与展望 [J]. 人民教育, 2008 (19): 2-5.

[35] 范文曜, 王烽. 体制机制创新推进教育跨越发展——改革开放30年教育体制改革 [J]. 复旦教育论坛, 2008 (6): 5-13.

[36] 袁振国. 建国后三十年教育改革的历史反思 [J]. 上海教育科研, 1988 (3): 15-18.

[37] 陈阳凤. 教育体制改革之模式论 [J]. 教育评论, 1990 (2): 6-10.

[38] 赵景辉,刘云艳.政府分担学前教育成本的合理性及其运行机制[J].学前教育研究,2012(2):15−19.

[39] 张辉蓉,黄媛媛,李玲.我国城乡学前教育发展资源需求探析——基于学龄人口预测[J].教育研究,2013(5):60−66;74.

[40] 郭维平.发达地区学前教育办学体制与管理模式的改革和发展——以浙江省嘉兴地区为例[J].中国教育学刊,2007(5):20−23.

[41] 曾天山.义务教育体制改革的回顾与思考[J].教育研究,1998(2):22−27.

[42] 吕达,张廷凯.试论我国基础教育课程改革的趋势[J].课程.教材.教法,2000(2):1−5.

[43] 裴娣娜.论我国基础教育课程研究的新视域[J].课程.教材.教法,2005(1):3−8.

[44] 李春艳.基础教育考试评价制度改革的社会学分析[J].现代教育科学,2011(8):53−54.

[45] 朱旭东.试论师范教育体制改革的国际趋势[J].比较教育研究,2000(4):42−46.

[46] 王凯.关于现行人事制度转轨变型的基本思路[J].理论与改革,1994(3):3−4.

[47] 杨天平.中国教师教育制度改革的战略审思[J].中国教育学刊,2009(6):1−4.

[48] 李有彬.关于我国基础教育经费投入体制的研究[J].教育探索,2006(4):45−46.

[49] 刘海峰.高考改革的回顾与展望[J].教育研究,2007(11):19−24.

[50] 范国睿,黄欣.制度创新:高考制度的改革之维[J].教育科学论坛,2011(7):11−13.

[51] 刘福才.我国普通高中办学体制改革:现状、问题与发展路向[J].华南师范大学学报(社科版),2010(6):28−33.

[52] 王善迈.社会主义市场经济下的中国教育体制改革[J].北京师范大学学报(社会科学版),1994(6):42−47.

[53] 厉以贤.社区教育、社区发展、教育体制改革[J].教育研究,1994(1):13−16.

[54] 朱科蓉.英美教育市场化改革的价值基础及其悖论[J].比较教育研究,2003(11):58−62.

[55] 张会兰，张春生．西方国家教育市场化理论及形式述评［J］．交通高教研究，2004（4）：31－36．

[56] 范先佐．论教育资源的合理配置与教育体制改革的关系［J］．教育与经济，1997（3）：7－15．

[57] 沈琪芳；沈健．论作为市民社会的诗歌民刊［J］．中共浙江省委党校学报，2007（4）：84－88．

[58] 李玲，宋乃庆，龚春燕，等．城乡教育一体化：理论、指标与测算［J］．教育研究，2012（2）：41－48．

[59] 刘建银，安宝生．教育指标理论研究的几个基本问题［J］．中国教育学刊，2007（9）：21－25．

[60] 邬志辉．教育指标：概念的争议［J］．东北师大学报（哲学社会科学版），2007（4）：119－125．

[61] 秦玉友．教育指标领域基本问题反思与探究［J］．当代教育科学，2005（8）：13－16．

[62] 李琳，徐烈辉．区域教育可持续发展评价指标体系的构建［J］．湖南经济管理干部学院学报，2006（1）：99－104．

[63] 王善迈，袁连生，田志磊，等．我国各省份教育发展水平比较分析［J］．教育研究，2013（6）：29－41．

[64] 杨东平，周金燕．我国教育公平评价指标初探［J］．教育研究，2003，11：30－33．

[65] 谈松华，袁本涛．教育现代化衡量指标问题的探讨［J］．清华大学教育研究，2001（1）：14－21．

[66] 刘晖，熊明．城市教育现代化指标体系的构建［J］．教育发展研究，2007（17）：33－36．

[67] 于月萍，徐文娜．论城乡教育一体化制度体系的构建［J］．教育科学，2011（5）：1－6．

[68] 陈立鹏，罗娟．我国基础教育行政管理体制改革60年评析［J］．中国教育学刊，2009（7）：1－4．

[69] 刘国艳．教育改革的多重制度逻辑分析［J］．教育研究与实验，2014（4）：22－25．

[70] 刘复兴．改革开放以来我国基础教育体制改革的问题与路向［J］．理论视野，2008（9）：20－22．

[71] 李敏，于月芳．义务教育体制改革历程的回顾、反思与展望［J］．基础

教育参考，2009（4）：61—65.

[72] 周雪光，艾云. 多重逻辑下的制度变迁：一个分析框架 [J]. 中国社会科学，2010（4）：132—150.

[73] 卢羡文. 试论我国基础教育行政管理体制改革 [J]. 中小学管理，1996（12）：10—11.

[74] 褚宏启. 我国基础教育行政管理体制改革30年简评 [J]. 中小学管理，2008（11）：4—8.

[75] 吴志宏. 探讨新世纪教育管理学研究的走向 [J]. 华东师范大学学报（教育科学版），2002（2）：1—5.

[76] 李宜萍. 改革教育行政体制与抑制基础教育偏差 [J]. 宜春学院学报，2007（5）：99—101.

[77] 陈登福. 新中国基础教育行政管理体制改革的历程 [J]. 学习月刊，2010（5）：98—100.

[78] 孟兆敏，吴瑞君. 上海市基础教育资源供需的现状、问题及对策研究 [J]. 上海教育科研，2013（2）：5—9.

[79] 周彬. 论"学校办学权"的公正问题——兼论义务教育的均衡化发展 [J]. 教育发展研究，2005（4）：34—38.

[80] 吴华，胡威. 公共财政为什么要资助民办教育？[J]. 北京大学教育评论，2012，10（2）：43—55；188.

[81] 吴康宁. 中国教育改革为什么会这么难 [J]. 华东师范大学学报（教育科学版），2010（4）：10—19；36.

[82] 柳海民，孙阳春. 中国基础教育改革的理性诉求 [J]. 教育学报，2005（3）：23—29.

[83] 胡卫，方建锋. 民办学校分类管理框架下上海公立转制学校深化改革政策评估 [J]. 上海教育评估研究，2012（1）：6—10.

[84] 魏志春. 公共管理视野下转制学校的困境与选择 [J]. 教育科学研究，2006（1）：19—21；24.

[85] 王凤秋. 关于我国公立学校转制问题的思考 [J]. 中小学管理，2005（10）：17—19.

[86] 李金初，臧国军. 公有转制学校建设现代产权制度的实践与探索 [J]. 教育发展研究，2005（22）：47—52.

[87] 黄知荣. 转制学校的利弊分析 [J]. 科学大众，2006（9）：22—24.

[88] 董圣足. 推进民办义务教育转型发展的路径与策略 [J]. 人民教育，

2021 (22): 51—53.

[89] 周国华, 毛祖桓. 我国中小学转制学校研究述评 [J]. 上海教育科研, 2007 (9): 25—28.

[90] 王一涛. 义务教育"公民同招"政策的制定、执行与路径优化——兼论我国民办教育政策变迁 [J]. 教育与经济, 2021 (5): 59—60.

[91] 傅禄建. 创新机制 推动发展——深化转制学校改革的问题与对策 [J]. 上海教育科研, 2005 (7): 20—22.

[92] 陈及人, 李哉平. 从台州实践看教育股份制的运行机制 [J]. 上海教育科研, 1998 (8): 7—10.

[93] 靳希斌, 楚红丽. 关于我国教育股份制的思考 [J]. 教育与经济, 2004 (2): 40—42.

[94] 徐朝晖. 激励——股份制学校人力资源开发的有效手段 [J]. 中国电子教育, 2004 (3): 9—12.

[95] 孟繁超, 胡慧萍. 教育股份制的特质研究 [J]. 行政与法 (吉林省行政学院学报), 2005 (4): 96—99.

[96] 金文斌, 王璋. 股份制合作办学探索——一种发展教育的有效形式 [J]. 教育发展研究, 1999 (4): 37—39.

[97] 庞守兴. 警惕股份制学校改革的"陷阱" [J]. 教育研究与实验, 1999 (3): 36—38.

[98] 王雪琴. 公立高校股份制办学的可行性研究 [J]. 经济与社会发展, 2006 (9): 89—92.

[99] 何颖. 教育体制改革促进与规约下的中国基础教育国际化 [J]. 教学与管理, 2012 (19): 3—5.

[100] 刘志华, 关翩翩. 美国特许学校与中国公办转制学校: 对比与借鉴 [J]. 华南师范大学学报 (社会科学版), 2008 (5): 92—95; 138; 160.

[101] 王彦才. 美国的特许学校及其对我国公立转制学校的启示 [J]. 江西教育科研, 1999 (4): 63—66.

[102] 王加强. 墨西哥基础教育体制分权改革: 背景、过程、内容与成效 [J]. 外国中小学教育, 2009 (1): 15—18.

[103] 方建锋. 民办学校营利性和非营利性分类管理的实证分析 [J]. 教育发展研究, 2011 (24): 19—22.

[104] 杨烁星. 义务教育阶段"公参民"学校问题及其规制 [J]. 教学与管

理，2022（16）：18—21.

[105] 徐志勇．试析我国民办教育投资回报的相关政策［J］．教育研究，2005（9）：64—69.

[106] 刘晓明，王金明．分类管理：我国民办教育综合改革的突破口——论民办教育分类管理的内容与途径［J］．浙江师范大学学报（社会科学版），2012（5）：111—115.

[107] 倪娟．从"教育之制"到"教育之治"："公民同招"政策要义及实施风险防范［J］．中国教育学刊，2020（12）：30—34.

[108] 沈剑光，钟海．民办学校法人财产权与民办教育分类管理［J］．教育研究，2011（12）：37—40.

[109] 高卫东．改革开放30年北京社区教育发展历程［J］．北京广播电视大学学报，2010（5）：3—10.

[110] 王善迈．民办教育分类管理探讨［J］．教育研究，2011（12）：32—36.

[111] 董圣足．民办学校分类管理的制度构架：国际比较的视角［J］．教育发展研究，2013（9）：14—20.

[112] 王建．民办学校分类管理——从"四分法"到"二分法"［J］．北京大学教育评论，2012（2）：21—42.

[113] 何金辉．民办学校要不要交所得税——关于民办学校税收问题座谈会纪实［J］．教育发展研究，2005（12）：46—49.

[114] 刘元成．建立适合民办教育发展的外部管理机制［J］．教育与职业，1999（8）：28—31.

[115] 孙杰夫．浅谈成立民办教育协会的必要性［J］．辽宁教育研究，2003（11）：67—68.

[116] 吴蔚．民办教育：成立行业协会时机成熟［J］．教育与职业，2006（10）：33.

[117] 李贤沛，张冀湘．行业利益与行业管理［J］．管理世界，1988（5）：110—118；217—218.

[118] 刘世清，严凌燕．把教育公平作为国家基本教育政策［J］．中国教育学刊，2019（9）：11—15.

[119] 贾西津．国外非营利组织管理体制及其对中国的启示［J］．社会科学，2004（4）：45—50.

[120] 马川．民办中小学教师来源的问题分析［J］．教学与管理，2002（4）：33—34.

[121] 刘闺立，遇昕洋．辽宁省民办中小学教师流动情况调查分析［J］．辽宁教育，2012（22）：21—23.

[122] 刘琦艳．社会学视角下民办中小学教师无序流动的原因分析［J］．教育发展研究，2007（2）：15—18.

[123] 江文，刘健，杨海珍，等．小学公办教师和民办教师职业压力源比较研究［J］．教育导刊，2012（12）：25—28.

[124] 刘晨元．妥善解决民办教师问题［J］．基础教育参考，2008（4）：47—50.

[125] 肖利宏．论我国民办教育、公办教育发展的非公平［J］．教育与经济，2000（4）：21—24.

[126] 王波，程福蒙．民办学校教师同等法律地位问题分析［J］．教育发展研究，2006（12）：21—24.

[127] 李友玉．基本解决民办教师问题面临的经济困境与对策［J］．教育与经济，2000（1）：47—50.

[128] 陈黎明．我国中小学教师的法律地位——兼论民办中小学教师的社会地位［J］．中国教师，2006（5）：44—45.

[129] 黄藤，王冠．中国民办学校经营运作方式初探［J］．陕西师范大学学报（哲学社会科学版），2005（S1）：112—117.

[130] 阎凤桥．民办教育政策的经济学分析［J］．教育研究，2005（9）：59—63.

[131] 孙军，程晋宽．义务教育学校"公民同招"制度的设计与推进［J］．中国教育学刊，2020（7）：44—49.

[132] 贾东荣．民办教育的资金问题与对策思考［J］．教育发展研究，2005（20）：40—45.

[133] 曹文，陈建成．财政资助民办教育的政策研究［J］．东岳论丛，2007（2）：86—89.

[134] 赵晨熙．试看"公民同招"落地［J］．法治与社会，2020（8）：53—54.

[135] 文东茅．论民办教育公益性与可营利性的非矛盾性［J］．北京大学教育评论，2004（1）：43—48.

[136] 吴华．义务教育阶段民办学校学生应享受财政资助［J］．教育发展研究，2007（Z2）：139.

[137] 张铁明，何志均．论民办学校平等法律地位的三个支撑点［J］．民办教育研究，2007（1）：48—52.

[138] 杨龙军．我国民办教育税收问题［J］．教育与经济，2005（1）：64.

[139] 姜彦君．不同类型的民办学校"合理回报"政策的选择［J］．浙江万里

学院学报，2004（1）：4—8.

[140] 赵永辉. 民办教育合理回报政策分析［J］. 牡丹江教育学院学报，2009（2）：69—70.

[141] 刘松山. 对民办教育立法过程中几个重要问题的反思［J］. 河南省政法管理干部学院学报，2005（4）：123—131.

[142] 乔锦忠. 高等教育入学机会公平的指标模型研究［J］. 教育学报，2009（6）：69—73.

[143] 樊本富. 解读《民办教育促进法实施条例》——以"合理回报"问题为切入点［J］. 青岛职业技术学院学报，2005（3）：38—40.

[144] 吴开华. 民办学校"合理回报"的立法困境与出路［J］. 教育科学，2008（1）：21—25.

[145] 王文源. 民办学校的合理回报与财产权制度构建［J］. 教育发展研究，2005（14）：26—29.

[146] 刘建银. 民办学校分类管理的动因、目标与实现路径［J］. 国家教育行政学院学报，2011（4）：49—52.

[147] 高丙成，陈如平. 我国普通高中教育综合发展水平研究［J］. 教育研究，2013（9）：58—66.

[148] 何雪莲. 中国民办教育：捐资与投资之辨［J］. 教育发展研究，2006（2）：19—22.

[149] 王颖，张东娇. 我国基础教育阶段学校办学质量评估方案的元评估研究［J］. 教育学报，2013（1）：28—36.

[150] 庞丽娟，熊灿灿. 我国学前教育指标模型的现状、问题及其完善［J］. 学前教育研究，2013（2）：3—7.

[151] 明航. 关于民办学校投资回报的讨论与发展建议［J］. 江苏高教，2006（3）：75—77.

[152] 胡四能. 对《民办教育促进法》及其实施条例"合理回报"解读与思考［J］. 高教探索，2006（1）：14—16；31.

[153] 柯佑祥. 民办高等教育投资的合理回报［J］. 江苏高教，2003（5）：14—17.

[154] 陈国定，吴重涵. 我国民办教育"合理回报"政策变迁及其研究综述［J］. 教育学术月刊，2012（6）：3—8.

[155] 薛奕立. 民办高校合理回报的经济学视角［J］. 教育发展研究，2005（12）：50—53.

[156] 赵彦志. 高等教育投资的社会平均收益率与民办高等教育合理回报 [J]. 教育研究, 2010 (5): 56—62.

[157] 吴华. 民办教育在中国的前景 [J]. 民办教育研究, 2008 (1): 1—9.

[158] 石峰. 在目的与事实之间——对《民办教育促进法》关于"合理回报"的再探析 [J]. 当代教育论坛, 2006 (1): 120—121.

[159] 胡卫, 谢锡美. 中国民办教育发展面临的困境及其对策 [J]. 教育发展研究, 2005 (12): 1—8.

[160] 屈潇潇. 我国民办学校内部治理的政策与制度分析 [J]. 高等教育研究, 2011 (9): 70—75.

[161] Michael B. Katz. "The Origins of Public Education: A Reassessment" [J]. History of Education Quarterly, 1976, 16 (4): 381—407.

[162] Kalantaridis, C. In-migration, entrepreneurship and rural-urban interdependencies: The case of East Cleveland, North East England [J]. Journal of Rural Studies, 2010, 3: 1—10.

[163] Thomas Eisemon, Ioan Mihailescu. Higher Education Reform in Romania [J]. Higher Education, 1995, 30: 135—152.

[164] 楚江亭. 关于构建我国教育发展指标模型的思考 [J]. 中国教育学刊, 2002 (2): 2—3.

[165] 岳洪江, 严全治. 我国地区教育程度指标差距问题研究 [J]. 教育与经济, 2002 (3): 20—24.

[166] Aslam, M. The determinants of student achievement in government and private schools in Pakistan [J]. Pakistan Development Review, 2003, 42 (4): 841—876.

[167] James Tooley, Pauline Dixon, Isaac Amuah. Private and Public Schooling in Ghana: A Census and Comparative Survey [J]. International Review of Education, 2007, 53: 389—415.

[168] Dixon, Pauline. Why the Denial? Low-Cost Private Schools in Developing Countries and Their Contributions to Education [J]. Econ Journal Watch, 2012, 21: 85—104.

[169] A. Raffick Foondun. The Issue of Private Tuition: An Analysis of the Practice in Mauritius and Selected South-east Asian Countries [J]. International Review of Education, 2002, 48 (6): 485—515.

[170] Cecilia Albert, Carlos García-Serrano. Cleaning the slate? School choice

and educational outcomes in Spain [J]. Higher Education, 2010, 60: 559—582.

[171] A. R. Weclh. Blurred Vision?: Public and Private Higher Education in Indonesia [J]. Higher Education, 2007: 26

[172] Mehrak Rahimi, Zahra Nabilou. Iranian EFL teachers' effectiveness of instructional behavior in public and private high schools [J]. Asia Pacific Education Review, 2011, 10: 37

[173] Axelrod, Paul. Public money for private schools? Revisiting an old debate [J]. Education Canada, 2005, 45 (1): 17—19.

[174] Cavanagh, Sean. Most Private Schools Forgo Federal Services [J]. Education Week, 2007, 27 (4): 9.

[175] Aslam, M. The relative effectiveness of government and private schools in Pakistan: Are girls worse off? [J]. Education Economics, 2009, 17 (3): 329—353.

[176] Rotfeld, H. J. Misplaced marketing, when marketing misplaces the benefits of education [J]. Journal of Education Marketing, 1999, 16 (5), 415—417.

[177] 诸平、王蕊. 关于发展教育产业的讨论——访北京大学刘伟教授 [J]. 教育研究, 1999 (6): 37—39.

[178] 胡卫. 关于民办教育发展与规范的思考 [J]. 教育发展研究, 2000 (3): 8—15.

[179] Gauatm, Vikas. The Impact of Promotion on Enrollment of Students into Private Schools [J]. International Forum of Teaching and Studies, 2011, 7 (2): 63—69.

[180] Woods, P. Responding to the consumer: Parental choice and school effectiveness. School Effectiveness and School Improvement, 1993, 4 (3), 205—229.

[181] Chambers, Jay and Sharon A. Bobbitt. The Patterns of Teacher Compensation: Statistical Analysis Report [R]. Washington, D. C.: U. S. Government Printing Office, 1996: 75.

[182] 郑雁鸣. 重庆市民办基础教育的现状、问题与发展建议 [J]. 中国教育学刊, 2006 (7): 24—26.

[183] 曾小华. 文化定义现象述论 [J]. 中共杭州市委党校学报, 2003 (5):

56—62.

[184] Richard Vedder, Joshua Hall. Private school competition and public school teacher salaries [J]. Journal of Labor Research, 2000, 23 (10): 102.

[185] 顾明远. 教育的文化研究 [J]. 中国教育科学, 2013 (2): 3—15.

[186] Towler, Jenna. Taxpayers liable for private school teachers [J]. Professional Pensions, 2011, 9: 10.

[187] 刘剑虹, 刘燕舞. 教育与经济关系的实证分析: 温州案例 [J]. 教育与经济, 2006 (4): 13—16.

[188] C. R. Belfield, H. M. Levin. The Effcets of Competition Between Schools on Educational Outcomes: A Review for the United States [J]. Review of Educational Research, 2002, 72 (2): 279—341.

[189] J. F. Couch, W. F. Shughartand A. Williams. Private School Enrollment and Public School Performance [J]. Public Choice, 1993, 76 (4): 301—312.

[190] C. M. Newmark. Another Look at Whether Private Schools Influence Public School Quality: Comment [J]. Public Choice, 1995, 82 (3): 365—73.

[191] W. Sander. Private Schools and Public School Achievement [J]. Journal of Human Resources, 1999, 34 (4): 697—709.

[192] Fairlie, Robert W. Private schools and "Latino flight" from black school children [J]. Demography, 2002, 39 (4): 655—740.

[193] Taylor, Shanon S. Special Education and Private Schools: Principals' Points of View [J]. Remedial and Special Education, 2005, 26 (5): 281—296.

[194] Lisa M. Dorner, James P. Spillane, James Pustejovsky. Organizing for instruction: A comparative study of public, charter, and Catholic schools [J]. Journal of Educational Change, 2011 (12): 71—98.

[195] C. R. Geller, D. L. Sjoquist and M. B. Walker. The Effect of Private School Competition on Public School Performance in Georgia. Public Finance Review, 2006, 34 (1): 4—32.

[196] Winai Wongsurawat. Education reform and the academic performance of public and private secondary school students in Thailand [J]. Educa-

tional Research for Policy and Practice, 2011 (10): 17-28.

[197] C. M. Newmark. Another Look at Whether Private Schools Influence Public School Quality: Comment [J]. Public Choice, 1995, 82 (3-4): 365-373.

[198] 陈向明. 实践性知识: 教师专业发展的知识基础 [J]. 北京大学教育评论, 2003 (1): 104-112.

[199] M. V. Borland and R. M. Howsen. Students' Academic Achievement and the Degree of Market Concentration in Education [J]. Economics of Education Review, 1992, 11 (1): 31-39.

[200] C. Jepsen. The Role of Aggregation in Estimating the Effects of Private School Competition on Student Achievement [J]. Journal of Urban Economics, 2002, 52 (3): 477-500.

[201] R. Mcmillan. Competition, Parental Involvment, and Public School Performmance [J]. National Tax Association, Washington, DC, 2000 (8): 150-155.

[202] 薛海平, 王蓉. 教师绩效奖金对学生成绩影响研究 [J]. 中国教育学刊, 2013 (5): 34-38.

[203] Misra, Kaustav; Chi, Guangqing. Measuring Public School Competition from Private Schools: A Gravity-Based Index [J]. Journal of Geographic Information System, 2011, 3 (4): 306-311.

[204] 王爱学, 赵定涛. 西方公共产品理论回顾与前瞻 [J]. 江淮论坛, 2007 (4): 38-43.

[205] Samuelson P. A. The pure Theory of Public Expenditure [J]. The review of Economics and Statistics, 1954 (36): 21-26.

[206] 顾笑然. 教育产品属性发凡——基于公共产品理论的批判与思考 [J]. 中国成人教育, 2007 (24): 11-12.

[207] 劳凯声. 社会转型与教育的重新定位 [J]. 中国民办教育研究, 2002 (Z1): 164-170.

[208] 袁连生. 论教育的产品属性、学校的市场化运作及教育市场化 [J]. 教育与经济, 2003 (1): 11-15.

[209] 胡钧, 贾凯君. 马克思公共产品理论与西方公共产品理论比较研究 [J]. 教学与研究, 2008 (2): 9-15.

[210] 周兴平. 教师和学校差异如何影响教师绩效工资实施效果——基于阶层

线性模型 HLM 的实证分析 [J]. 教育科学；2013（12）：71—77.

[211] 陈冬梅，邓俐伽，李国强. 西方学者对教育市场化的批评 [J]. 广州大学学报（综合版），2001（9）：63—66；87.

[212] 亨利·热怕热，柳自如. 我们的弊病在于国家干预太多 [J]. 国际经济评论．1980（3）：13—20.

[213] 蒋国华. 西方教育市场化：理论、政策与实践 [J]. 全球教育展望，2001（9）：58—65.

[214] 周继良. 我国教育市场失灵的若干理论分析——一个经济学的视野 [J]. 教育理论与实践，2009（28）：16—20.

[215] 埃伦·M. 伊梅古特，汤涛. 新制度主义的基本理论问题 [J]. 马克思主义与现实，2003（6）：22—27.

[216] Clemens E. S, Cook J. M. Politics and institutionalism: explaining durability and change [J]. Annual Reviewof Sciology, 1999（25）：441—446.

[217] 王亚妮. 法律变通的理论维度 [J]. 法制与经济（中旬刊），2009（3）：58—59.

[218] 刘运芳. 教育生态学视野下的中学课程的生态主义取向 [J]. 现代教育科学，2008（10）：78—79.

[219] 罗燕. 教育的新制度主义分析——一种教育社会学理论和实践 [J]. 清华大学教育研究，2003（6）：28—34；72.

[220] 邓旭. 教育政策执行的制度分析框架 [J]. 现代教育管理，2010（7）：36—39.

[221] 胡湛，刘永芳. 组织行为的完全归因模型 [J]. 心理科学，2009（1）：154—157.

[222] 范先佐，付卫东. 义务教育教师绩效工资改革：背景、成效、问题与对策——基于对中部 4 省 32 县（市）的调查 [J]. 华中师范大学学报（人文社会科学版），2011（6）：128—137.

[223] 杨挺，周鸿. 论民办学校产权之法律保护 [J]. 中国教育学刊，2005，05：12—15.

附　录

附录1　民办教育改革调查问卷（管理人员版）

您好！本问卷是为调查民办教育体制改革情况。问卷采取不记名，我们承诺绝不会泄露您个人和家庭的信息，请放心填写。请根据您的实际情况，在选项处打钩［√］。除注明"多选"的问题外，其余问题只能选择一个答案。您的答案对我们很重要，非常感谢您的支持！

一、个人基本信息

1. 填表人职务：①正校长（含总校长）或董事长　②副校长
　　　　　　　③其他管理人员
2. 学历：① 高中［中专］及以下　②专科　③本科　④ 硕士　⑤博士
3. 在本校任职时间：①1年及以下　②2—5年　③6—10年
　　　　　　　　　④11—15年　⑤16年及以上
4. 学校登记类型：①非营利性学校（民办事业单位法人）
　　　　　　　　②营利性学校（企业法人）
5. 学校位置：①城区（市区、县城）　②农村
6. 学校类型：①幼儿园　②小学　③初中　④高中　⑤职业学校
　　　　　　⑥高等院校
7. 学校性质：①个人独资　②企业或社团独资　③股份制　④混合制

二、对民办教育改革相关政策的看法

1. 您对民办学校实行营利性和非营利性分类管理持何态度
①完全不赞成　　　　② 不太赞成　　　　③基本赞成
④比较赞成　　　　　⑤非常赞成
2. 您选择将学校登记为营利性或非营利性学校是完全出于自愿的
①完全不符合　　　　② 不太符合　　　　③基本符合
④比较符合　　　　　⑤非常符合

3. 您所在地区，民办学校选择登记为营利性学校（企业法人）很难
   ①完全不符合　　　　　②不太符合　　　　　③基本符合
   ④比较符合　　　　　　⑤非常符合

4. 您对营利性和非营利性民办学校享受的不同政策待遇持何态度
   ①完全不合理　　　　　②不太合理　　　　　③基本合理
   ④比较合理　　　　　　⑤非常合理

5. 您所在地区，民办学校要变更登记非常难
   ①完全不符合　　　　　②不太符合　　　　　③基本符合
   ④比较符合　　　　　　⑤非常符合

6. 您所在地区，民办学校登记管理机关履行监督管理职责到位
   ①完全不符合　　　　　②不太符合　　　　　③基本符合
   ④比较符合　　　　　　⑤非常符合

7. 您对民办学校相关的惩罚条例持何态度
   ①完全不合理　　　　　②不太合理　　　　　③基本合理
   ④比较合理　　　　　　⑤非常合理

8. 贵校教师已经进行人事代理的比例
   ①20%及以下　　　　　②21%—40%　　　　　③41%—60%
   ④61%—80%　　　　　　⑤81%—100%

9. 贵校教师已经参加事业单位保险的比例
   ①20%及以下　　　　　②21%—40%　　　　　③41%—60%
   ④61%—80%　　　　　　⑤81%—100%

10. 您认为教师参加事业单位保险各方出资比例是否合理
    ①完全不合理　　　　　②不太合理　　　　　③基本合理
    ④比较合理　　　　　　⑤非常合理

11. 实施民办教师参加事业单位社会保险政策对贵校教师队伍稳定性影响如何
    ①几乎无影响　　　　　②影响较小　　　　　③一般
    ④影响较大　　　　　　⑤影响很大

12. 您对所在地区制定的民办学校教师最低工资标准持何种看法（针对您所在学段）
    ①完全不合理　　　　　②不太合理　　　　　③基本合理
    ④比较合理　　　　　　⑤非常合理

13. 您认为当前实施的教师最低工资标准高于实际情况（针对您所在学段）
①完全不符合　　　　②不太符合　　　　③基本符合
④比较符合　　　　　⑤非常符合

14. 实施民办教师最低工资保障对贵校教师队伍稳定性起到积极作用
①完全不符合　　　　②不太符合　　　　③基本符合
④比较符合　　　　　⑤非常符合

15. 贵校没有教师资格证书的教师比例
①20％及以下　　　　②21％—30％　　　③31％—40％
④41％—50％　　　　⑤50％及以上

16. 您对规定民办学校按照"生均公用经费10％＋教职工工资总额3％"提取教师培训经费的做法
①完全不赞成　　　　②不太赞成　　　　③基本赞成
④比较赞成　　　　　⑤非常赞成

17. 与公办学校教师相比，民办教师在参加区县及以上级别教师培训过程中实际享受权利如何
①完全享受不到　　　②多有不同　　　　③基本一样
④大部分相同　　　　⑤同等享受

18. 贵校教师年流失人数
①3人及以下　　　　②4—6人　　　　　③7—10人
④11—15人　　　　　⑤16人及以上

19. 您对于公办学校教师支援民办学校的政策持何种态度
①完全不赞成　　　　②不太赞成　　　　③基本赞成
④比较赞成　　　　　⑤非常赞成

20. 您认为是否有必要建立"公办学校与民办学校相互流动机制"
①完全不必要　　　　②不太必要　　　　③一般
④比较必要　　　　　⑤非常必要

21. 您认为政府购买教育服务所要求的四项前提条件（人事代理、会计制度、足额缴纳社会保险、落实最低工资标准）是否合理
①完全不合理　　　　②不太合理　　　　③基本合理
④比较合理　　　　　⑤非常合理

22. 您认为"由教育、财政部门核对符合要求的民办学校在校生人数，根据当地上年同类公办学校生均事业费给予的补助标准"是否合理
①完全不合理　　　　②不太合理　　　　③基本合理
④比较合理　　　　　⑤非常合理

23. 您认为当前制定的民办学校贷款贴息标准是否合理
①完全不合理　　　　②不太合理　　　　③基本合理
④比较合理　　　　　⑤非常合理

24. 您所在地区制定的针对民办学校的奖励政策和奖励力度符合实际需求
①完全不符合　　　　②不太符合　　　　③基本符合
④比较符合　　　　　⑤非常符合

25. 您认为要求民办学校建立独立的会计制度是否合理
①完全不合理　　　　②不太合理　　　　③基本合理
④比较合理　　　　　⑤非常合理

26. 您认为当前民办学校财务预算管理政策要求是否合理
①完全不合理　　　　②不太合理　　　　③基本合理
④比较合理　　　　　⑤非常合理

27. 您认为要求民办学校建立独立的会计制度是否合理
①完全不合理　　　　②不太合理　　　　③基本合理
④比较合理　　　　　⑤非常合理

28. 您认为目前"要求民办学校建立独立的财务会计制度"实施情况如何
①完全无效　　　　　②不太有效　　　　③一般
④比较有效　　　　　⑤非常有效

29. 您认为当前实施的"计提发展基金"（15%—25%）的比例是否合理
①完全不合理（回答第30题）　　②不太合理（回答第30题）
③基本合理　　　　　④比较合理　　　　⑤非常合理

30. 您认为"计提发展基金"计提比例应是办学结余的是合理的
①5%及以下　　　　　② 6%—10%　　　　③11%—15%
④16%—20%　　　　　⑤20%以上

31. 您认为当前按照"出资人累计出资额为基础，根据当年银行贷款基准利率的2倍计算合理回报"是否合理
①完全不合理　　　　②不太合理　　　　③基本合理
④比较合理　　　　　⑤非常合理

32. 当前民办学校都按照政策要求设置并提取了职工福利基金、医疗基金、发展基金、风险基金
①完全不符合　　　　②不太符合　　　　③基本符合
④比较符合　　　　　⑤非常符合

33. 您认为当前针对民办学校的产权认定政策（办法）如何
①完全不合理　　　　②不太合理　　　　③基本合理
④比较合理　　　　　⑤非常合理

34. 您认为要求民办学校举办者将投入的房屋、建筑物和土地使用权过户到学校名下的要求是否合理
①完全不合理　　　　②不太合理　　　　③基本合理
④比较合理　　　　　⑤非常合理

35. 您是否认为政府对两类民办学校都应该给予政策优惠
①非营利性民办学校征用土地、建设配套费、税收等优惠政策同公办学校一样，营利性民办学校不能享受优惠政策
②非营利性民办学校征用土地、建设配套费、税收等优惠政策同公办学校一样，营利性民办学校按高新技术企业给予优惠
③营利性民办学校与非营利性民办学校都应享受与公办学校同等优惠政策
④营利性民办学校与非营利性民办学校都不应享受与公办学校同等优惠政策

36. 您如何看待政府公共财政资助民办学校的问题
①对非营利性民办学校给予财政资助，对营利性民办学校不给予财政资助
②对非营利性民办学校给予财政资助，对营利性民办学校给予有限的财政资助
③对两类民办学校都不应给予财政资助
④对两类民办学校都应给予财政资助

37. 您认为应如何确定两类民办学校的收费政策
①两类学校都实行审批制
②非营利性民办学校实行审批制，营利性民办学校实行备案制
③两类学校都实行备案制
④民办学校收费完全自主

38. 您认为当前按照民办学校等级确定收费标准的做法
①完全不合理　　　　②不太合理　　　　③基本合理
④比较合理　　　　　⑤非常合理

39. 您认为实行分类管理后政府职能部门对民办学校如何进行财务监管？
①非营利性民办学校应进入财政专户管理，营利性民办学校应每年将财务审计报告向社会公示
②非营利性民办学校接受政府组织的财务审计，营利性民办学校委托社会

审计机构进行审计

③非营利性民办学校和营利性民办学校都只需每年将财务审计报告向社会公示

40. 贵校融资难度如何

①非常难　　　　　　②比较难　　　　　　③一般

④比较容易　　　　　⑤非常容易

41. 民办教育专项奖补资金对民办学校发展的影响

①完全没作用　　　　②不太有作用　　　　③基本有用

④比较有用　　　　　⑤非常有用

42. 您认为当前政策要求建立的学校法人治理结构是否合理

①完全不合理　　　　②不太合理　　　　　③基本合理

④比较合理　　　　　⑤非常合理

43. 当前民办学校都按照政策要求建立了合理的法人治理结构

①完全不符合　　　　②不太符合　　　　　③基本符合

④比较符合　　　　　⑤非常符合

44. 您认为在税费优惠政策上区别对待营利性学校和非营利性学校

①完全不合理　　　　②不太合理　　　　　③基本合理

④比较合理　　　　　⑤非常合理

45. 您认为当前困扰民办教育发展的主要问题是（多选）

①法人属性不明　　　②产权不明晰　　　　③办学自主权未落实

④政府监管不力　　　⑤合理回报未落实　　⑥融资渠道单一

⑦其他（请说明）_____

46. 您希望政府在以下哪几方面加大扶持力度（多选）

①财政扶持　　　　　②合理回报　　　　　③信息共享

④办学自主权　　　　⑤教师身份待遇　　　⑥融资渠道

⑦税费减免　　　　　⑧其他（请说明）_____

47. 您认为所在地区县教育管理部门对民办学校改革的重视程度如何

①非常重视　　　　　②重视　　　　　　　③一般

④不重视　　　　　　⑤非常不重视

48. 您是否了解市政府为促进民办教育发展而出台的"14+1"政策

①完全不了解　　　　②不太了解　　　　　③基本了解

④比较了解　　　　　⑤非常了解

49. 您觉得目前的民办教育扶持政策对于吸引社会资金投资办学
①完全不利　　　　　②不太有利　　　　　③一般
④比较有利　　　　　⑤非常有利

50. 整体而言，您对 W 地区民办教育综合改革满意度如何？
①非常不满意　　　　②不太不满意　　　　③一般
④比较满意　　　　　⑤非常满意

问卷回答结束，再次感谢您百忙之中提供支持。

附录 2　W 地区民办教育改革试点项目座谈会提纲（节选）[①]

一、董事会座谈会

1. 请谈谈您对试点项目的了解情况及具体感受？
2. 您认为，W 地区政策文件所规定的具体政策措施，是否已全面落实？哪些落实较好、哪些落实不力？
3. 实施民教新政后，给学校方面带来了哪些具体而实在的变化？
4. 您对 W 地区改革政策文件的深入实施，有哪些建设性建议？
5. 请您简要谈谈对全国民办教育总体走势的认识？
6. 您对进一步办好自己的学校，打算采取哪些更有针对性的举措？

二、校长座谈会

1. 请谈谈您对试点项目的了解情况及具体感受？
2. 您认为，W 地区政策文件所规定的具体政策措施，是否已全面落实？哪些落实较好、哪些落实不力？
3. 实施民教新政后，给学校方面带来了哪些具体而实在的变化？
4. 您认为当前民办学校最突出、最迫切需要解决的问题是什么？
5. 请简要谈谈您在民办学校工作的切身体会？

三、教师座谈会

1. 请谈谈您对试点项目的了解情况及具体感受？
2. 实施民教新政后，您认为对教师专业发展及待遇改善有哪些好处？

[①] 本访谈提纲由上海市教育科研所民办教育研究所课题组牵头，协同浙江大学、西南大学等科研机构在教育部发展规划司委托项目"W 地区民办教育综合改革试点评估"基础上编制。出于保密原则，隐藏部分地区和人员信息。

3. 据您所知，与所在地区的公办学校相比，您在所从教的学校参加人事代理、职称评审、课题申报、先进评选以及业务培训等方面，是否还存在明显差异（请举例说明）？

4. 如果您先前是在公办学校任教的话，请简要谈谈您在民办学校的工作体会？

5. 您对自己未来三年的职业生涯有何考虑？对在民办学校长期从教有信心吗？

附录3　民办教育改革试点单位自评问卷[①]

一、试点单位自评

（一）目标实现情况（对照任务书填写，说明完成情况、实现程度等，可另行加页）	
任务书内容	实现情况

（二）措施落实情况（对照任务书填写，已落实的列出条目，未落实的说明理由，可另行加页）	
任务书内容	落实情况

（三）政策配套情况（对照任务书填写，已出台的列出条目，未出台的说明理由，可另行加页）	
任务书内容	配套情况

---

① 本问卷由上海市教育科研所民办教育研究所课题组牵头，协同浙江大学、西南大学等科研机构在教育部发展规划司委托项目"W地区民办教育综合改革试点评估"基础上编制而成。本人作为课题组成员全程参与。

(四)条件保障情况（对照任务书填写，重点说明组织、人员、经费等保障情况，可另行加页）	
任务书内容	保障情况

(五)试点成效（重点说明观念转变、政策突破、制度创新、政策实施情况及各方面的反映等，可另行加页）

(六)主要问题（列出试点过程中遇到的突出问题）

(七)改进计划（列出深化试点的对策措施及政策建议，可另行加页）

(八)自评结论（做出综合性自我评价意见）

试点单位负责人签字：

＿＿＿＿年＿＿月＿＿日